U0511296

四川省社会科学高水平研究团队"四川青少年思想道德教育创新研究团队"建设计划资助项目

"民族性"诠释与重建

——毛泽东文化民族性思想研究

李群山 著

中国社会科学出版社

图书在版编目 (CIP) 数据

"民族性"诠释与重建：毛泽东文化民族性思想研究 / 李群山著 . —北京：
中国社会科学出版社，2019.1

ISBN 978 - 7 - 5203 - 1358 - 2

Ⅰ.①民…　Ⅱ.①李…　Ⅲ.①毛泽东思想—文化—民族性—研究
Ⅳ.①A841.67

中国版本图书馆 CIP 数据核字（2017）第 269591 号

出 版 人　赵剑英
责任编辑　刘　艳
责任校对　陈　晨
责任印制　戴　宽

出　　版　中国社会科学出版社
社　　址　北京鼓楼西大街甲 158 号
邮　　编　100720
网　　址　http://www.csspw.cn
发 行 部　010 - 84083685
门 市 部　010 - 84029450
经　　销　新华书店及其他书店

印　　刷　北京明恒达印务有限公司
装　　订　廊坊市广阳区广增装订厂
版　　次　2019 年 1 月第 1 版
印　　次　2019 年 1 月第 1 次印刷

开　　本　710 × 1000　1/16
印　　张　16
插　　页　2
字　　数　236 千字
定　　价　69.00 元

凡购买中国社会科学出版社图书，如有质量问题请与本社营销中心联系调换
电话：010 - 84083683
版权所有　侵权必究

目　　录

导论　文化民族性问题的中国视域与中国话语 ………………（1）

一　问题提出与研究意义 ……………………………………（1）

二　国内外研究现状述评 ……………………………………（4）

三　研究思路与方法 …………………………………………（11）

四　相关概念界定 ……………………………………………（13）

第一章　毛泽东文化民族性思想的思想资源和理论基础 ………（21）

第一节　毛泽东文化民族性思想的思想资源 ………………（21）

一　毛泽东文化民族性思想的传统文化底蕴 ……………（21）

二　西方文化对毛泽东文化民族性思想的启迪 …………（26）

第二节　毛泽东文化民族性思想的理论基础 ………………（28）

一　"是人们的社会存在决定人们的意识" ………………（28）

二　"每一种民族文化中,都有两种民族文化" …………（30）

三　"无产阶级文化并不是从天上掉下来的" …………（32）

四　"由许多种民族的和地方的文学形成了一种世界的
文学" ……………………………………………………（35）

五　"无产阶级文化并不取消民族文化" …………………（37）

第二章　毛泽东文化民族性思想的形成与发展 ………………（41）

第一节　毛泽东文化民族性思想形成与发展的条件 ………（41）

一　社会历史背景——民族危亡与民族意识的觉醒 ………（42）

二　实践基础——探索有中国特色的革命与建设道路 ……（46）

三 思想理论条件——马克思主义的传播及党内外知识
分子思想 ·· (49)
第二节 毛泽东文化民族性思想形成与发展过程 ············· (53)
一 毛泽东的早期文化民族性思想 ······························· (54)
二 新民主主义革命时期毛泽东文化民族性思想的发展和
成熟 ·· (61)
三 社会主义革命和建设时期毛泽东文化民族性思想的
进一步发展 ·· (67)

第三章 毛泽东文化民族性思想的基本内容 ····················· (74)
第一节 文化民族性的成因 ··· (74)
一 地理环境 ·· (75)
二 经济与政治状况 ·· (77)
三 文化传统 ·· (80)
第二节 文化民族性的基本内涵 ······································ (82)
一 维护民族的尊严和独立 ·· (82)
二 反映民族的实际和特点 ·· (85)
三 具有独特的民族形式和风格 ··· (87)
四 与世界先进文化相互学习相互发展 ································ (89)
第三节 文化民族性的表现 ··· (90)
一 表现领域 ·· (90)
二 表现形式 ·· (94)
第四节 维护和发展文化民族性的重要性 ······················ (98)
一 有利于提高民族的自尊心和自信心 ································ (99)
二 有助于增强民族的凝聚力和向心力 ······························ (101)
三 有益于世界文化的多样化和健康发展 ··························· (103)
第五节 维护和发展文化民族性的基本途径和方法 ·········· (104)
一 保护文物古迹古籍 ·· (105)
二 学习和研究历史 ·· (106)
三 调查研究与掌握国情 ·· (109)

　　四　弘扬和培育民族精神 …………………………………（111）

　　五　吸收与消化外来先进文化 ……………………………（115）

第四章　毛泽东文化民族性思想的基本特征 ……………………（117）

　第一节　体现了爱国主义、民族主义、国际主义的统一 ………（117）

　　一　"爱国主义就是国际主义在民族解放战争中的
　　　　实施" ………………………………………………（119）

　　二　反对狭隘的民族主义和狭隘的爱国主义 …………（120）

　第二节　体现了文化的民族化、科学化、大众化的统一 ………（122）

　　一　文化的民族化离不开文化的科学化 ………………（123）

　　二　文化的民族化内在地要求文化的大众化 …………（126）

　第三节　体现了文化的批判、继承、创新的统一 ………………（128）

　　一　"不破不立，不塞不流，不止不行" …………………（129）

　　二　"从孔夫子到孙中山，我们应当给以总结，承继这一份
　　　　珍贵的遗产" ……………………………………（131）

　　三　"继承和借鉴决不可以变成替代自己的创造" ………（133）

　第四节　体现了文化的民族性、时代性、世界性的统一 ………（135）

　　一　文化既有"中外"之分又有"古今"之别 ……………（136）

　　二　"各国人民应该根据本民族的特点，对人类有所
　　　　贡献" ………………………………………………（139）

第五章　毛泽东文化民族性思想的历史地位 ……………………（142）

　第一节　马克思主义文化理论的继承和发展 …………………（142）

　　一　马克思恩格斯——唯心主义"文化史观"的颠覆者与
　　　　新文化理论的创立者 ……………………………（143）

　　二　列宁——经济文化落后国家社会主义文化建设道路的
　　　　开辟者 ……………………………………………（145）

　　三　毛泽东——受压迫民族和国家民族文化建设道路的
　　　　探寻者 ……………………………………………（147）

　第二节　毛泽东思想的重要组成部分 …………………………（150）

一 毛泽东文化民族性思想是毛泽东文化思想的精华……（151）

二 毛泽东文化民族性思想是毛泽东民族思想的构成
内容 ……………………………………………………（153）

三 毛泽东文化民族性思想充分体现了毛泽东思想活的
灵魂 ……………………………………………………（153）

第三节 有力地推动了马克思主义中国化进程……………（155）

一 文化民族性体认与马克思主义中国化发展历程………（155）

二 文化民族性自觉是推进马克思主义中国化的重要
前提 ……………………………………………………（159）

第四节 极大地促进了中华民族文化的发展和繁荣………（160）

一 "全盘西化派"的文化主张及其得失 ………………（161）

二 "东方文化派"的文化主张及其得失 ………………（163）

三 毛泽东文化民族性思想对于中华文化发展的独特
贡献 ……………………………………………………（166）

第六章 毛泽东文化民族性思想的当代价值 ………………（170）

第一节 继承与发展——从民族文化重建走向民族文化
复兴 ……………………………………………………（170）

一 中国特色社会主义文化建设中的民族性自觉………（173）

二 时代变迁与民族文化建设面临的新课题 …………（181）

第二节 启示与借鉴——全球化背景下中国特色社会主义
文化建设 ………………………………………………（192）

一 维护世界文化多样性,促进不同文化平等对话与
交流 ……………………………………………………（192）

二 坚持弘扬中华文化,建设中华民族共有精神家园 ……（198）

三 坚定不移走中国特色社会主义道路,建设中华民族
新文化 …………………………………………………（205）

四 不断提升国家文化软实力,增强中华文化国际
影响力 …………………………………………………（212）

第三节 评价与反思——以大众化重建民族性理路的
得与失 ………………………………………………（221）
一 以文化大众化重建文化民族性理路及其深远影响……（222）
二 以文化大众化重建文化民族性理路的历史教训………（224）

结束语 毛泽东文化民族性思想理解中的若干误区及澄清……（227）
一 马克思主义传入中国并未导致中国传统文化的
断裂或衰落 ……………………………………………（227）
二 "马克思主义中国化"不等同于搞
"民族主义" ……………………………………………（230）
三 "中国作风与中国气派"是文化的民族形式与民族
内容的统一 ……………………………………………（233）

参考文献 ………………………………………………………（236）

后记 ……………………………………………………………（246）

导论 文化民族性问题的中国视域与中国话语

一 问题提出与研究意义

美国文化学家菲利普·巴格比（Phllip Baghy）曾经指出："正是在民族这一层次上的社会才具有最鲜明的文化差异。我们感到自己所属的是某个民族，我们试图仿效我们同胞的习俗和风度。而且，我们非常方便地辨别出法国人、英国人和美国人，以及他们各自的言谈方式、风俗和服饰等等。"① 菲利普·巴格比这段话十分清楚而直接地告诉人们：文化是具有鲜明的民族性的，不同的民族其文化各有特征。在西方，文化的民族性问题作为一个课题，最早受到了人类学家的关注，成为文化人类学的研究对象。众所周知，资本具有无限扩张的本性，因此在西方资本主义兴起与发展过程中始终伴随着殖民的扩张与掠夺，西方殖民者为了有效地维护和巩固自己的殖民统治，就亟须深入地了解殖民地人民的民族性格、宗教信仰、风土人情等，基于这一现实需要，一大批人类学家开始深入殖民地国家（地区），广泛搜集反映殖民地人民民族生活的相关资料，并通过整理和研究逐渐形成了系统的知识，甚至还建立了各种文化理论学说。然而与之相反，文化的民族性问题在中国作为一个自觉的研究课题，则是在中华民族遭遇西方资本主义侵略，中华民族面临亡国灭种的深重危机的背景下被提出来的。特殊的历史境遇致使中国文化民族性问题在研究的对象、研究

---

① ［美］菲利普·巴格比：《文化：历史的投影》，夏克等译，上海人民出版社 1987年版，第123页。

的内容、关注的重点、研究的目的等各个方面都具有自身的特殊性，从而也形成了中国独具特色的文化民族性思想学说和话语体系。在中国近现代文化思想史上众多的代表人物和思想流派当中，毛泽东及其文化民族性思想最具典型和代表意义，他既是鸦片战争以来各种文化争鸣成果的积极继承者，又是中华民族新文化的真正开创者，他成功地解决了半殖民地半封建社会的中国民族文化发展的方向和出路问题，为复兴中华民族文化做出了重要贡献。将毛泽东文化民族性思想作为一个问题专门提出并加以研究具有多方面的意义和价值，它对于我们深化毛泽东文化思想逻辑与精神本质的认识，对于我们深入把握近代以来中国文化转型与发展规律都具有重要的理论指导意义，对于当今时代更好地推进马克思主义中国化、时代化、大众化发展，特别是在经济全球化背景下更好地维护民族文化安全与促进民族文化健康发展，建设中国特色社会主义文化具有重要的现实意义。

（一）有利于深化对毛泽东文化思想理论的理解和认识

研究毛泽东文化民族性思想有助于我们透过毛泽东文化思想的表层去探求其深层次的精神实质和内在逻辑，从而有利于我们深化对毛泽东文化思想理论的理解和认识。毛泽东文化思想有着丰富的内涵，是由文化本质论、文化辩证论、文化创新论、文化政策论等内容共同构成的一个逻辑理论体系。其中，"文化本质论"主要解决如何理解文化的内涵以及如何定位文化在一个社会结构当中的地位与作用问题，毛泽东正是从文化本质论出发，对近代以来中国文化的性质以及未来文化发展目标进行了科学的定性分析。"文化辩证论"主要通过近代以来中国文化转型与发展过程中传统文化与现代文化、中国文化与西方文化的矛盾分析，回答中国文化向何处去的问题。"文化创新论"着眼于解决古今中外矛盾的基础上如何立足中国实际，汲取人类历史上的一切优秀文明成果，建设具有中华民族特色的新文化问题。"文化政策论"则是上述三者的最表层次的体现和最具体层面的实践。然而，除了从逻辑体系上对毛泽东文化思想进行立体分析外，我们更应当从历史维度上将毛泽东文化思想置于近代以来中国文化的现代转型的宏观视野中进行考察、审视和定位。我们发现，"既要现代化，又要民族化，努力建立中华民族的新文化"，这是近代以来中国文化转型的双重目标，也是毛泽东文化思想的主线。毛泽东文化思想的独到之处与其说是解决了中国文化的现代化问题，倒不如说是解决了中国文化现代化过程中的民族化问题。所以，选择从文化的民族性视角来研究毛泽东文化思想必然有助于彰显毛泽东文化思想中尚未引起人们足够重视的民族性内涵和民族化主题，从而让我们更加深入和全面地把握毛泽东文化思想的精神实质、内在逻辑和思想体系。

（二）有助于推进马克思主义中国化、时代化、大众化发展

推进马克思主义中国化、时代化、大众化发展，不仅是马克思主义自身发展的内在需求，同时也是中国特色社会主义建设实践的客观要求。2009 年 9 月 18 日，党的十七届四中全会正式通过了《中共中央关于加强和改进新形势下党的建设若干重大问题的决定》，该决定明确提出了"推进马克思主义中国化、时代化、大众化"的任务。尽管马克思主义中国化、时代化、大众化三者各有所指，侧重点各异，但三者又是紧密联系在一起的，都是立足于中国实际与中国问题展开，而要谈中国实际与中国问题必然内在地包含了中国文化实际与问题。因此，推进马克思主义中国化、时代化、大众化，无论如何都不能出现民族文化的"空场"或"缺席"。民族文化是马克思主义中国化、时代化、大众化过程中无法抹去的"底色"，民族文化也是我们理解马克思主义中国化、时代化、大众化的重要视角，实现马克思主义与中国传统文化的有机结合是推动和实现马克思主义中国化、时代化、大众化的重要途径。马克思主义作为一种外来思想文化，要在中华民族文化的土地上生根、开花和结果，为广大人民群众所接受和掌握，并转变成巨大的物质力量，就必然有一个与民族文化相结合、相融合的问题。否则，它将难以掌握群众，就无法走向大众，走进国人的内心深处，就无法凝结成人们的共同理想与信念，就无法成为人们共同遵循的行动指南，因此，这就需要我们更加自觉地加强文化的民族性问题的研究。由此可见，研究毛泽东的文化民族性思想，有助于促进马克思主义与中华民族文化的结合，促进马克思主义的中国化、时代化和大众化发展。

（三）有益于维护民族文化安全和促进民族文化健康发展

当今时代，经济全球化已经成为不争的客观事实，并且还将以一股无法抵挡的潮流快速地向前推进和发展。经济全球化虽然加速了民族文化之间的交流与融合，但与此同时也带来了文化的激烈碰撞与冲突。这种由资本主义主导的全球化浪潮正冲垮着一切民族藩篱，尤其是对于弱势国家民族文化而言，将面临巨大冲击甚至危机。在社会主义与资本主义两种意识形态并存与对抗的时代背景下，西方发达资本主义国家凭借着其掌握的先进科学技术和现代化传播工具，借助于经济全球化浪潮，按照资本逻辑规则，对社会主义中国展开强大的文化渗透与攻势，大肆宣传其意识形态，兜售其价值观念，瓦解我们的信仰基础和精神家园，进一步加剧了国人的民族文化认同危机。众所周知，民族文化是一个民族赖以生存和发展的基础，是一个民族的精神命脉，守住民族文化基因，就是守住精神家园。因此，在经济日趋全球化的今天，要实现中国的现代化和中华民族的伟大复兴，必须高度重视维护民族文化安全，促进民族文化的健康发展，增强民族文化自信，把培育和弘扬民族精神作为增强民族凝聚力的重要途径，坚持弘扬中华民族优秀传统文化，维护中华文化的民族性，从而为推进中国特色社会主义的现代化以及早日实现中华民族的伟大复兴提供强大的精神支持和发展动力。毛泽东文化思想中有大量关于文化的民族性问题的思想资源，将它加以梳理和提炼，可以为我们在经济全球化时代的今天发展民族文化，建设中国特色社会主义文化提供重要的指导和宝贵的启示与借鉴。

二 国内外研究现状述评

（一）国内研究现状

20世纪80年代开始的改革开放再一次触发了中国人的文化这根敏感神经，很快在国内掀起了一股持久的"文化热"。与此同时，"毛泽东热"也不断升温，正是在这两股热潮推动下，毛泽东文化思想研究成为学术界研究的"两热"汇聚点，短短的几年时间，就出现了一大批研究毛泽东文化思想的理论成果。通过中国国家数字图书馆数据检索，我们可以看到，从 20 世纪 80 年代末到 90 年代初，仅从"宏观"
上研究毛泽东文化思想的学术著作就有十多部，如果加上微观层面
（如文艺、伦理思想等方面）的研究成果，那就更丰硕了，主要代表作
有汪澍白的《毛泽东思想与中国文化传统》（1987）、黎永泰的《中西
文化与毛泽东早期思想》（1989）、侯树栋的《毛泽东哲学思想的民族
性探源》（1989）、毕剑横的《毛泽东与中国哲学传统》（1990）、汪澍
白的《毛泽东思想的中国基因》（1990）、陈晋的《毛泽东的文化性
格》（1991）、戴知贤的《毛泽东文化思想研究》（1992）、刘春建的
《神奇的契合——毛泽东邓小平与中华传统文化》（1992）、李鹏程的
《毛泽东与中国文化》（1993）、吕明军的《冲突与融合——毛泽东的
文化观》（1993）、谢荫明主编的《延安时期毛泽东文化思想》
（1993）、丁振海主编的《毛泽东文化思想》（1993）、罗洛主编的《毛
泽东思想研究大系·文化卷》、何显明的《毛泽东哲学与中国文化精
神》（1993）、赵东立主编的《毛泽东的文化观》（1993）等。可以看
出，这次研究热在毛泽东诞辰一百周年（1993 年）之际达到了前所未
有的高潮。从总体上看，这一时期毛泽东文化思想研究的最鲜明、最
突出的特点就是比较重视毛泽东（思想）与中国传统文化的关系研究，
特别注重毛泽东对于中国传统文化的批判与继承，这既是毛泽东思想
研究的一种逻辑必然，① 也与当时的"国学热"有着密切的关系。这
里值得一提的是，毛泽东（思想）与中国传统文化关系的研究内在地
包含了毛泽东如何认识和对待中国传统文化，如何认识和对待马克思
主义，特别是如何实现马克思主义与中国传统文化的有机结合等丰富
内容。因此，它当属毛泽东文化思想研究的重要组成部分，是毛泽东
文化思想研究的一个重要切入点。

　　21 世纪以来，毛泽东文化思想研究出现一些新的发展动向。第
一，比较文化研究逐渐增多，主要体现在对于党的几代领导人的文化

---

　　① 20 世纪 80 年代，针对毛泽东思想研究当中存在着单纯溯源于马列的现象，有学者
开始着眼于发掘和呈现毛泽东思想与中国传统文化的内在关系，从而进一步促进和深化了
毛泽东思想的研究。

思想进行比较研究，旨在寻找它们之间的继承与发展关系，如周向军的《毛泽东邓小平精神文明建设思想比较研究》（2002）、陈晋的《毛泽东邓小平江泽民与中国先进文化》（2003）、《毛泽东、邓小平、江泽民文化观的比较研究》［《西南民族大学学报》（人文社会科学版）2005年第2期］、《毛泽东与邓小平文化观之比较》（《郑州大学学报》2005年第3期）等。第二，全球化背景下民族文化的生存与发展问题逐渐引起越来越多学者的关注。如果说20世纪八九十年代文化讨论的主题主要是围绕传统文化与现代化这一问题展开，那么进入21世纪以来，学术界已经把目光逐渐聚焦到全球化和本土化论题上，人们越来越关心民族文化与民族精神问题的研究，在这种时代背景下人们很自然地会从中国近现代史中寻找中国共产党人捍卫民族文化独立，发展民族文化的相关思想资源，于是出现了一些专门研究毛泽东民族文化思想或突出毛泽东文化民族性思想的论文，如黄兴涛和刘辉合撰的《抗战时期中共文化"民族性"意识的觉醒及其理论意义》（《北京档案史料》2002年第1期）、谭献民等撰写的《毛泽东对继承和发展民族精神的历史贡献》（《高校理论战线》2003年第12期）、赵毅的《浅析毛泽东关于发展民族文化的主要观点及其当代意义》（《毛泽东思想研究》2003年第1期）、牟德刚的《试论毛泽东民族文化思想的历史地位》（《毛泽东思想研究》2003年第5期）和《毛泽东与陈独秀民族文化思想比较》（《东岳论丛》2003年第5期）、郑黔玉的《毛泽东关于文化民族性的思想及现实意义》（《贵州民族研究》2004年第1期）、卢国琪的《毛泽东与建设中华民族新文化》（《毛泽东思想研究》2004年第3期）、周建伟的《毛泽东文化民族性命题之意蕴》（《党的文献》2011年第2期）等。此外，还出版了《毛泽东邓小平江泽民论弘扬和培育民族精神》（2003）、《抗战时期中华民族精神研究》（2006）、《马克思主义中国化与民族精神的升华研究》（2008）等著作。第三，对毛泽东文化思想进行了分阶段性深入研究，主要体现在对于毛泽东新民主主义文化思想和社会主义文化思想的研究上，代表作有辛文斌的《〈新民主主义论〉与中国文化现代化》（2007）、刘辉的《中国共产党人的文化自觉——新民主主义文化思想再研究》

（2008）、孙建娥的《新民主主义文化革命的历史经验研究》（2008）、陈桂芝的《毛泽东的社会主义文化观研究》（2009）等。从检索数据来看，目前尚未发现专门研究毛泽东民族文化或文化民族性思想方面的专著。

（二）国外研究现状

国外关于毛泽东文化思想特别是民族文化思想的专门研究并不多见，但在他们对于毛泽东思想的来源这一焦点问题，即关于毛泽东思想与马克思列宁主义、与中国传统文化的关系问题的研究与争论中却有广泛的涉及。换言之，毛泽东思想作为马克思主义同中国传统文化相结合的产物，本身就是毛泽东文化民族性思想的生动体现。国外学者虽然没有直接围绕毛泽东文化思想问题展开研究，但却抓住了毛泽东思想的文化基因这一要点来探讨其文化思想。按照国外学者如何看待中国传统文化和马克思主义在毛泽东思想中的影响和地位这一标准，我们可以将他们的观点大体上分为两大类。

第一类观点主要侧重强调毛泽东思想的中国传统来源，这是它们的共同点，但对于中国传统在毛泽东思想中的影响程度的认识彼此之间则存在一定的差别。以费正清（John King Fairbank）和他的学生本杰明·施瓦茨（Benjamin I. Schwartz）为代表的"自由派"认为，"毛主义"主要是中国的政治环境和传统文化的特殊产物，具有很大的独创性。"毛主义"同马克思主义原型已有很大差异，是马克思主义的"背离"，是马克思主义的"异端"[1]。澳大利亚学者尼克·奈特（Nick Knight）认为，毛泽东试图制定一个既不抛弃马克思主义的普遍原理，又能够将这种普遍原理应用于一个国家特殊的历史条件和文化环境，即将普遍规律与特殊规律相结合，使马克思主义臻于完备而成为一个完整的体系。[2] 西方学者在这个问题上更有代表性的观点是斯图尔特·施拉姆（Stuart Schram）的看法，他认为："毛泽东极其

---

[1] 洪竣峰：《西方毛泽东研究述评》，载洪竣峰编《西方学者论毛泽东》，厦门大学出版社 1993 年版，第 3 页。

[2] ［澳］尼克·奈特：《毛泽东与"马克思主义的中国化"》，王应一译，《中共党史研究》1988 年第 4 期。

坚定地相信自己与中国及其命运紧密联系在一起。这不仅产生了强烈而不妥协的民族主义,而且必然会坚持按照中国环境和中国文化的需要去修改外来的理论。"①

第二类观点主要强调毛泽东思想的马克思主义来源,忽视或弱化中国传统(历史文化与思想传统)。国外毛泽东思想研究第一次大论战中,美国右翼学者卡尔·威特福格尔(Karl Wittfogel)所提出的"阴谋论"就是持此观点。威特福格尔极力否认毛泽东思想的创造性,强调毛泽东思想与马克思主义的完全一致,认为毛泽东思想来源于马克思列宁主义,是列宁斯大林主义在中国的移植和翻版,"毛主义"的战略是共产国际方针的贯彻,中国革命是莫斯科斯大林指挥的一场国际阴谋的产物。因此,他认为所谓的"毛主义"只是一种传说或神话。② 此外,国外毛泽东思想研究第二次大论战中,以美国佩弗(Richard M. Pfeffer)和沃尔德(Andrew G. Walder)为代表的"左派"学者也都特别强调马克思和毛泽东的一致性,认为"毛主义"是直接来源于马克思主义。与卡尔·威特福格尔否认毛泽东思想的创造性以及"异端论"把"毛主义"看作一种对马克思主义的偏离不同,"左派"学者把毛泽东思想主要看作是对马克思主义的发展。以上观点的共同之处在于,他们都强调了毛泽东思想的马克思主义来源,但对于中国社会的特殊环境以及中国文化传统对于毛泽东及其思想的影响的认识显然不够。

总之,在关于中国传统文化对毛泽东思想的影响上,可能产生两种极端的看法。一种是把它看成是纯属中国的产物,否定马克思列宁主义的来源,另一种是把它看成是马克思列宁主义的翻版,否定中国特殊历史条件和文化背景。在这两个极端之间,有一个广阔的中间地带,在这个中间地带里形成了错综复杂的分支观点。当然,特别值得

① [美]斯图尔特·施拉姆:《毛泽东的思想》,中共中央文献研究室《国外研究毛泽东思想资料选辑》编辑组编译,中央文献出版社1990年版,导论第14页。
② 洪竣峰:《西方毛泽东研究述评》,载洪竣峰编《西方学者论毛泽东》,厦门大学出版社1993年版,第2页;陈葆华等:《国外毛泽东思想研究评述》,陕西人民出版社1993年版,第42页。

一提的是，在争论过程中，他们各自的观点本身也在不断地发展和变化，各自都逐渐吸纳了对方观点中的一些合理因素。"左派"学者也开始承认毛泽东思想受中国传统文化的影响。而"自由派"学者也充分肯定毛泽东思想的西方来源和因素（包括马克思主义和非马克思主义）。因此，在这个意义上，我们可以说绝大多数学者都属于"双源论"或"二元论"。

国外学者对于毛泽东思想的来源的考察，揭示了中西方文化碰撞背景下的两种不同文化传统，特别是中国传统文化在毛泽东思想中的影响，虽然其中有许多观点不为我们所认同，但对我们研究毛泽东文化民族性思想不乏启示意义。第一，他们从多方面和多角度探讨了毛泽东思想与中国传统文化的丰富联系。这种联系既体现在民族形式方面，例如他们看到毛泽东充分利用中国历史典籍和民俗文化来表达马克思主义这一特点；也体现在中国传统文化的精神和价值观方面，例如"自由派"认为毛泽东思想中存在"唯意志论"特征，而这与中国传统文化，特别是儒家思想有着密切的联系。第二，他们对毛泽东的中西文化观在毛泽东思想中的影响作了历史性考察。施拉姆认为，毛泽东对待中西方文化的态度经历了一个变化过程。"50 年代中期以前将属于西方文化产物的马克思主义当作普遍真理运用于中国实际，并以此作为新中国建设的理论基础，对中国文化采取了辩证的态度，并努力将马克思主义与中国文化结合起来。从 50 年代后期开始，毛泽东逐渐转向强调中国传统的思维方式，到了晚年，虽然以极端的形式强调马克思主义关于未来社会的理想和原则，也始终保持着奋斗不息的普罗米修斯精神，但封建思想和帝王统治的传统却日益增大起来。"① 他们认为，毛泽东晚年受中国传统文化影响较深，而解释这种原因时，有些从早期思想寻找原因即所谓的"早期复活论"，还有"二元分离论"即认为中西方文化在毛泽东思想中出现了分离。② 第

① 陈葆华等：《国外毛泽东思想研究评述》，陕西人民出版社 1993 年版，第 331 页。
② 洪峻峰：《西方毛泽东研究述评》，载洪峻峰编《西方学者论毛泽东》，厦门大学出版社 1993 年版，第 11 页。

三，以美国的卢西恩·派伊（Lucian Pye）、罗伯特·杰伊·利夫顿（Robert Jay Lifton）和苏联的萨尔利提夫等为代表的"心理历史学派"，分别从个性心理和社会心理角度揭示了毛泽东思想及毛泽东文化性格特征。当然，国外在研究毛泽东思想的来源问题上也存在一些局限，主要体现在他们未能解释毛泽东思想中马克思主义因素与中国文化传统因素的关系，甚至有时将它们两者相互对立起来。

综观国内外研究现状，我们发现关于毛泽东文化思想、民族文化思想或文化民族性思想问题的研究总体上具有两方面的特点。第一，研究者都十分关心和重视毛泽东的中西文化观问题的研究以及毛泽东（思想）与中国传统文化关系的研究，并具体揭示出了毛泽东（思想）与中国传统文化的丰富联系，其中以探讨毛泽东哲学思想与传统文化关系的成果尤为丰硕。中西文化观问题的研究以及毛泽东（思想）与传统文化的内在联系的研究为我们研究毛泽东的文化民族性思想提供了丰富的思想资源和具体材料，但这毕竟只是从另一个侧面切入，其研究的出发点和落脚点都不是放在民族文化本身或文化民族性的基调上，因此这些研究并不能代替毛泽东文化民族性思想本身的研究。而且，笔者以为文化的民族性问题较之于文化的其他问题（比如中西文化观）而言，更具有本体意义、地位和价值。第二，目前的研究成果已经十分系统地梳理和研究了毛泽东的文化思想的理论来源、发展过程、理论体系、理论特征、文化观的建构等，① 而且在研究深度上也达到了相当高的水准，它们透过毛泽东文化思想的表层深入地揭示了毛泽东文化思想的深层逻辑和内在理路。② 但目前的研究在突出毛泽东文化思想的民族性内涵或民族化主题这一问题上还显得不足，成果相对较少，从仅有的一些论文成果来看，研究也有待深化和系统化。

① 郭健、周沛：《二十年来国内毛泽东文化观研究述评》，《教学与研究》2000 年第 4 期。
② 代表作有陈晋的《毛泽东的文化性格》、何显明的《毛泽东的心路历程》、李鹏程的《毛泽东与中国文化》等。

三　研究思路与方法

（一）研究思路

在《新民主主义论》中，毛泽东明确指出："我们共产党人，多年来，不但为中国的政治革命而奋斗，而且为中国的文化革命而奋斗"，"建立中华民族的新文化，这就是我们在文化领域中的目的"，这种新文化，它首先是"我们这个民族的，带有我们民族的特性"。受此启发，本书选择从文化的民族性视角来研究毛泽东文化思想，以彰显毛泽东文化思想中尚未引起人们足够重视的民族性内涵和民族化主题问题。毛泽东文化民族性思想是以毛泽东为主要代表的中国共产党人以马克思主义文化理论为指导，致力于马克思主义中国化探寻的结果，它比较成功地解决了在一个半殖民地半封建社会的中国民族文化的生存与发展问题，解答了近代以来中国文化转型过程中既要现代化又要民族化的矛盾问题，从而在现代化与民族化的张力系统中开辟了中国民族文化发展的新道路。全书以辩证唯物主义与历史唯物主义为指导，从历史、理论与现实三个方面系统地梳理了毛泽东的文化民族性思想。

首先，从历史的维度探讨毛泽东文化民族性思想形成与发展的条件和过程。本书主要从中国传统文化、西方文化、马克思主义理论及其在中国的传播等方面分析毛泽东文化民族性思想产生的思想理论条件，从民族危亡与中华民族意识的觉醒的社会历史背景与中国共产党的革命与建设的具体实践等方面分析毛泽东文化民族性思想产生的社会历史条件。从早期（青年毛泽东）、新民主主义革命时期、社会主义建设时期三个阶段梳理毛泽东文化民族性思想的发展脉络与过程。

其次，从理论的层面重点阐释毛泽东文化民族思想的主要内容、基本特征和历史地位。考察毛泽东文化民族性思想的基本内容是本书研究的重点，毛泽东文化民族性思想内容丰富，涉及文化民族性形成的根源，文化民族性的基本内涵，文化民族性的表现以及维护与发展文化民族性的重要性和实现途径、方法等多个方面的内容。毛泽东文化民族性思想比较科学地解答了近代以来中国文化发展过程中的诸多矛盾问题，其最鲜明的特点就是体现了辩证统一性。在此基础上，本书进一步考察了毛泽东文化民族性思想在毛泽东文化思想、马克思主义文化理论发展史、马克思主义中国化进程中的地位与作用，考察了毛泽东文化民族性思想较之于中国近现代史上其他文化思想理论或文化流派在促进中华民族文化繁荣与发展中的独特贡献。

最后，从现实的角度，站在新的历史起点上探讨中国特色社会主义文化建设面临的新课题、新任务，结合全球化背景下世界文化发展的新形势与新特点，探讨毛泽东文化民族性思想的当代价值，剖析毛泽东文化民族性思想的历史教训，解答新的时代背景下如何进一步推进中华民族文化的发展和繁荣，实现中华民族文化复兴问题。与此同时，针对历史与现实当中存在的一些误解或有意歪曲以毛泽东为代表的中国共产党人的文化思想的观点作一定的回应和反驳。例如，有一种时髦的观点认为，中国共产党轻视民族文化传统，破坏了中国民族文化，造成中国文化发展的断裂，认为马克思主义是一种外来文化，不能作为我们国家的指导思想，能够成为我们的指导思想的只能是中国传统文化的儒学思想。另一种观点恰好与之相反，把"马列主义中国化"又说成是搞"民族主义"。显然，这些观点都严重地歪曲了毛泽东文化民族性思想的基本精神，需要我们运用事实和相关文献材料进行驳斥，予以澄清，以端正人们的认识。

（二）研究方法

第一，文本分析与文献研究方法即通过研究毛泽东的相关原著与中国共产党历史文献，对毛泽东的文化民族性思想进行提炼、梳理和概括。文本或文献是个人专题思想研究和解读的最基本依据，因此，文本分析与文献研究方法也是毛泽东文化民族性思想研究的最基本方法。毛泽东一生留下了大量的论著、讲稿、谈话和书信，这些文本与文献当中，有些是直接论述文化问题，有些虽非直接阐述文化问题，但本身却是毛泽东文化思想和观点的具体体现或运用，因此需要我们进行系统的阅读和认真细致的梳理。这些资料主要包括《毛泽东早期文稿》《毛泽东选集》《毛泽东文集》《建国以来毛泽东文稿》等，其中《论新阶段》《新民主主义论》《在延安文艺座谈会上的讲话》《同音乐工作者的谈话》等是研究毛泽东文化民族性思想尤为重要的文本资料。

第二，比较研究方法。本书中所运用的比较方法既包括纵向比较，也包括横向比较。从纵向角度，把毛泽东文化民族性思想置于马克思主义文化发展史的谱系中进行考察，揭示毛泽东文化民族性思想对于马克思主义文化思想理论的继承、丰富和发展以及对于毛泽东之后中共几代领导人文化思想的影响。这种纵向比较还包括对毛泽东文化民族性思想在各个不同历史时期和发展阶段的发展状况的比较，以呈现其内在的发展逻辑；从横向比较的角度来看，主要比较毛泽东与同时代的党内外知识分子，如陈独秀、瞿秋白、鲁迅、胡适、梁漱溟等文化人物在文化思想上的观点，揭示它们之间的区别与联系，彰显毛泽东文化民族性思想的独特性和科学性。

第三，矛盾分析方法。矛盾分析方法是我们分析问题和解决问题时普遍使用的一种基本的分析方法。毛泽东文化民族性思想中涉及文化的民族性与时代性、文化的民族性与世界性、文化的民族性与阶级性、文化的内容与形式、传统文化与现代文化、中国文化与西方文化等多种矛盾关系，而且这些矛盾往往相互交织在一起形成一个复杂的矛盾体，只有通过矛盾分析方法，才能更好地厘清它们之间的内在逻辑与辩证关系，把握民族文化的本质和发展规律。

第四，逻辑与历史相统一的方法。唯物辩证法认为，逻辑的东西与历史的东西是相统一的，"历史从哪里开始，思想进程也应当从哪里开始，而思想进程的进一步发展不过是历史过程在抽象的、理论上前后一贯的形式上的反映"[①]。因此，必须将毛泽东文化民族性思想的研究置于近现代中国救亡图存，实现现代转型的现实历史进程中进行考察；置于近现代文化论争之中进行分析，在此基础上才能准确地把握毛泽东文化民族性思想的理论逻辑。

四　相关概念界定

研究毛泽东的文化民族性思想涉及文化、民族以及文化的民族性

---

① 《马克思恩格斯选集》第 2 卷，人民出版社 1995 年版，第 43 页。

这样一些基本概念，由于这些概念本身的复杂性，因此十分有必要对它们进行一定的界定，从而使我们研究的问题和研究的对象更为明确。

（一）文化与民族

1. 文化

从词源学角度考察，近代意义上的"文化"一词最初来自拉丁文 cultura，原意为开垦、耕作、种植、栽培等，后来逐渐引申到精神生活乃至全部社会生活领域。自 1871 年英国人类学家爱德华·伯内特·泰勒（Edward Burnett Tylor）在其所著的《原始文化》中对文化第一次下定义以来，关于文化的定义多种多样。"据文化人类学家阿尔弗雷德·克罗伯（Alfred Louis Kroeber）和克莱德·克鲁克洪（Clyde Kluckhohn）的统计，从 1871 年到 1951 年的八十年间，严格的文化定义就有 164 个之多。后来，法国的社会心理学家 A. 莫尔新的统计资料表明，20 世纪 70 年代以前世界文献中的文化定义已达250 多个。"① 汉语当中，"文化"一词的含义主要是指文治教化。《易·贲卦〈象传〉》有云："观乎天文，以察时变；观乎人文，以化成天下。"将天文与人文相对，分别代指了自然界与人类社会领域的规律、规则和现象。"人文"具体而言主要指礼仪、道德、伦常秩序等。汉代刘向在《说苑·指武》中最早将"文化"二字连用："圣人之治天下也，先文德而后武力。凡武之兴，为不服也，文化不改，然后加诛。"中国传统文化特别强调德行、修身，通过这些以达到人性的完善、人格的高尚、人际关系的和谐。因此，中国传统视域中"文化"概念很大程度上停留在伦理道德范围，主要指统治者所施行的文治教化之总和以及各种道德伦序、观念、习俗、朝政纲纪、礼乐典章等。

马克思恩格斯视野中的文化概念的内涵是多义和丰富的，马克思恩格斯并没有对文化概念下过确切的定义，但他们的文化概念起码包括两个层面的含义。第一，广义上使用，即文化等于"人化"。马克

① 刘进田：《文化哲学导论》，法律出版社 1999 年版，第 36—37 页。

思恩格斯继承和发扬了近代以来人的主体性精神,从实践活动出发来理解文化的本质。他们认为,人一方面改造自然界和人类社会,另一方面人们在改造客观世界的同时也在改造人自身,而且认为两者是辩证统一的。因此,广义的文化主要是指人类在改造世界包括改造自身的对象性活动中,所展示的体现人的本质、力量、尺度等方面及其成果。换言之,文化就是人类的一种存在方式,是物质文化、制度文化和精神文化等的总和,与"文明"同义。例如,恩格斯在《反杜林论》中指出:"文化上的每一个进步,都是迈向自由的一步。"① 这里所说的文化显然是指广义上的文化概念。第二,狭义上使用,即从历史唯物主义关于社会存在与社会意识、生产力与生产关系、经济基础与上层建筑的辩证关系出发来理解,具体而言,狭义的文化主要是指以社会意识形态为主要内容的观念体系,包括宗教、哲学、道德、艺术等。例如,在《哥达纲领批判》中,马克思指出:"权利决不能超出社会的经济结构以及由经济结构制约的社会的文化发展。"② 再如,马克思关于精神生产的论述,这些都是在狭义上使用文化概念。在狭义的文化构成中,马克思特别重视哲学在精神文化中的重要地位,将它比喻为"时代的精神""文明的活的灵魂",认为"人民最美好、最珍贵、最隐藏的精髓都汇集在哲学思想里"③。

毛泽东一方面坚持了马克思恩格斯的广义文化概念。例如,在与音乐工作者的谈话中,毛泽东就指出,不能说农民没有文化,精耕细作也是文化,只不过是由于他们大多不识字,没有现代的文化技术,使用的工具是锄头、木犁,不是现代化的拖拉机。"精耕细作"指的就是生产实践。另一方面,毛泽东又发展了马克思恩格斯的狭义文化概念。毛泽东明确地将文化与政治、经济相并列来理解和界定文化的本质。在《新民主主义论》中,毛泽东说:"一定的文化(当作观念形态的文化)是一定社会的政治和经济的反映,又给予伟大影响和作

---

① 《马克思恩格斯文集》第 9 卷,人民出版社 2009 年版,第 120 页。
② 《马克思恩格斯文集》第 3 卷,人民出版社 2009 年版,第 435 页。
③ 《马克思恩格斯全集》第 1 卷,人民出版社 1995 年版,第 219—220 页。

用于一定社会的政治和经济;而经济是基础,政治则是经济的集中的表现。"① 综观毛泽东的思想与著作,我们可以发现,毛泽东对于文化的理解也有不同的层次。第一层次是广义的文化,即"人化"。第二层次是狭义的文化,即与政治、经济相对的文化,也就是通常我们所说的"精神文化"。第三层次则是更具体,专指知识水平、受教育程度。例如,在《关于正确处理人民内部矛盾的问题》中,毛泽东说道,我们的教育方针,应该使受教育者"成为有社会主义觉悟的有文化的劳动者"②。毛泽东的文化概念的不同层面之间是一个有机的统一,其中,毛泽东使用最多的是第二层面的文化概念,本书所使用的文化概念也主要是指第二层次上的狭义文化概念。

2. 民族

主流观点认为,中国古代文献中并无"民族"一词,只有"族""氏""部""类""种"等概念。而将"民"与"族"两字结合成"民族"一词加以使用始于梁启超。1899 年,在《东籍月旦》一文中,梁启超就使用了"泰西民族""东方民族""民族竞争""民族变迁"等提法。近年来有学者对"民族"一词词源进行深入考察后,又提出"民族一词是中国古代文献固有名词"的新观点。③ 但在中国古代文献中,"民族"一词还不具有现代意义。1903 年,梁启超顺应民族主义发展的时代潮流,把欧洲政治理论家布伦奇利(Johann Caspar Bluntschli)的民族概念介绍到中国,从此,真正现代意义上的"民族"一词便在中国开始普遍使用起来。布伦奇利认为,民族具有八个基本规定性即根源上同居一地,根源上同一血统,同一人种生理体质,同一语言,同一文字,同一宗教,同一风俗,根源上共同进行经济社会活动。1924 年,孙中山在阐述三民主义时,提出"民族是由于天然力造成的,国家是用武力造成的"的观点。④ 认为不同的人种之所以能结合成种种民族,要归功于血统、生活、语言、宗教与风

---

① 《毛泽东选集》第 2 卷,人民出版社 1991 年版,第 663—664 页。
② 《建国以来毛泽东文稿》第 6 册,中央文献出版社 1992 年版,第 340 页。
③ 郝时远:《中文"民族"一词源流考辨》,《民族研究》2004 年第 6 期。
④ 《孙中山选集》,人民出版社 1981 年版,第 618—621 页。

俗习惯五种天然力。受孙中山观点影响，1937 年中华书局印行的《辞海》把民族解释为"以血统、生活、语言、宗教、风俗习惯等相同而结合之人群"。在民族概念上，对我国产生较大影响的是斯大林在 1912 年年底至 1913 年年初所著《马克思主义和民族问题》中所提出的民族定义，他把民族界定为"人们在历史上形成的一个有共同语言、共同地域、共同经济生活以及表现于共同文化上的共同心理素质的稳定的共同体"。① 2005 年，中央民族工作会议对民族概念又进行了最新的定义，"民族是在一定的历史发展阶段形成的稳定的人们共同体。一般来说，民族在历史渊源、生产方式、语言、文化、风俗习惯以及心理认同等方面具有共同的特征"。② 这一定义克服了斯大林关于民族定义的一些局限和缺陷，更具有严密性。

"中华民族"是各个民族的总称，是一个多民族的共同体，它包括生活在中华大地上的所有民族及海外华人。费孝通指出，中华民族作为一个自觉的民族实体，是在近百年来中国和西方列强的对抗中才出现的。正是在抵抗西方列强的侵略，追求自身独立和解放过程中，逐渐产生了一种自觉的民族认同，即作为中国各民族共同体意义上的"中华民族"的自觉认同。近代以来，帝国主义的入侵促进了国人民族意识的觉醒，以梁启超为代表的先进知识分子开始隐约地意识到必须有一种民族共同体（族类团结、合群保种）的出现才能更好地抵制外族侵略，"中华民族"的概念开始孕育而生。1902 年，梁启超在《论中国学术思想变迁之大势》一文中首次提出了"中华民族"这一概念。他说："上古时代，我中华民族之有四海思想者厥惟齐，故于其间产生两种观念焉，一曰国家观，二曰世界观。"③ 但梁启超此期所说的"中华民族"主要还是指代汉族。1905 年，他在《历史上中国民族之观察》中就明确指出，"今之中华民族，即普遍俗称所谓汉族者"，但梁启超又强调，"中华民族自始本非一族，实由多数民族

---

① 《斯大林选集》（上卷），人民出版社 1979 年版，第 64 页。
② 《中央民族工作会议精神学习辅导读本》，民族出版社 2005 年版，第 29 页。
③ 梁启超：《饮冰室合集》文集之七，中华书局 1989 年版，第 21 页。

混合而成"。① 这就肯定了中华民族的"多元混合"性。辛亥革命后，革命派开始抛弃"排满"主张，积极推进民族平等与融合。孙中山在1912年临时大总统宣言书中就宣布，"国家之本，在于人民，合汉满蒙回藏诸地为一国，即合汉满蒙回藏诸族为一人——是曰民族统一"，并改国号为"中华民国"。《中华民国临时约法》还以法律的形式将民族平等规定下来："中华民国人民一律平等，无种族、阶级、宗教之区别"，这就是所谓的"五族共和"思想。因此，作为中国各民族共同体意义上的"中华民族"的认同在中华民国建立以后基本形成。抗日战争进一步强化了中国人的民族共同体意识，中华民族概念更加深入人心，中华民族意识全面觉醒。

费孝通指出，中华民族作为一个自在的民族实体，则是在几千年的历史进程中形成的，是由许多民族单位经过长期的交往与融合而逐渐形成的民族共同体。从这个意义来看，中华民族很大程度上体现为一个文化共同体。汉族文化与其他少数民族文化在长期的历史发展进程中相互交融、相互促进，共同创造了灿烂的中华文明，故"中华"之名常以文化加以诠释。《唐律疏议》中说，"中华者，中国也。亲被王教，自属中国，衣冠威仪，习俗孝悌，居身礼义，故谓之中华"。晚清立宪派代表人物杨度也认为："中华之名词，不仅非一地域之国名，亦且非一血统之种名，乃为一文化之族名。"② 近代著名学者章太炎也是从文化意义来理解中华："中国云者，以中外别地域之远近也；中华云者，以华夷别文化之高下也。"③

因此，中华民族的概念虽然只是到近代中国才真正提出，但无论如何都不能否认它作为一个民族共同体的客观存在，中华文化是中华民族的重要象征，中华文化是联系中华民族的重要纽带。毛泽东接受了近代资产阶级思想家所提出的中华民族概念，在1919年发表的《民众的大联合》（《湘江评论》第4号）一文中，他首次使用"中华

---

① 梁启超：《饮冰室合集》专集之四十一，中华书局1989年版，第2、4页。
② 刘晴波主编：《杨度集》，湖南人民出版社1986年版，第374页。
③ 《章太炎全集》第4卷，上海人民出版社1985年版，第253页。

民族"概念。1939 年，毛泽东在《中国革命和中国共产党》第一章第一节中，对中华民族进行了专门的论述和介绍，认为中华民族是一个由多数民族结合而成的有着悠久历史和灿烂文化的民族。毛泽东思想中包含了丰富的民族思想，这些思想不仅深化了我们对中华民族的认识和理解，也增强了我们对中华民族的认同感，使中华民族的凝聚力空前高涨。

（二）文化的民族性

文化在某种意义上总是一定民族的文化，超越一定区域与民族的抽象文化在现实当中是不存在的。另一方面，文化是民族的重要标志，是一民族区别于他民族的重要特征，一个民族如果丧失了它自身独特的文化，那么这个民族也就不复存在了。概言之，文化总是具有一定的民族性。

所谓文化的民族性，是指不同民族在长期的历史发展过程中，由于各自的地域、历史、种族、语言等因素交错综合作用，经过长期积淀而逐步形成的与其他民族群体相区别的别具一格的文化特征，这种民族文化特性深刻地影响着民族群体及其成员，具有一定的稳定性。文化的民族性体现在一个民族的生产方式、生活方式、价值观念、审美情趣、思维方式、语言风格、民族性格以及风俗习惯等多个方面，这些方面的总体作用形成了不同民族类型的文化。其中，民族精神是文化民族性内容的集中体现，文化的民族性内容中，那些表现民族生命力的内容，形成民族精神。俄国作家果戈理曾深刻地指出："真正的民族性不在于描写农妇的无袖长衣，而在于具有民族的精神。诗人甚至在描写异邦的世界时，也可能有民族性，只要他是以自己民族气质的眼睛、以全民族的眼睛去观察它，只要他的感觉和他所说的话使他的同胞们觉得，仿佛正是他们自己这么感觉和这么说似的。"[1] 毛泽东高度赞扬鲁迅，因为"鲁迅是民族化的"，体现了中华民族的精神和气节。文化的民族性也表现在民族文化的形式上，具有自身的独特风格。文化的民族性从纵向来看，它体现

---

① ［苏］别林斯基：《别林斯基论文学》，梁真译，新文艺出版社 1958 年版，第 79 页。

为一种民族的文化传统,具有较强的稳定性。文化的民族性从横向来看,形成了不同民族文化的冲突、融合与交流。因此,文化的民族性思想还可以涵括正确对待本民族历史文化遗产的问题,以及学习吸收外来文化过程中的民族化问题,即如何保存自身民族文化的主体性、独立性的问题。本书所说的文化民族性主要侧重于探讨作为中华民族之整体的中华文化的民族性问题,也涉及作为中华民族构成部分的少数民族文化问题。

"民族性"这一概念本质上是一个中性概念,它既包含了积极的、正面的内容,也包括了消极的、负面的内容,这两方面作为一种矛盾体实实在在地存在于任何一种民族文化当中。我们强调维护和发展中华文化的民族性,不是要传承传统文化当中腐朽、落后的劣根性文化,相反对此我们要像"五四"新文化运动的启蒙思想家那样对其进行猛烈的批判。我们所要延续和重建的民族性是体现中华文化精华的优秀传统,是植根于当代中国实践的先进文化。

讲到文化的民族性,我们还不得不提及"文化民族主义"概念,这两个概念有联系,但也有区别,不能相混淆。文化的民族性主要强调的是文化的客观属性与特征,文化民族主义则是一种思想主张、民族意识、文化心理、社会思潮。目前学界在如何界定文化民族主义甚至对于文化民族主义是否真实存在的问题上还存在重大分歧,但多数学者还是认为,文化民族主义是民族主义的一个重要构成部分,文化民族主义是"民族主义的一种次元形态"[1],是"文化领域的民族主义"[2],只要我们承认民族主义的存在,就必须承认文化民族主义的存在。正如民族主义有积极和消极的两面性一样,文化民族主义在高举爱国主义旗号、高扬民族文化的同时,有时不免带有浓厚的民族情结和激烈的民族情绪,民族主义一旦脱离理性主义根基,就容易陷入狭隘的民族主义泥潭,走入民族文化本位主义深渊。

---

① 杨思信:《二十世纪初年文化民族主义述论》,《传统文化与现代化》1999 年第 2 期。

② 钱雪梅:《文化民族主义刍论》,《世界民族》2000 年第 4 期。

第一章　毛泽东文化民族性思想的思想资源和理论基础

任何思想或理论的产生都离不开一定的时代，都是特定时代发展的产物。但是，每一时代的人又总是在接受和继承前人遗留下来的思想材料的基础上进行创造，毛泽东也不例外。毛泽东文化民族性思想的形成和发展离不开中国传统文化这一土壤，离不开西方文化的认识视野和思想启迪，更离不开马克思主义文化理论作为其理论基础。

第一节　毛泽东文化民族性思想的思想资源

毛泽东的文化民族性思想主要是在近代以来中西文化的激烈碰撞与冲突过程中，在中西文化的比较之中逐步形成的，中国传统文化与西方文化都为毛泽东文化民族性思想提供了思想养料。如果没有对中国传统文化全面深刻的了解和掌握，如果没有对西方文化的学习和吸收，如果没有对中西文化的比较和反思，要对文化民族性问题有深刻洞见和系统阐发是难以想象的。

一　毛泽东文化民族性思想的传统文化底蕴

中国传统文化思想中，尽管没有明确提出文化的民族性命题，但由于中国地域十分辽阔，并且自古以来就是一个多民族国家，因此不同地域、不同民族之间存在明显的文化差异，古人对此是早有认识的。《诗经·国风》就依照不同地域汇集诗歌，生动地再现了"十里不同风，百里不同俗"的多样性的地域文化特征。《左传》中说"非我族类，其心必异"，反映了古代民族在相互交往、接触、争斗过程中，对民族性的差异的察觉。中国古代人不仅认识到文化的地域性与民族性差异，而且还从自然环境与社会环境角度来解释文化的地域性与民族性差异。《论语·雍也》有云："知者乐水，仁者乐山，知者动，仁者静。知者乐，仁者寿。"说明了地理山水对人的性格素质的影响。《晏子春秋·杂下之十》记载晏子使楚的故事，楚王责难晏子："齐人固善盗乎？"聪明的晏子回答："婴闻之，橘生淮南则为橘，生于淮北则为枳，叶徒相似，其实味不同。所以然者何？水土异也。今民生长于齐不盗，入楚则盗，得无楚之水土使民善盗耶？"晏子这一辩驳可谓生动有力，蕴意深刻。《汉书·地理志》则明确地提出"域分"的文化概念，指出自然环境和社会结构是地域文化赖以形成的两大因素。"凡民函五常之性，而其刚柔缓急，音声不同，系水土之风气，……好恶取舍，动静之常，随君上之情欲。"也就是说，水土的构成和王侯的引导，是地域文化形成的基本依据。应该说，上述思想至今仍然有广泛的影响，我们常常讲"一方水土养育一方人""入乡随俗"也就是这个道理。从总体上看，中国传统文化对于毛泽东的文化民族性思想的影响，可以从以下几个方面来进行分析。

（一）"夷夏之辨"与文化的民族及地域差异

据考古学家和历史学家考证，中华民族起源于中华大地本土，多元起源，多区域不平衡发展，在进化中区域之间相互影响是中华民族起源的基本特征。① 在人类进入文化初期，中华大地上北到黑龙江，西南到云南，东至台湾地区都已有早期人类的活动，这些分隔各地的人群为适应不同的自然环境各自发展起自己的文化，到新石器时代，在中华大地上已出现地方性的多种文化区。② 经过夏、商、周三代的进一步融合发展，到春秋战国时期，作为汉族的前身的华夏族形成。华夏族居于中原地区，人数较多，文明程度发展最高，而人数较少的

---

① 费孝通主编：《中华民族多元一体格局》（修订本），中央民族大学出版社1999年版，第101—102页。

② 费宗惠、张荣华编：《费孝通论文化自觉》，内蒙古人民出版社2009年版，第303页。

周围诸少数民族则处于相对落后的地位，因此也就形成了"夷夏之别""夷夏之防"的观念。华夏族以自己所处的地理位置作为天下的中心，把周围四方则称为"四夷"，也就有了所谓的"东夷""西戎""南蛮""北狄"。他们自己以"礼仪之邦"自居，认为周边少数民族都是不如华夏文明的落后民族，强调"尊夏贱夷""以夏变夷"。但是，"夷夏之辨"的一个重要特点就是着眼于文化角度，而较少以地域之分和种族之别来进行划分，所以才有"诸侯用夷礼则夷之，进于中国则中国之""中国有恶则退为夷狄，夷狄有善则进为中国"的观念，由此而孕育出"夷夏一体"或"华夷一家"的民族观。"夷夏之别"与"夷夏一体"从表面看似乎是两种截然对立的观点，但正因为中国古代以文化作为夷夏之别的标准，才使得华夏族与各少数民族之间的区分具有了相对性和开放性，这就为不同民族的融合奠定了基础。

"夷夏之辨"凸显了不同民族之间的文化差异，它同时也表明，不同民族的文化是存在着先进与落后的差别，而且每个民族的文化都具有其自身的特点和价值。当然，"夷夏之辨"过程中所表现出来的华夏中心主义在某种程度上又严重地制约了不同民族文化之间的平等交流。"夷夏之辨"对毛泽东民族观和文化观都产生了影响，毛泽东批判地继承了中国古代民族观，明确了中国是一个多民族国家，指出了中华民族本身就是历史上各民族不断交融的结果。毛泽东还充分肯定了各少数民族对于中华文化发展所做出的重要贡献，主张尊重各少数民族的文化、宗教、风俗习惯、语言文字等，强调各民族之间的平等、团结和共同繁荣，极力反对大汉族主义。

（二）"和而不同"与民族文化多样性发展

追求和谐，重视"和"或者说"和合""中和"的思想，是中华民族文化的特质。在《论语·学而》篇中，孔子说："礼之用，和为贵。先王之道，斯为美，小大由之。"《庄子·天道》篇中，庄子也说："与人和者，谓之人乐；与天和者，谓之天乐。""天时不如地利，地利不如人和""家和万事兴""政通人和""和气生财"，这些耳熟能详的格言词句都表达了中华民族对于"和"的追求。《周易》最早阐述了"阴阳和合"的思想，它从宇宙万物中抽象出阴阳两个概念，强调阴阳的相辅相成是万物生成变化的前提，阴阳平衡是自然界和人类社会获得和谐发展的根本条件。《国语·郑语》里记载史伯关于"和同"的论述："夫和实生物，同则不继……若以同裨同，尽乃弃矣。"《中庸》里讲"万物并育而不相害，道并行而不相悖"。这些都表明："和"的前提是差异，没有差异不叫"和"，不同的事物互补互济，才是真正的"和谐"。所以孔子讲"君子和而不同，小人同而不和"。《左传·昭公》也记载了晏婴对于和与同的差异的理解。晏婴认为，和与同是相异的，"和如羹焉，水火醯醢盐梅以烹鱼肉，燀之以薪。宰夫和之，齐之以味，济其不及，以泄其过。君子食之，以平其心。君臣亦然……今据不然，君所谓可，据亦曰可。君所谓否，据亦曰否。若以水济水，谁能食之？若琴瑟专壹，谁能听之？同之不可是。""和"的精神当中内含着宽容精神与博大胸怀。《周易》讲："地势坤，君子以厚德载物"，就是强调君子应该以大地般宽广深厚的胸襟，去包容天地万物，这是对中华民族包容精神的经典概括。这种包容精神体现在中华文化上，就是表现为尊重差异、包容多样、海纳百川、有容乃大的文化精神。正是这种包容精神，才有印度佛教的传入，并形成儒、释、道互补共存格局，才有汉族与其他民族之间文化的不断交融，形成中华民族多元一体格局。

这种"和而不同"的文化精神对以毛泽东为代表的中国共产党人也产生了广泛的影响。无论是在处理中西文化问题上，还是在处理汉族与少数民族关系问题上，以及不同宗教、不同党派关系问题上，我们都能看到这种"和而不同"的传统文化精神在以毛泽东为代表的中国共产党人身上的深刻影响。

（三）"史学传统"与民族文化的传承

中国传统文化中民族历史意识特别发达，一贯重视总结历史经验教训，重视修史读史。史学是民族精神的重要载体，它极大地增强了中华儿女对于中华民族文化的认同，促进了中华民族文化的传承和发展。早在西周初年，我们的祖先便形成了"殷鉴"的观念。中国历史留给我们后人的是万卷史书，从先秦时期产生的古典史著《尚书》

《左传》《国语》，到两汉时期撰成的史学杰作《史记》《汉书》，到中古时期出现的通史式鸿篇巨制《通典》《资治通鉴》，再到清乾隆年间完成的《二十四史》，浩瀚的史书记载了中华民族的悠久历史，丰富的史学遗产传承着中华民族的优秀精神。中国很早就开始设置史官，梁启超指出，中国古代史官在法律上有独立的资格，地位极为尊严，通常由优秀的人才充任。黑格尔曾经对中国的这种史学传统作过高度评价，他说："中国人具有最准确的国史……中国凡是有所措施，都预备给历史上登载个仔细明白。印度则恰好相反。"① 在黑格尔看来，历史是衡量民族的自我意识发展程度的重要标志。

毛泽东很好地承续了中国史学的优秀传统，为民族文化的传承和发展做出了卓越的贡献。毛泽东是一位历史知识渊博的政治家，从青少年时期读史开始，一直到晚年时期，仍然坚持不懈地研读《二十四史》。毛泽东十三岁时，就开始接触《公羊春秋》《左传》等史书。在韶山乌龟井私塾东茅塘就读时，毛泽东选读了《史记》《汉书》《日知录》。在湖南一师期间，毛泽东还曾有舍学校就深山幽泉读古坟籍的想法。在湖南一师开设夜学时，毛泽东还把历史作为教授的内容之一。在领导中国革命的实践中，毛泽东更加强调学习历史的重要性。毛泽东指出："指导一个伟大的革命运动的政党，如果没有革命理论，没有历史知识，没有对于实际运动的深刻的了解，要取得胜利是不可能的。"② 毛泽东研读历史，重视总结历史经验教训，善于推陈出新、古为今用。毛泽东重视研读历史，并经常鼓励和督促大家多学一点历史，不仅是为了"通古今之变"，做到"以古为镜"，还因为学习历史有利于增强民族的自尊心和自信心，有利于促进民族的认同感，激发我们的爱国主义情怀，增强我们民族的凝聚力，还有利于我们更好地了解中国，掌握中国实际，从而更好地实现马克思主义的中国化。

---

① ［德］黑格尔：《历史哲学》，王造时译，生活·读书·新知三联书店1956年版，第204页。

② 《毛泽东选集》第2卷，人民出版社1991年版，第533页。

总之，中国传统文化是毛泽东文化民族性产生和发展的文化土壤，它为毛泽东文化民族性思想提供了丰富的思想资源。况且，中国传统文化本身就是毛泽东文化民族性思想的载体，毛泽东文化民族性思想并不是抽象地谈论文化的民族性问题，而是具体到对于中国优秀传统文化的民族性问题的考察以及传统文化民族性的维护。因此，离开了中国传统文化，毛泽东文化民族性思想就失去了寄居所。

二　西方文化对毛泽东文化民族性思想的启迪

文化民族性的体认与文化视野是紧密相连的，只有走出华夏文化中心主义，站在世界文化的广度，在不同民族文化的比较过程中，才能达到对自身民族文化的真正体认，毛泽东早期文化民族性思想正是在西学东渐、"欧风美雨"的时代背景下，在对中西文化的不断学习、接受、比较和选择的过程中产生的。西方文化不仅开阔了毛泽东的文化视野，促进了毛泽东对于中西文化的比较研究，也为毛泽东文化民族性思想提供了丰富的思想资源和启迪。

（一）西方历史知识和现代地理知识开阔了毛泽东的文化视野

早在东山高等小学堂期间，毛泽东就经常到学堂的藏书楼借阅中外历史、地理书籍。他从一本《世界英雄豪杰传》里，读到拿破仑、彼得大帝、惠灵顿、格莱斯顿、卢梭、孟德斯鸠和林肯的事迹，这些书籍不仅增长了毛泽东对世界文化的了解，而且直接激发了毛泽东的民族责任意识。在湖南省立图书馆自修期间，毛泽东接触了更多的世界地理和历史文化知识，"我在认真学习俄、美、英、法等国的历史地理的同时，也穿插阅读了诗歌、小说和古希腊的故事"[1]。特别是，在此期间毛泽东第一次看到并以很大的兴趣学习了一幅世界地图，这幅世界地图对毛泽东产生了强烈的震撼。"说来也是笑话，我读过小学、中学，也当过兵，却不曾看见过世界地图，因此就不知道世界有多大。湖南图书馆的墙壁上，挂有一张世界地图，我每天经过那里，总是站着看一看。过去我认为湘潭县大，湖南省更大，中国自古就称

---

① 《毛泽东自述》，人民出版社 1996 年版，第 31 页。

为天下，当然大的了不得。但从这个地图上看来，中国只占世界的一小部分，湖南省更小，湘潭县在地图上没有看见，韶山当然就更没影子了。世界原来有这么大!"①

对世界历史与世界地理知识的学习，开阔了毛泽东的眼界，使毛泽东清楚地认识到，世界上有众多的国家和民族，这些国家和民族分布在世界各地，他们都有各自的历史和文化，中国只是世界各国中的一国，中华民族只是世界民族中的一员，在中国之外，还有与中华文化同样优秀、同样悠久，甚至有过之而无不及的西方文化。

（二）西方近代启蒙思想为毛泽东文化民族性思想提供了思想资源

毛泽东接受西方近代启蒙思想的途径主要有两条。第一，直接研读所翻译过来的西方著作。毛泽东早期读过的反映西方 18、19 世纪资产阶级民主主义思想和科学成就的社会科学和自然科学方面的书籍主要有《原富》《天演论》《社会契约论》《法意》《群学肆言》《伦理学原理》等，涉及亚当·斯密、达尔文、赫胥黎、孟德斯鸠、卢梭、柏格森、托尔斯泰等思想家。第二，吸收中国近代启蒙思想家的有关思想，如梁启超、孙中山等。

西方近代启蒙思想为毛泽东文化民族性思想提供了直接的思想资源。例如，孟德斯鸠在其所著的《法意》即《论法的精神》之中，就阐述了地理环境对于不同民族文化的影响。孟德斯鸠认为，地理环境，特别是气候、土壤和居住地域的大小对于一个民族的性格、风俗、道德、宗教、法律和政治制度等都有决定性的影响和作用。再如，梁启超、孙中山等对于西方近代民族概念的引入和发展以及对于中华民族的自觉认同思想也对毛泽东产生了较大影响。对于这些思想资源，毛泽东都进行了有批判性的继承。更为重要的是，西方近代启蒙思想家所提倡的进化论、科学、民主和自由等先进思想促进了毛泽东对于中国传统文化特点的反思以及对于传统文化弊病的批判，毛泽

---

① 马玉卿、张万禄：《毛泽东成长的道路》，陕西人民教育出版社 1986 年版，第 53 页。

东正是在西方启蒙思想的启迪下，以一种世界性的眼光对中西文化进行比较，从而认识到中西文化的差异，并揭示了中国文化的一些特性。没有中西文化的碰撞，就不可能有中华民族意识的觉醒，更不可能有民族文化的自觉认识。

第二节　毛泽东文化民族性思想的理论基础

在文化理论上，存在两种基本的观点即"文化史观"（本质上是一种唯心主义历史观）和历史唯物主义文化观。它们的区别主要体现在：第一，在对文化本质的理解上，"文化史观"把文化通常理解为意欲、精神等纯然主观的活动。而历史唯物主义文化观则首先肯定文化根源于社会存在，产生于实践活动，特别是经济与政治活动。第二，对于文化在社会发展中的地位和作用的理解上，"文化史观"认为文化是人类社会的最根本的、起着最终决定作用的因素，正是文化使不同的国家、不同的民族以及不同的地区相区分为不同的类型。而历史唯物主义文化观则认为，经济才是人类社会当中最根本的东西，是人类社会发展的最终决定力量，划分世界各个地区、国家的主要标准是经济（包括生产发展水平和经济制度），而不是文化。[①] 马克思主义始终坚持历史唯物主义的基本立场，用辩证唯物主义和历史唯物主义观点和方法来指导文化认识，从而比较科学地揭示了文化的本质和发展规律，这种建立在历史唯物主义基础上的文化理论，成为毛泽东文化民族性思想的坚实的理论基础。

一　"是人们的社会存在决定人们的意识"

马克思恩格斯是在批判唯心主义历史观，创立科学的唯物史观的过程中阐述了马克思主义文化理论的基本原理，因此，我们必须将马克思主义文化理论置于唯物史观的视野中进行理解。唯物史观关于生产力和生产关系、经济基础和上层建筑的辩证关系原理，不仅揭示了

---

① 黄楠森：《文化研究应以唯物史观为指导》，《光明日报》2002年6月11日。

人类社会发展的基本规律，厘清了人类社会的基本结构，同时也为我们科学理解文化现象奠定了重要的理论基础。马克思指出："人们在自己生活的社会生产中发生一定的、必然的、不以他们的意志为转移的关系，即同他们的物质生产力的一定发展阶段相适合的生产关系。这些生产关系的总和构成社会的经济结构，即有法律的和政治的上层建筑竖立其上并有一定的社会意识形式与之相适合的现实基础。物质生活的生产方式制约着整个社会生活、政治生活和精神生活的过程。不是人们的意识决定人们的存在，相反，是人们的社会存在决定人们的意识。"① 这一关于历史唯物主义基本原理的经典表述同时也是对马克思主义文化理论基本原理的科学阐述，它告诉我们：第一，社会存在决定着社会意识。"意识在任何时候都只能是被意识到了的存在，而人们的存在就是他们的现实生活过程""不是意识决定生活，而是生活决定意识。"② 第二，整个社会主要分为三个部分即"社会的经济结构""法律的和政治的上层建筑"和"一定的社会意识"，也就是相应的物质生活、政治生活和精神生活。其中，精神生活是处于社会结构的最上层，它是由社会存在，主要就是人们的经济、政治活动及其社会关系所决定。所以，恩格斯指出："每一历史时期的观念和思想也可以极其简单地由这一时期的经济的生活条件以及由这些条件决定的社会关系和政治关系来说明。"③ 因此，奠基于唯物主义历史观基础上的马克思主义文化理论与唯心主义文化史观是截然不同的两种文化观。历史唯物主义是用人们的存在说明他们的意识，而唯心主义文化史观则是用人们的意识说明他们的存在。对于这种历史唯物主义的文化观，毛泽东给予了充分的肯定，认为"这是自有人类历史以来第一次正确地解决意识和存在关系问题的科学的规定，而为后来列宁所深刻地发挥了的能动的革命的反映论之基本的观点。我们讨论中国文化问题，不能忘记这个基本观点"④。

---

① 《马克思恩格斯文集》第 2 卷，人民出版社 2009 年版，第 591 页。
② 《马克思恩格斯选集》第 1 卷，人民出版社 2012 年版，第 152 页。
③ 《马克思恩格斯文集》第 3 卷，人民出版社 2009 年版，第 459 页。
④ 《毛泽东选集》第 2 卷，人民出版社 1991 年版，第 664 页。

马克思恩格斯在肯定文化源于实践,由社会存在所决定的同时,并没有否定文化的相对独立性。相反,他们充分肯定了文化所具有的重要反作用。马克思在谈到物质生产和精神生产的关系时,不仅指出了两者的发展具有不平衡性,提出"物质生产的发展例如同艺术发展的不平衡关系"① 的重要论断,而且特别强调两者之间的相互作用关系。"一个生产部门,例如铁、煤、机器的生产或建筑业等等的劳动生产力的发展,——这种发展部分地又可以和精神生产领域内的进步,特别是和自然科学及其应用方面的进步联系在一起。"② 恩格斯晚年在关于历史唯物主义的书信中,对唯物史观更是作了大量的澄清和补充说明。例如,在致康·施米特的信中,恩格斯指出,"经济上落后的国家在哲学上仍然能够演奏第一小提琴"③。在致瓦·博尔吉乌斯的信中,指出"政治、法、哲学、宗教、文学、艺术等等的发展是以经济发展为基础的。但是,它们又都互相作用并对经济基础发生作用。这并不是说,只有经济状况才是原因,才是积极的,其余一切都不过是消极的结果"④。

二 "每一种民族文化中,都有两种民族文化"

从社会存在决定社会意识、经济基础决定上层建筑的基本原理出发,马克思主义认为,文化存在阶级性。不同的阶级由于它们各自在生产关系中所处的地位不同,生活状况及生活条件不同,从而形成不同的思想意识,必然要在文化上反映出来,占统治地位的阶级在文化上也必然占统治地位。在《德意志意识形态》中,马克思恩格斯就指出,"统治阶级的思想在每一时代都是占统治地位的思想""一个阶级是社会上占统治地位的物质力量,同时也是社会上占统治地位的精神力量。支配着物质生产资料的阶级,同时也支配着精神生产资

---

① 《马克思恩格斯文集》第 8 卷,人民出版社 2009 年版,第 34 页。
② 《马克思恩格斯文集》第 7 卷,人民出版社 2009 年版,第 96 页。
③ 《马克思恩格斯文集》第 10 卷,人民出版社 2009 年版,第 599 页。
④ 同上书,第 668 页。

料"①。也就是说，占统治地位的思想是占统治地位的物质关系在观念上的表现或反映。在阶级社会中，由于不同阶级之间的斗争始终存在，统治阶级为了维护他们在经济、政治上的阶级利益，又总是千方百计把自己的单个利益说成社会全体的共同利益，反映在思想文化上，就是"赋予自己的思想以普遍性的形式，把它们描绘成唯一合乎理性的、有普遍意义的思想"。② 因此，在阶级社会中，文化特别是意识形态往往具有一定的虚假性和欺骗性。

列宁继承了马克思恩格斯的上述思想，并提出了著名的"两种民族文化"的观点。列宁提出"两种民族文化"的观点是有其强烈的现实针对性的。1913 年前后，第一次世界大战的阴云正笼罩欧洲，欧洲各主要帝国主义国家都在加紧扩军备战，为了掩盖战争的本质，为帝国主义战争制造舆论，它们便拼命鼓吹"拯救民族""保卫祖国"口号，大肆宣扬反动的资产阶级民族主义。特别是，第二国际中的机会主义首领，公然背叛马克思主义原则，背叛第二国际大会的反战决议，打着"爱国主义""效忠祖国"的旗号，为帝国主义战争摇旗呐喊。当时的俄国，在经历了 1905 年革命后，正迎来了第二次国内革命运动的高涨。此时，俄国社会民主工党内的崩得分子也不断地散布民族主义的谬论，鼓吹"整体的民族文化"，企图用超阶级的观点和狭隘的民族意识来禁锢工人阶级的头脑，破坏各民族工人阶级之间的团结和革命斗争。针对这种情况，列宁于 1913 年在《关于民族问题的批评意见》中对民族文化进行了具体的、阶级的分析，指出："每一个现代民族中，都有两个民族。每一种民族文化中，都有两种民族文化。"③ "每个民族文化，都有一些民主主义的和社会主义的即使是不发达的文化成分，因为每个民族都有被剥削的劳动群众，他们的生活条件必然会产生民主主义的和社会主义的意识形态。但是每个民族也都有资产阶级的文化（大多数还是黑帮的和教权派的），而且

---

① 《马克思恩格斯文集》第 1 卷，人民出版社 2009 年版，第 550 页。
② 同上书，第 552 页。
③ 《列宁选集》第 2 卷，人民出版社 2012 年版，第 344 页。

这不仅表现为一些'成分',而表现为占统治地位的文化。"① 因此,"民族文化"的口号,是以民族在文化上统一的幻影(如同马克思所说意识形态的虚假性一样)来欺骗工人,其实质是联合同一民族的无产阶级和资产阶级来分裂不同民族的无产阶级,因而具有很强的欺骗性,掩盖了民族内部的阶级性,不利于不同民族间工人阶级队伍的团结。针对"民族文化"的反动口号,列宁提出了各民族共同的文化即"民主主义的和全世界工人运动的国际文化"的口号。

因此,在列宁那里,"民族文化"概念与我们今天所理解的还有所不同,在当时特定的历史背景下,他主要是在否定意义上来谈民族文化。后来,斯大林为了说明社会主义文化的民族性,说明社会主义并不否定民族文化的存在,对列宁的两种民族文化观点作了进一步的发挥。在《论东方民族大学的政治任务》中,斯大林指出:"当资产阶级执政的时候,当各民族在资本主义制度的保护下巩固起来的时候,民族文化这个口号是资产阶级的口号。"而"当无产阶级执政的时候,当各民族在苏维埃政权保护下巩固起来的时候,民族文化这个口号就成了无产阶级的口号"②。应该说,斯大林这一解说是巧妙的,而且完全遵循了马克思主义文化理论的基本原则,使马克思的文化阶级性思想一以贯终。

三 "无产阶级文化并不是从天上掉下来的"

马克思主义文化理论在对待历史文化上,坚持的是批判、继承与发展的原则,这是辩证唯物主义与历史唯物主义在文化观上的又一具体运用或体现。辩证唯物主义与历史唯物主义认为,任何事物的发展总是一个不断自我否定的运动过程,在这个运动过程中,既存在着肯定,也存在着否定,从而使事物不断地自我完善和向前发展,人类社会历史及文化现象也是这样一个辩证的运动过程。

马克思恩格斯认为,无产阶级所要建立的新文化必须与旧文化进

---

① 《列宁选集》第2卷,人民出版社2012年版,第336页。
② 《斯大林全集》第7卷,人民出版社1958年版,第117页。

行"彻底决裂"。在《共产党宣言》中，他们指出，"共产主义革命就是同传统的所有制关系实行最彻底的决裂；毫不奇怪，它在自己的发展进程中要同传统的观念实行最彻底的决裂"①。根据社会存在决定社会意识的观点，传统观念是传统经济关系在思想文化上的反映，随着社会经济制度的变革，思想文化上层建筑必然也要随之或快或慢地发生变革。正因为如此，每一次社会制度的大变革，都必然伴随着一场思想文化的大革命。当资本主义生产关系建立时，必须要打破旧的封建制的思想观念的束缚，与之进行决裂。当社会主义制度建立时，也必须与资本主义的那一套思想文化进行决裂，建立社会主义的思想文化体系。然而，由于文化的相对稳定性，这种决裂往往是艰难的，具有一定的过程性。在《哥达纲领批判》中，马克思也看到，在共产主义初级阶段，即社会主义社会，"是刚刚从资本主义社会中产生出来的，因此它在各方面，在经济、道德和精神方面都还带着它脱胎出来的那个旧社会的痕迹"②。

对于传统文化要进行批判，与之决裂，但这并不意味着全盘否定。马克思主义始终坚持和尊重历史发展的辩证法。早在《德意志意识形态》中，马克思恩格斯就说过："历史不外是各个世代的依次交替。每一代都利用以前各代遗留下来的材料、资金和生产力。"③又说，"历史的每一阶段都遇到一定的物质结果，一定的生产力总和，人对自然以及个人之间历史地形成的关系，都遇到前一代传给后一代的大量生产力、资金和环境，尽管一方面这些生产力、资金和环境为新的一代所改变，但另一方面，它们也预先规定新的一代本身的生活条件，使它得到一定的发展和具有特殊的性质"④。物质文化的发展离不开继承，精神文化的发展同样离不开继承。在《路易波拿巴的雾月十八日》中，马克思说："人们自己创造自己的历史，但是他们并不是随心所欲地创造，并不是在他们自己选定的条件下创造，而是在

---

① 《马克思恩格斯文集》第 2 卷，人民出版社 2009 年版，第 52 页。
② 《马克思恩格斯文集》第 3 卷，人民出版社 2009 年版，第 434 页。
③ 《马克思恩格斯文集》第 1 卷，人民出版社 2009 年版，第 540 页。
④ 同上书，第 544—545 页。

直接碰到的、既定的、从过去承继下来的条件下创造。一切已死的先辈们的传统，像梦魇一样纠缠着活人的头脑。"① 传统文化作为消极的方面，常常成为一种巨大的阻力影响到一个国家和民族的发展。传统文化作为积极的方面，为后人所继承，从而生长出新的文化果实。马克思在批判地继承德国古典哲学、英国古典政治经济学以及法国空想社会主义的思想材料的基础上，创造性地提出了新的科学理论——马克思主义。马克思主义"它绝不是离开世界文明发展大道而产生的一种故步自封、僵化不变的学说"②。它不仅没有抛弃资产阶级时代最宝贵的成就，相反还"吸收和改造了两千多年来人类思想和文化发展中一切有价值的东西"③。

马克思恩格斯之后，列宁在探讨无产阶级文化建设时，提出了许多精辟的观点。列宁十分重视人类文化遗产的继承，针对当时波格丹诺夫等操纵无产阶级文化协会，推行"拒绝一切文化遗产，创造纯粹的无产阶级文化"的极"左"革命文化思想，列宁强调："无产阶级文化并不是从天上掉下来的，也不是那些自命为无产阶级文化专家的人杜撰出来的。如果硬说是这样，那完全是一派胡言。无产阶级文化应当是人类在资本主义社会、地主社会和官僚社会压迫下创造出来的全部知识合乎规律的发展。"④ 列宁当然知道无产阶级文化与地主、资产阶级文化存在着本质的区别。但是，他同样充分认识到文化历史发展的承继性。因此，他谆谆教导青年，"只有了解人类创造的一切财富来丰富自己的头脑，才能成为共产主义者"⑤。

在如何继承文化遗产问题上，列宁认为，继承文化遗产并不意味着照单全收，毫无批判和革新，而应该做到先了解"人类全部发展过程所创造的文化"，在此基础上，坚持一分为二的原则，充分吸收文化遗产中那些民主主义和社会主义的成分，汲取前人遗产中那些"属

---

① 《马克思恩格斯文集》第 2 卷，人民出版社 2009 年版，第 470—471 页。
② 《列宁选集》第 2 卷，人民出版社 2012 年版，第 309 页。
③ 《列宁选集》第 4 卷，人民出版社 2012 年版，第 299 页。
④ 同上书，第 285 页。
⑤ 同上。

于未来的东西"。更重要的是，还必须进行改造、革新和创造，才能建设无产阶级文化。他说，保存遗产，"不同于档案保管员保存旧的文件。保存遗产，还决不等于局限于遗产"①。也就是说，继承文化遗产还需要积极地革新，大胆地创造，决不可因循守旧，故步自封。

四　"由许多种民族的和地方的文学形成了一种世界的文学"

众所周知，马克思一生都十分重视历史的研究，研究历史是马克思探寻人类社会发展规律的重要途径和手段。早在中学时期，马克思就对历史产生了浓厚的兴趣。在克罗茨纳赫时期，为了弄清市民社会与国家的关系，解决他所谓的"苦恼问题"，马克思退到书房潜心研究历史，写下了《克罗茨纳赫笔记》。巴黎手稿时期，马克思开始致力于政治经济学的研究，试图从劳动发展史中寻找理解全部社会的钥匙。在《神圣家族》中，马克思恩格斯已经清醒地认识到历史的发源地不在天上的云雾中，而在尘世的粗糙的物质生产中。马克思恩格斯正是通过研究现实的物质关系发展史，从而才得出不同于历史唯心主义的新历史观。晚年马克思为了探寻东方社会发展道路，将全部精力重新转移到历史的研究当中，从而进一步丰富和发展了其历史唯物主义理论。

在对资本主义早期发展史的研究当中，马克思提出了他的"世界历史"观。所谓世界历史，主要是指打破不同地域的狭隘的、孤立发展的状况，使全世界各民族、国家在经济领域、政治领域，乃至文化领域相互依存、相互作用、相互影响、相互渗透，从而获得整体发展的历史。马克思恩格斯认为，世界历史的形成与生产力的发展、资本主义的产生，特别是世界市场的建立直接相关。"不断扩大产品销路的需要，驱使资产阶级奔走于全球各地。它必须到处落户，到处开发，到处建立联系"，"资产阶级，由于开拓了世界市场，使一切国家的生产和消费都成为世界性的了"②。生产和消费的世界化，消灭

---

① 《列宁选集》第 1 卷，人民出版社 2012 年版，第 130 页。
② 《马克思恩格斯选集》第 1 卷，人民出版社 2012 年版，第 404 页。

了各个地方和民族以往自然形成的分工和自给自足、封闭自守的状态，促使每个人对需要的满足都依赖于整个世界，使单独个人的活动逐渐超出一国或地域范围扩大为世界历史性活动，"历史也就越是成为世界历史"①。马克思恩格斯进一步指出，"物质的生产是如此，精神的生产也是如此。各民族的精神产品成了公共的财产。民族的片面性和局限性日益成为不可能，于是由许多种民族的和地方的文学形成了一种世界的文学"②。这里的"世界文学"与前面所说的"精神产品"相呼应，显然不能狭义地理解为具体的文学，而应该从广义上理解为"文化"。马克思恩格斯所讲的"世界文化"也并不是指脱离各民族文化之外的一种独立的文化存在形态，而主要也是在强调，由于各个国家、民族相互交往的扩大，各民族文化也不断相互作用、相互影响、相互渗透，从而形成一种新的文化现象。从这种意义上讲，每一种民族文化都是世界文化的有机组成部分，在世界文化大家庭中都有其独立存在的价值，维持世界文化的多样性更加有利于世界文化的发展。马克思恩格斯指出："古往今来每个民族都在某些方面优越于其他民族。"③斯大林也认为："每一个民族，不论其大小，都有它自己的、只属于它而为其他民族所没有的本质上的特点、特殊性。这些特点便是每一民族在世界文化共同宝库中所增添的贡献，补充了它，丰富了它。"④

十月革命后，诞生了世界上第一个社会主义国家，从此改变了世界文化的发展方向。列宁在马克思恩格斯无产阶级国际主义原则基础上，进一步丰富和发展了文化的世界性思想。列宁认为，各民族的优秀的传统文化都是人类智慧、经验的结晶，都是属于全人类的，因此应该积极地继承这些文化遗产，从而才能更好地建设无产阶级文化。这里，列宁所讲的全人类文化遗产也包括了资本主义遗留下来的文化

---

① 《马克思恩格斯选集》第1卷，人民出版社2012年版，第168页。
② 同上书，第404页。
③ 《马克思恩格斯全集》第2卷，人民出版社1957年版，第194页。
④ ［苏］斯大林：《马克思主义与民族、殖民地问题》，人民出版社1953年版，第381页。

成果。同时，列宁针对黑帮分子等提出的"民族文化"口号，提出
了"民主主义和全世界工人运动的国际文化"的口号，这一口号一
方面对揭露"民族文化"口号的虚伪性起到了重要作用，同时也体
现了无产阶级文化的世界性，它明确地指出了不同民族国家无产阶级
文化所具有的共同性。其实，马克思恩格斯早在《德意志意识形态》
中就已经初步传递出这一思想。他们认为，资本主义大工业创造了这
样一个新阶级，这个阶级在所有的民族中都具有同样的利益，在它那
里民族独特性已经消灭。

五　"无产阶级文化并不取消民族文化"

世界历史尚未形成以前，各个民族在彼此分隔中自我发展，尚能
比较完整地延续着自己的民族传统，民族文化相对来说呈现封闭式、
单线进化过程。世界历史形成以后，文化的发展开始打破彼此孤立的
状况，在相互影响、相互渗透中形成一种世界文化。但是，马克思主
义文化观在强调文化的世界性的同时，并不否认文化的民族性。相
反，马克思恩格斯在论述世界文化的形成时，恰恰以承认民族文化的
存在为前提。他们认为，"世界性"文化，正是"从许多民族的和地
方的"文化中"形成"的，并在民族文化中表现出来。

当然，马克思恩格斯在看到从民族国家的历史走向世界历史的必
然性的同时，也认识到在这一过程中，必然导致一些落后国家民族文
化遭受破坏的现实。在路易斯·亨·摩尔根的《古代社会》一书摘
要中，马克思就提到，"美国人的文明以及同美国人的交往，冲击了
印第安人的制度；从而他们的民族文化生活正处于逐步崩溃之中"[①]。
在谈到中国、印度这些古老文明国家时，他说，"从人的感情上来说，
亲眼看到这无数辛勤经营的宗法制的祥和无害的社会组织一个个土崩
瓦解，被投入苦海，亲眼看到它们的每个成员既丧失自己的古老形式
的文明又丧失祖传的谋生手段，是会感到难过的"[②]。他们从道义的

---

① 《马克思恩格斯全集》第45卷，人民出版社1985年版，第469页。
② 《马克思恩格斯选集》第1卷，人民出版社2012年版，第853页。

立场上谴责殖民者的野蛮行径，对各民族国家独特的文明总是怀着敬意，对他们所受破坏也感到一些惋惜。

然而，世界历史与世界文化的发展并不可能取消民族的历史和文化。马克思在提出"世界历史"观的同时，始终不忘强调不同民族的特殊性，提醒人们"必须考虑到各国的制度、风俗和传统"①，认为只有从各民族的政治经济、历史文化等具体实际出发，才能找到理解各个国家和民族社会发展的真正钥匙，反对把一般历史哲学当成一把万能钥匙加以使用。1877年，俄国学者米海洛夫斯基在《祖国纪事》杂志上发表文章，把马克思在《资本论》中关于西欧资本主义的起源和资本积累的叙述当成普遍性的资本主义发展道路。对此，马克思专门给该杂志写了一封信，批驳了米海洛夫斯基的观点，并对自己的观点进行澄清。马克思说，"他一定要把我关于西欧资本主义起源的历史概述彻底变成一般发展道路的历史哲学理论，一切民族，不管它们所处的历史环境如何，都注定要走这条道路，——以便最后都达到在保证社会劳动生产力极高度发展的同时又保证每个生产者个人最全面的发展的这样一种经济形态。但是我要请他原谅。他这样做，会给我过多的荣誉，同时也会给我过多的侮辱"②。马克思本人在研究过程中就十分注意各国之间的历史及文化的差异，他对于东方社会文明及发展道路予以高度关注和认真的研究，就是因为他发现东方民族社会历史与文化发展具有许多的特殊性，经过深入研究，马克思提出了关于亚细亚生产方式的理论及著名的"跨越论"设想。

列宁很好地继承了马克思的上述历史哲学思想，他多次强调，不同的民族国家在走向社会主义的过程中，由于各个民族特点不同，因此必然具有各自的特殊性。他说："一切民族都将走向社会主义，这是不可避免的，但是一切民族的走法却不会完全一样，在民主的这种或那种形式上，在无产阶级专政的这种或那种形态上，在社会生活各

---

① 《马克思恩格斯全集》第18卷，人民出版社1964年版，第179页。
② 《马克思恩格斯选集》第3卷，人民出版社2012年版，第730页。

方面的社会主义改造的速度上，每个民族都会有自己的特点。"① 特别是对于东方那些人口众多、社会情况无比复杂的国家，革命将会比俄国革命带有更多的特殊性。因此，这就要求共产党人在运用马克思主义基本原理时，"就不是要求消除多样性，消灭民族差别（这在目前是荒唐的幻想）"，而是"把这些原则在某些细节上正确地加以改变，使之正确地适应于民族的和民族国家的差别，针对这些差别正确地加以运用"。②

如前所述，针对当时"民族文化"口号的欺骗性，列宁提出了民主主义和全世界工人运动的国际文化口号。为此，还遭到民族主义者的攻击，认为这种国际文化口号是"不可思议"的，是一种"纯粹的文化"谬论。列宁指出，国际文化不是说它是什么非民族的文化，并非意味着它既不是波兰的，也不是犹太的，更不是俄罗斯等等的什么"纯粹"的文化。列宁强调，任何一个民主主义者，特别是马克思主义者都不会否认语言的平等权利，不会否认用本民族语言同本民族的资产阶级论战，用本民族语言向本民族农民和小市民进行宣传，提出国际文化口号恰恰是从每个民族的文化中取出其共同的部分即民主主义和社会主义的成分。因为每一个民族的文化里，都有一些哪怕是还不发达的民主主义和社会主义的文化成分，都有劳动群众和被剥削群众，从而必然会产生民主主义和社会主义的思想体系。

斯大林把列宁的思想进一步推向前进。一方面，他认同列宁关于国际主义文化的内容，另一方面，他又指出，无产阶级文化，在卷入各个不同的民族当中，"依照不同的语言、生活方式等等，而采取各种不同的表现形式和方法"，"内容是无产阶级的，形式是民族的"，这就是社会主义所要达到的全人类文化。③ 无产阶级文化并不取消和排斥民族文化，而是赋予民族文化以内容，无产阶级文化是以民族文化为前提并且滋养民族文化。民族文化也并不取消无产阶级文化，相

---

① 《列宁选集》第 2 卷，人民出版社 2012 年版，第 777 页。

② 《列宁选集》第 4 卷，人民出版社 2012 年版，第 200 页。

③ 《斯大林全集》第 7 卷，人民出版社 1958 年版，第 117 页。

反，而是充实和丰富全人类的无产阶级文化，赋予无产阶级文化以民族形式。①

综上所述，马克思主义文化理论不仅科学地揭示了文化的本质，而且还系统地阐发了文化的阶级性、文化的民族性、文化的继承性、文化的世界性及它们之间的相互关系。毛泽东文化民族性思想无论是在基本原理、基本观点还是思维方法上都可以在马克思主义文化理论当中找到理论的渊源，甚至在某些问题的表达上都有着惊人的相似性。

① 《斯大林全集》第7卷，人民出版社1958年版，第117页。

第二章　毛泽东文化民族性思想的
形成与发展

文化民族性的体认与一个民族的命运是息息相关的。当一个民族处于发展的兴盛时期，容易产生以自我为中心的高度文化认同，也就常常无法真正认识自我，历史上的欧洲中心主义与中国的华夏中心主义都是如此。相反，当一个民族陷入危机的时候，其文化认同也面临危机，此时更能引起人们放眼世界、反躬自省，如第一次世界大战后的欧洲和鸦片战争后的中国。鸦片战争以来，日益深重的民族危机，激起先进知识分子对民族命运的强烈担忧和对自身民族文化的重新审视，人们开始走出虚骄自大的心态，在中西文化不断冲击与碰撞中，寻找自身不足，学习西方以达救亡图存之目的。特别是在 20 世纪三四十年代，日本帝国主义发动大规模的侵华战争，中华民族面临亡国灭种的深重灾难，以毛泽东为代表的中国共产党人的文化民族性意识达到空前觉醒，他们运用辩证唯物主义和历史唯物主义来指导中国文化建设，极大地深化和发展了文化民族性思想。新中国的成立结束了近代以来的百年屈辱历史，在探索适合中国国情的社会主义建设道路的实践中，以毛泽东为核心的第一代中央领导集体在新的历史起点上进一步丰富和发展了对文化民族性的认识。

第一节　毛泽东文化民族性思想形成与
发展的条件

毛泽东文化民族性思想的形成与发展既有其深刻的社会历史背

景，又深深地植根于中国革命和建设的具体实践之中。同时，也是对近代以来无数仁人志士思想智慧的集大成，特别是马克思主义在国内的传播和发展为毛泽东文化民族性思想的形成和发展起了重要的推动作用。

一 社会历史背景——民族危亡与民族意识的觉醒

梁启超说："凡遇一他族而立刻有'我是中国人'之一概念浮于其脑际者，此人即中华民族一员也。"① 近代以来，中国人这种民族意识的觉醒是伴随着帝国主义列强的侵略，民族危机不断加深的历史背景下逐渐萌生和发展起来的。这种民族意识的觉醒为文化的民族性认知奠定了基础，以毛泽东为代表的中国共产党人正是在担负救亡图存、振兴中华的历史重任当中，向世人大声宣布"我们是真正的中国文化和东方文化的传统的继承者"，我们不但要"开来"而且是要"继往"的。

（一）近代以来中华民族的危机

鸦片战争以来的百年中国史，是中华民族历史上的百年屈辱史。1840 年，英国发动第一次鸦片战争，帝国主义用坚船利炮强行打开了中国的大门，并迫使清政府签订了中国近代史上第一个不平等条约《南京条约》。《南京条约》签订后，美法两国也乘机强迫清政府签订了《望厦条约》《黄埔条约》等一系列丧权辱国的不平等条约。此后，帝国主义列强接踵而至，连续发动了第二次鸦片战争、中法战争、甲午中日战争、八国联军侵华战争等大规模侵略战争，中国的首都三度被列强占领，泱泱大国一步步沦为一个半殖民地半封建社会。

帝国主义对中国的侵略与掠夺是全方位的。在军事上，帝国主义列强通过军事侵略，大规模地屠杀中国人民，侵占中国领土，划分势力范围，勒索巨额赔款，掠夺中国财富。仅第二次鸦片战争，中国就失去东北及西北共 150 多万平方公里的领土。仅南京大屠杀，中国死亡人数就达 30 多万。另据有关资料显示，近代中国战争赔款总额达

---

① 梁启超：《饮冰室合集》专集之四十二，中华书局 1989 年版，第 2 页。

到十几亿两白银①，仅《辛丑条约》清政府就向西方八国赔款四亿五千两白银；政治上，帝国主义不仅控制着中国的内政和外交，而且扶持、收买自己的代理人，勾结清政府镇压中国人民的反抗斗争；经济上，他们控制着中国的通商和关税，对中国进行商品倾销和资本输出，疯狂掠夺中国资源，操纵中国经济命脉，从而使中国的经济丧失了独立性，只能依附于帝国主义国家，中国的民族资本无法正常地生存与发展；帝国主义除了对中国进行军事侵略、政治控制、经济掠夺外，甚至在文化上也不断加强渗透，大力宣扬殖民主义奴化思想，以麻痹中国人民的斗志和精神，摧毁国人的民族自尊心和自信心。

20 世纪 30 年代，日本帝国主义更是大举侵华，瞬间侵占了中国大片国土，并对中国人民进行惨绝人寰的大屠杀，制造了 100 多起惨案，特别是惨绝人寰的细菌战、化学战、毒气战以及在沦陷区实施的"三光"政策导致中国军民大量伤亡，抗日战争期间中国军民伤亡达3500 万人之多。② 日本帝国主义的侵华战争使中国人民生活在水深火热之中，使中华民族面临亡国灭种的深重危机，正如 1935 年中国共产党发表的《为抗日救国告全国同胞书》所言："我五千年古国将完全变成被征服地，四万万同胞将变成亡国奴。"③ 总之，近代以来中华民族所面临的危机是一场全面的民族危机，这种危机是亘古未有的危机，是"三千年未有之大变局"，这种危机不仅是经济上的危机、政治上的危机，也是民族文化上的灾难与危机，正如毛泽东所指出，"民族压迫和封建压迫所给予中国人民的灾难中，包括着民族文化的灾难"④。

（二）民族意识的觉醒

民族的危机极大地唤醒了国人的民族意识，激发了中华民族意识的觉醒。救亡图存、振兴中华成了时代的主旋律和最强音。正如习近平总书记在《纪念中国人民抗战胜利 69 年讲话》中所指出的，

---

① 王年咏：《近代中国的战争赔款总值》，《历史研究》1994 年第 5 期。

② 张宪文：《日本侵略给中国带来巨大灾难》，《人民日报》2015 年 8 月 20 日第 7 版。

③ 《中共中央文件选集》第 10 册，中共中央党校出版社 1991 年版，第 518—519 页。

④ 《毛泽东选集》第 3 卷，人民出版社 1991 年版，第 1082 页。

"近代以来，中国人民为争取民族独立和解放进行的一系列抗争，就是中华民族觉醒的历史进程，就是中华民族精神升华的历史进程"。近代以来，中华民族意识的觉醒就是伴随着中华民族的危机的不断加深而向前发展的，大致经历了以下四个发展阶段。①

第一次是发生在鸦片战争之后，表现为近代民族意识的萌芽。中国传统民族观念主要是一种"华夏中心主义"观，表现为一种以自我为中心的文化天下观，具有浓厚的文化优越感。这种观点认为，华夏中国不仅是世界地理上的中心，更是文明的中心，它将天下区分为"华夏"与"蛮夷"②，按照文明程度不同形成一个中心—边缘的开放性的差序体系，天下即是一个以夏变夷、化夷为夏的文化教化、文明传播过程。鸦片战争第一次给中国人以强烈的刺激和震撼，以魏源、林则徐为代表的先进中国人开始摆脱盲目自大的心态，走出天朝上国的迷梦，逐渐放弃了华夏中心主义的传统民族观念。他们开始睁眼看世界，重新审视中国与世界的关系，寻找救国救民的真理。传统民族观念的破除以及强烈的民族危机意识和屈辱意识的产生，表明鸦片战争后近代民族意识开始萌芽。

第二次为甲午中日战争后，中国人民民族意识的初步觉醒。1894—1895年，甲午中日战争北洋舰队的覆没不仅宣告了洋务运动的破产，而且再一次深深地刺激了先进的中国人，中国人民的民族意识开始初步觉醒。正如亲历其事的梁启超所说，"唤起吾国四千年之大梦，实自甲午一役始也"。一战而人人皆醒，一战而人人皆明矣。甲午中日战争的失败，直接激起了康有为联合各省会试举人联名上书光绪皇帝，提出维新变法主张，史称"公车上书"。正如他在1898年保国会上的一次演说中所言，"吾中国四万万人，无贵无贱，当今日在覆屋之下，漏舟之中，薪火之上，如笼中之鸟，釜底之鱼，牢中之

---

① 史革新：《略议近代中国民族意识的四次觉醒》，《高校理论战线》2009年第3期。
② 华东师范大学许纪霖教授就指出，中国古代天下观认为："天下以华夏为中心，其中包括了蛮夷，而蛮夷又分为内蛮夷和外蛮夷，内蛮夷在中国疆域之中，外蛮夷不属于中国，却是中国的属国。"鸦片战争前，清政府在处理外蛮夷事务时，并无专门的外交机构，而是由"理藩院"和"礼部"管理、接待藩属朝贡。

囚，为奴隶，为牛马，为犬羊，听人驱使，听人宰割，此四千年中二十朝未有之奇变"①。然百日维新，也不过是昙花一现，历经 103 天就夭折了。继甲午中日战争后的八国联军侵华战争可谓彻底打破了中国人积淀已深的华夷防线。秋瑾的《宝刀歌》抒发了这样一种觉醒意识，"北上联军八国众，把我江山又赠送，白鬼西来做警钟，汉人惊破奴才梦"②。

第三次是"五四"运动期间中华民族意识的升华。这次的导火线主要是巴黎和会上中国外交的失败，标志性的历史事件就是"五四"运动和新文化运动。"五四"运动"早已表现出了中国真正的、积极的民族特性"③，从巴黎和会决议的会议中，"产生了一种令人鼓舞的中国人民的民族觉醒，使他们为了共同的思想和共同的行动而紧密地结合在一起。全国各阶层的人都受到了影响"④。"五四"运动不仅标志着中国人民的民族意识觉醒主体已经从先进知识分子深入广大的社会大众，实现了普遍的觉醒，而且表明中国人民对于中华民族危机根源的认识以及对于民族出路与道路等问题的认识上都更进一步，使这种民族意识达到更加深层次的觉醒。民族的觉醒首先表现在文化上的觉醒，新文化运动则把近代以来中国人的反思理路深入文化心理层面，标志着中国人的民族自我认识大大深化，新文化运动的思想启蒙者们对传统文化的批判，对西方先进文化的传播又进一步促进了中国人民国民意识与民族意识的觉醒。

第四次是抗日战争期间民族意识的全面高涨。近代以来，中华民族觉醒的程度与民族危机的程度往往是呈正相关关系。1931 年，日本发动"九一八"事变，此后东北三省全部沦为日本殖民地。1937年，日本又发动"七七"事变，开始全面侵华战争，在短短的 16 个月中，日本控制了华北、华中、华东等大片国土。平津危急！华北危

① 陈一民：《维新之梦——康有为传》，四川人民出版社 1995 年版，第 204 页。
② 《秋瑾集》，上海古籍出版社 1960 年版，第 86 页。
③ ［美］保罗·S. 芮恩施：《一个美国外交官使华记》，李抱宏、盛震溯译，商务印书馆 1982 年版，第 284 页。
④ 同上书，第 285 页。

急！中华民族危急！中华民族已濒临亡国灭种的境地，中华民族"已处在千钧一发的生死关头"，"每个人被迫着发出最后的吼声"。中国人民在中国共产党的积极倡导、组织和领导下建立了广泛的抗日民族统一战线，全国各族人民在民族危难之际团结一致、众志成城，用自己的血肉筑成新的长城，"为祖国生命而战"！"为民族生存而战"！"为国家独立而战"！总之，抗日战争期间，中国人民的民族意识已经达到空前觉醒。

毛泽东出生和成长的时代恰逢中华民族备受凌辱的时期，因而从青少年时期开始，毛泽东就具有了强烈的民族忧患意识和爱国主义精神。在出乡关之前，毛泽东读到一本列强瓜分中国的小册子时，他开始对国家的前途感到沮丧，认识到"国家兴亡，匹夫有责"。在湖南一师时，当他读到一本揭露日本侵略中国的"二十一条"亡国条约和袁世凯卖国罪行的小册子时，奋笔写下"五月七日，民国奇耻；何以报仇？在我学子！"①的感言。1916 年 7 月，日俄再订关于瓜分满蒙权益的日俄协约，毛泽东敏锐地发觉"二十年内，非一战不足以图存，而国人犹沉酣未觉"。强调"注意东事"，"磨砺以待日本"。"五四"运动爆发后，毛泽东更是直接组织和领导了湖南各界的反帝反封建的爱国运动。抗日战争时期，毛泽东多次发出"为了保卫祖国流尽最后一滴血"的誓言。作为中国知识分子当中的先进代表人物，毛泽东一生时刻关注着民族的前途和命运，把救亡图存，实行民族的独立和富强作为自己义不容辞的使命。总之，近代以来，民族的危亡极大地刺激和唤醒了中国人民的民族主体和独立意识，毛泽东文化民族性思想就是在这样的历史背景下产生和发展起来的。

二　实践基础——探索有中国特色的革命与建设道路

1963 年，毛泽东在修改《中共中央关于目前农村工作中若干问题的决定（草案）》时提出这样一个问题即"人的正确思想是从哪里

---

① 《毛泽东早期文稿》，湖南人民出版社 2008 年版，第 10 页。

来的?"他指出,人的正确思想既不是从天上掉下来的,也不是自己头脑里固有的。人的正确思想,只能从社会实践中来。毛泽东文化民族性思想的产生固然有其深刻的时代背景,但是更直接地来自中国革命与建设的具体实践,离开了中国革命和建设实践,毛泽东文化民族性思想就将成为无源之水、无本之木。毛泽东文化民族性思想是适应中国革命和建设实践的客观需要而产生的,是对中国革命和建设实践正反两方面经验和教训的科学总结,是在中国革命和建设实践中同各种错误思想和各种诘难的斗争中发展起来的。

青年时代的毛泽东就开始了他救国救民的实践探索,他主编《湘江评论》,创办文化书社,积极宣传和筹划"驱张运动"、倡议湖南"自治"。在毛泽东这一系列实践活动中,他始终认为国民性的批判与重塑是最为根本的。因此,他大力倡导要解放思想,反对宗教、教育、政治、思想等领域内的各种强权,主张对传统文化弊端进行最激烈的批判,摧陷廓清,实行决裂,以解放国人的思想、道德。同时,通过中西文化的比较,寻找传统文化的弊病,确立新文化的发展方向,从而形成了毛泽东早期文化民族性的基本思想。

1921年,中国共产党正式成立。中国共产党成立之初,就始终坚持以马克思主义作为指导思想,以社会主义作为中国新文化的发展方向。但是,究竟如何用马克思主义来指导中国革命,如何实现社会主义?当时仍然是一片空白。中共一大虽然提出了党的纲领即"以无产阶级革命军队推翻资产阶级,采用无产阶级专政以达到阶级斗争的目的——消灭阶级,废除资本私有制,以及联合第三国际等",但实际上这个纲领对中国革命并无太多的实际或具体指导意义。中共二大对中国社会性质开始有了初步的判断,确立了反帝反封建的民主革命纲领,提出了"联合全国革新党派,组织民主的联合战线"的主张,应该说这是重要的进步。中共三大则正式通过了关于国共合作的决议。但是,在国共合作问题上,我们应该处于一个什么样的地位,是作为资产阶级的附庸呢?还是应该积极地掌握领导权?在进行民主革命的斗争中,又应该如何看待农民运动?这些问题直接关系着中国共产党的生死存亡,决定着中国传统的文化模式能不能实现向科学社会主义模式转变。① 幼年的中国共产党面临着巨大考验。首先，面临一个如何准确地理解和把握马克思主义的精神本质的问题。其次，迫切地面临着研究中国国情，把握中国各阶级状况，寻找一条适合中国国情的具体的革命道路的考验。最后，面临如何正确认识无产阶级政党的国际主义原则与自身的相对独立性的关系问题。以陈独秀为代表的右倾主义者没有很好地处理好这些问题，致使轰轰烈烈的第一次大革命归于失败。以王明为代表的"左"倾主义把马克思主义教条化，把共产国际决议和苏联经验神圣化，险些葬送了中国革命。而以毛泽东为代表的中国共产党人正是从中国革命实践出发，研究中国国情，把马克思主义与中国社会的政治经济特点相结合，同中国民族文化相结合，在同教条主义不断斗争中，自觉地提出马克思主义的中国化和民族化问题，认识到没有抽象的马克思主义，只有适合不同国家具体国情、适应不同民族文化的具体的马克思主义。特别是抗日战争的客观形势与实践迫切要求全国人民树立民族自尊心和自信心，发扬爱国主义精神，建立广泛的统一战线，团结一致保家卫国，这就促进了以毛泽东为代表的中国共产党人更加注重民族文化继承和发扬，科学地解答人们在无产阶级国际主义与爱国主义关系问题上、在无产阶级道德（共产主义道德）与民族道德关系问题上的理解困惑，以及解决运用民族形式推进马克思主义走向大众化的问题。

实践总是不断向前发展的，毛泽东文化民族性思想也必将随着实践的发展而不断丰富。新中国成立后，我们实现了从革命到建设的过渡，以毛泽东为代表的中国共产党人开始探索一条适合中国国情的社会主义建设道路。然而，由于我们一开始缺乏经验，很大程度上是照搬苏联经验。正如毛泽东所说，"前八年照抄外国的经验。但从一九五六年提出十大关系起，开始找到自己的一条适合中国的路线"②。正是在摆脱苏联模式影响，独立探索适合中国国情的社会主义建设道路的过程中，毛泽东对于如何处理中国与外国关系，如何既学习国外

---

① 李鹏程：《毛泽东与中国文化》，人民出版社 1993 年版，第 187 页。
② 《建国以来毛泽东文稿》第 9 册，中央文献出版社 1996 年版，第 213 页。

又保持好自身文化特点，维护好民族的自尊心、自信心等方面进行了
反思和总结。

三　思想理论条件——马克思主义的传播及党内外知识分子思想

（一）马克思主义的传播

毛泽东指出："灾难深重的中华民族，一百年来，其优秀人物奋
斗牺牲，前仆后继，摸索救国救民的真理，是可歌可泣的。但是直到
第一次世界大战和俄国十月革命之后，才找到马克思列宁主义这个最
好的真理，作为解放我们民族的最好的武器，而中国共产党则是拿起
这个武器的倡导者、宣传者和组织者。马克思列宁主义的普遍真理一
经和中国革命的具体实践相结合，就使中国革命的面目为之一新。"①
马克思主义的传播为毛泽东认识和处理民族文化问题提供了有力的思
想武器，毛泽东正是运用历史唯物主义的观点对早期唯心主义民族文
化观进行了清理，建立了历史唯物主义的民族文化观。毛泽东还运用
所掌握的唯物辩证法自觉地分析和指导民族文化建设，使早期民族文
化观上的朴素的辩证思想上升到了新的高度。

毛泽东早期民族文化思想强调"观念造就文明"，把社会历史的
发展归结为某种精神即宇宙真理。他又认为，宇宙真理存在于人心之
中。"天下之生民，各为宇宙之一体，即宇宙之真理，各具于人人之
心中。"② 所以，欲动天下，当动天下之心。同时，他又认为各人心
中所具有之真理有偏全之不同，圣人即得大本者，贤人略得大本者，
愚人则不得大本者。因此，必然出现"小人累君子"现象，但君子、
圣人不应独善其身，主张"君子当存慈悲之心以救小人"。因此，不
难看出，毛泽东早期民族文化观包含着浓厚的唯心主义色彩。当毛泽
东开始接触到马克思主义，并逐步转变为马克思主义者之后，他的民
族文化观开始发生巨大的转变。主要表现在他对于文化与政治、经济
关系的历史唯物主义理解上，认为文化根源于经济与政治。此外，接

---

① 《毛泽东选集》第3卷，人民出版社1991年版，第796页。
② 《毛泽东早期文稿》，湖南人民出版社2008年版，第73页。

受马克思主义后的毛泽东也逐步摒弃了原初那种君子救小人、居高临下的英雄救世主义,而是开始把自己融入民众之中,成为一体。1922年11月25日,毛泽东在《大公报》上发表评论,批判"长衣社会的先生们"以训诫的口吻,以居高临下的姿态指点和教训民众。在新民主主义革命时期,毛泽东一再强调共产党员在民众运动中,"应该是民众的朋友,而不是民众的上司,是诲人不倦的教师,而不是官僚主义的政客"①。

毛泽东对于中国传统文化有着深厚的基础,中国古代的思想智慧特别是辩证思想必然对他产生了较大影响。但是,在那样一个传统与现代、东方与西方相互交杂的时代,文化选择上比较容易产生偏激情绪,文化保守主义和全盘西化论都是害了这一毛病。毛泽东早期民族文化思想强调研究中国国情,对中国传统文化和西方文化主张批判对待,特别是强调融合中西文化,为我所用,这些观点和主张都包含了朴素的辩证思考。但从另一方面来讲,对于民族文化到底该如何批判继承,毛泽东并无深入思考和解决对策。他与同时代思想启蒙家一样,对中国封建文化进行了猛烈的批判,力图冲决一切网罗,但总显的批判有余而继承不足,带有"五四"运动知识分子的通病,这种现象一直影响到"五四"运动后很长一段历史。直到1927年后,随着马克思主义辩证法思想在党内的传播和研究,以毛泽东为代表的中国共产党人开始自觉地运用唯物辩证法分析和对待中外文化,对于民族文化的态度和方针有了比较清晰的思路,这从毛泽东的下面论述就可见一斑。"中国几千年的文化,主要是封建时代的文化,但并不全是封建主义的东西,有人民的东西,有反封建的东西。要把封建主义的东西与非封建主义的东西区别开来。封建主义的东西也不全是坏的……当封建主义还在发生和发展的时候,它有很多东西还是不错的。反封建主义的文化也不全部可以无批判地利用的。封建时代的民间作品,也多少都还带有封建统治阶级的影响。"②在辩证分析民族

① 《毛泽东选集》第2卷,人民出版社1991年版,第522页。
② 《毛泽东文集》第8卷,人民出版社1999年版,第225页。

文化的基础上，毛泽东还提出了"洋为中用，古为今用"的民族文化方针，而毛泽东思想本身就是以毛泽东为代表的中国共产党人正确处理中西古今文化的成功杰作。

（二）同时代知识分子思想

毛泽东之所以伟大，其中一个重要原因就是他善于不断汲取各种思想智慧成果，并进行消化和吸收。在不同的历史发展时期，都曾有过不少人物对毛泽东的思想产生过或轻或重的影响，在这些人当中，有良师，有益友，有党内志同道合的同事，也有党外的知名人士，他们的思想都对毛泽东文化民族性思想产生过直接或间接的影响。

在毛泽东青年时代，由于处在成长时期，因此对其思想曾产生过影响的人物特别多，其中有重要影响的人物包括他的老师杨昌济，维新派人物康有为、梁启超，新文化运动代表人物陈独秀、胡适、李大钊等。毛泽东最初一度"崇拜康梁"，把他们立为"楷模"。尤其喜爱梁启超主编的《新民丛报》，以至于"读了又读，直到可以背出来"。[①] 新文化运动后，毛泽东转而推崇陈独秀等新文化运动人物。他说"我当时非常佩服胡适和陈独秀的文章。有一段时间他们代替了梁启超和康有为，成为我的楷模。我早已抛弃康、梁二人了"。[②] 对陈独秀在新文化运动中的地位和作用，毛泽东曾多次给予高度评价，认为他是"思想界的明星""五四运动的总司令"，并直言不讳"他对我的影响也许比其他任何人的影响都大"。就文化的民族性而言，早期人物对毛泽东的影响主要体现在中西文化观上。毛泽东秉承了杨昌济关于不同民族文化有自身特性，不能盲目加以移植，而是应当从自身国情出发加以选择和取舍以及"合东西洋之文明一炉而冶之"等思想观点，主张在研究国情的基础上来融合中西文化。在东西文化观上，陈独秀于1915年在《新青年》上发表过《东西民族根本思想之差异》，李大钊也于1918年在《言治》季刊上发表《东西文明根本之异点》，他们对于东西文化都进行过分析和比较，提出了"东洋

---

① 《毛泽东自述》，人民出版社1996年版，第23页。
② 同上书，第37页。

文明主静，西洋文明主动""东洋民族以安息为本位，西洋民族以战争为本位""东洋民族以家族为本位，西洋民族以个人为本位""东洋文明既衰退于静止之下，而西洋文明亦疲命于物质之下"等观点。毛泽东的东西文化比较观与这些"五四"新文化运动代表人物的分析基本上是一致的。在对待民族传统文化上，青年时代的毛泽东极力主张"变化民质"，改造"人心道德"，并希望以此入手来实现救亡图存。这种观点显然也是深受同时代启蒙思想家的影响，无论是梁启超的"欲维新我国，当维新我民"，还是严复的"开民智，新民德"，以及鲁迅的"人立而后事举"，都是主张从思想观念着手破旧立新。

毛泽东文化民族性思想鲜明地体现了中国共产党集体智慧的结晶，反映了党内外理论界的积极探索成果。李大钊、恽代英、瞿秋白等对于马克思主义与中国革命实践相结合问题都有过探讨。早在1923年，李大钊就提出，社会主义理想"因各地、各时之情形不同，务求其适合者行之，遂发生共性与特性结合的一种制度（共性是普遍者，特性是随时随地不同者），故中国将来发生时，必与英、德、俄……有异"。① 恽代英也认为"解决中国的问题，自然要根据中国的情形，以决定中国的办法"② 瞿秋白说"应用马克思主义于中国国情的工作，断不可一日或缓"③。这些为毛泽东明确提出"马克思主义中国化"任务提供了思想资源。20世纪三四十年代是毛泽东文化民族性思想发展的重要时期，此期由艾思奇、陈伯达、张申府、胡绳等发起的新启蒙运动，以及20世纪30年代末40年代初的文艺"民族形式"的争论和学术"中国化"讨论，对于毛泽东文化民族性思想都产生了重要的影响，特别是抗战前夕爆发的这场新启蒙运动具有重要的历史意义。新启蒙者呼吁创造中华民族新文化即"整个中国自己的文化"，提出了辩证地对待民族传统文化的思想和主张。诚如张申府所强调，"今日建立一种新的文化，乃是为的自己，并不是为

① 《李大钊文集》第4卷，人民出版社1999年版，第5页。
② 《恽代英文集》（上卷），人民出版社1984年版，第480—481页。
③ 《瞿秋白选集》，人民出版社1985年版，第311页。

的他人。因此必须估计自己民族的需要，适应自己民族的传统"，
"一种异文化（或说文明）的移植，不合本地的土壤，是不会生长
的。新思想新知识的普及固然是启蒙运动的一个要点，但为适应今日
的需要，这个新启蒙运动的文化运动应该不只是大众的，还应该带些
民族性"①。新启蒙运动实质上是一场与抗日救亡政治主题相适应的
文化上的爱国救亡运动，新启蒙者的思想主张不仅从文化上唤醒了中
国人的民族意识，推动了抗日文化统一战线的形成，而且对随后毛泽
东提出的马克思主义必须与中国革命的具体实际相结合，应该具有民
族的形式，对于外国文化采取鲁迅的"拿来主义"态度，对中国传
统文化要批判地继承等一系列思想产生了直接的影响。在延安时期中
国共产党高层领导当中，张闻天是被公认的文化问题方面的专家，他
长期负责党的文化宣传工作，对文化问题有许多深刻见解。在 1940
年陕甘宁边区文化协会第一次代表大会上，毛泽东作了《新民主主义
的政治和新民主主义的文化》的报告，张闻天则作了《抗战以来中
华民族的新文化运动与今后任务》的报告。随后，毛泽东参考了张闻
天等人的文章，对其报告又做了认真的修改，并把它发表在《中国文
化》创刊号上。因此，毛泽东文化民族性的思想凝聚了党的领导集体
以及党内文化理论家和广大文化工作者共同的智慧。

第二节　毛泽东文化民族性思想形成与发展过程

从历史发展视角来看，毛泽东文化民族性思想的形成与发展过程
大体经历了早期、新民主主义革命时期以及社会主义革命和建设时期
三大阶段。其中，早期是毛泽东文化民族性思想的产生时期，新民主
主义革命时期是毛泽东文化民族性思想的发展和成熟时期，社会主义
革命和建设时期则是毛泽东文化民族性思想在新时期的进一步发展时
期。三大阶段各有其鲜明特征，又彼此密切联系，总体上呈现出不断
向上发展的趋向。

---

① 张申府：《五四纪念与新启蒙运动》，《认识月刊》创刊号，1937 年 6 月。

一　毛泽东的早期文化民族性思想

毛泽东早期既受到中国传统文化的熏陶，又受到西方文化的洗礼，最后选择了马克思主义。在1971年的一次谈话中，毛泽东说，"我读了6年孔夫子的书，又读了7年资本主义的书"。这里，孔夫子的书主要是代指中国传统文化思想或称为"旧学"，资本主义的书主要代表西方思想文化或称为"新学"。正是在中西文化的冲突与比较中，毛泽东对文化的民族性问题有了初步的认知。

毛泽东的少年时代主要是在封闭的韶山冲度过，所接受的教育完全是一种传统文化教育。六年私塾中，毛泽东熟读了"四书五经"以及《公羊春秋》《左传》等经史书籍，这为毛泽东打下了比较坚实的古文功底，这也是毛泽东少年时代接受传统文化教育的主要途径。但是，毛泽东对这些经书并不感兴趣；相反他却对《精忠传》《水浒传》《三国演义》等中国古典小说，特别是造反的故事，有着浓厚的兴趣，这其实也构成了毛泽东接受传统文化教育的另一渠道。其间，他还读到郑观应《盛世危言》《列强瓜分之危险》《新民丛报》，这些书籍第一次打破了毛泽东与外界隔离的封闭视野，使其意识到民族的危难，对民族前途开始担忧，毛泽东的民族意识开始萌生。

湖南省图书馆的半年自修生活，是毛泽东世界观发展的重要一环，是他一生当中第一次全面接受新学洗礼。在此半年，毛泽东可谓如饥似渴，广泛涉猎了18世纪至19世纪欧洲资产阶级的社会科学和自然科学的著作，读了达尔文的《物种起源》、亚当·斯密的《原富》、赫胥黎的《天演论》、斯宾塞尔的《群学肄言》、孟德斯鸠的《法学》、卢梭的《社会契约论》等著作，这些反映西方民主思想和科学成就的西方文化使他的传统文化观念第一次受到猛烈冲击。毛泽东还认真研读了一些俄、美、英、法等国的历史和地理书籍。在这里，毛泽东第一次看到了一幅世界地图，感到无比震撼，"原来世界如此之大！"对西学的全面接触大大开阔了毛泽东的视野，深深知道中国之外，尚有发达之西方。在他的世界观中，开始形成了一幅宏观的粗线条的世界历史文化图景，这对后来毛泽东文化民族性思想的形成无疑起了重要的积淀作用。

从湖南一师到"五四"时期是毛泽东早期文化民族性思想产生的重要时期。湖南一师期间,毛泽东对中国传统文化与西方文化更是兼收并蓄,博览广学。毛泽东并没有像"醉心欧化"者那样盲目地"隆西抑中",而是孜孜于国学传统,甚至曾提出要舍学校以就深山幽泉读古坟籍,以建基础。青年毛泽东在杨昌济的启发下,与蔡和森、张昆弟等学友经常一起研讨宋明理学,致力于"大本大源"的探讨。从先秦诸子到明清时代王船山、谭嗣同的著作,他都有广泛涉猎。他还认为,国学深邃广博,"其义甚深,四部之篇,上下半万载之纪述,穷年竭智,莫殚几何,不向若而叹也!"① 受新文化运动的影响,毛泽东后来将学习和研究的重点转向西学,对德国新康德主义者泡尔生所著《伦理学原理》作了深入的学习研究,并写下了上万字的批语。此后,对西方无政府主义、实用主义、新村主义、自由主义思想也都有涉足。伴随着中西文化的学习,毛泽东还从梁启超那里学到了按地理进行文化分类的方法。梁启超在 1902 年写有《地理与文明之关系》,在文章中,他按照地理的差异对文明之种类进行了考察。毛泽东十分重视地理的学习,在 1915 年 9 月 6 日给萧子升的信中,他就提到"地理者,空间之问题也,历史及百科,莫不根此"。② 政治、军事、产业、交通、宗教等,无一不在地理范围之内,正是将文化与地理相联系才形成了关于地域性文明或文化的思想。我们可以发现,随后他常使用到"东西文明""文明各国"等表述。1920 年,在《湖南改造促成会复曾毅书》中,他还提出要建造"湖南文明""湖南一块地域之文明"的观点,以与大一统的腐败的中国相对抗。

把文化与地域相联系,把东西方文化看作为两大异质性的文化体系,并对它们进行比较,形成了毛泽东早期关于文化民族性的基本观点。

---

① 《毛泽东早期文稿》,湖南人民出版社 2008 年版,第 22 页。
② 同上书,第 21 页。

（一）充分肯定中国文化在世界文化体系中的独立地位和价值

文化的民族性是客观存在的社会现象，一个民族由于受到其语言、地域、生产和生活方式的限制，必然形成一种属于自身有别于其他民族的文化特质，这已为文化学家们所公认。在这一点上，毛泽东的老师杨昌济的思想对他产生了直接的影响。杨昌济曾先后在日本、英国和德国等国家留学考察近十年，对西方文化有比较全面的了解，又深通中国传统文化。他认为，不同民族文化各有其特点，"一国有一国之民族精神犹一人有一人之个性也。一国之文明，不能全体移置于他国"①。因此，必须按照每一国家的特殊情况，确定"何者宜取，何者宜舍"。② 同时，他也认为"吾国固有之文明，经史子集义蕴宏深，正如遍地宝藏"。③ 所以，我们应当输入西方文明以自益，也应输入中国文明以益天下，既要广泛汲取世界知识，也需要继承中国自古以来先民所遗传下来的学说，并把它发扬光大，"合东西洋文明于一炉而冶之"④。杨昌济从文化的民族性存在出发，充分肯定了中华文明在世界文化当中的地位和价值。受杨昌济影响，毛泽东也认为中华文明在世界文化中占有举足轻重的地位，"世界文明分东西两流，东方文明在世界文明内，要占个半壁的地位。然东方文明可以说就是中国文明"⑤。在 1917 年 8 月 23 日，致黎锦熙的长信中又说，"怀中先生言，日本某君以东方思想均不切于实际生活。诚哉其言！吾意即西方思想亦未必尽是，几多之部分，亦应与东方思想同时改造也"⑥。因此，在学习计划上，毛泽东也是从广博的角度以把握古今中外学术的大纲为目的。在 1920 年 2 月致陶毅的信中，他说"想和同志成一'自由研究社'（或径名自修大学），预计一年或二年，必将古今中外学术的大纲，弄个清楚"。⑦ 在 1920 年 3 月 14 日致周世钊的信中谈到

① 《杨昌济文集》，湖南教育出版社 1983 年版，第 199 页。
② 同上。
③ 同上书，第 202 页。
④ 同上书，第 203 页。
⑤ 《毛泽东早期文稿》，湖南人民出版社 2008 年版，第 428 页。
⑥ 同上书，第 73—74 页。
⑦ 同上书，第 420 页。

自己选择不出国的原因时，他说，"现在我于种种主义，种种学说，都还没有得到一个比较明了的概念，想从译本及时贤所作的报章杂志，将中外古今的学说剌〈刺〉取精华，使他们各构成一个明了的概念"①。这些均表明，毛泽东在对待中西文化上，是把它们置于一个平等的平台，视为两大平行的文化体系加以对待的。正如李大钊在《东西文明根本之异点》中指出："东洋文明与西洋文明，实为世界进步之二大机轴。正如车之两轮，鸟之双翼，缺一不可。"②

（二）在中西文化比较中具体揭示了中国文化的基本特征

将中西文化置于同一平台基础上，毛泽东还进一步强调对中西文化两大体系进行比较。他说，"观中国史，当注意四裔，后观亚洲史乃有根；观西洋史，当注意中西之比较，取于外乃足以资于内也"。③在毛泽东看来，中国文化和西方文化是两种性质不同的文化体系。毛泽东正是在中西文化比较中更好地把握了中国民族文化的一些基本特点。具体表现在：中国文化是建立在家族主义基础上，西方文化是建立在国家主义基础上；中国文化比较务虚，西方文化比较务实；中国文化重综合，比较含混，西方文化重分析，有条理；中国文化奴性十足，缺乏民主，西方文化个性有余，讲求民主；中国文化迷信盛行，西方文化重视科学；中国文化重静，西方文化主动；中国文化重精神，西方文化重物质；等等。我们将这些特点大体上归纳为以下三个方面。

第一，中国文化的基础为家族主义。毛泽东认为，中国文化和西方文化之所以性质迥然不同，最根本在于两大文化体系的基础不同。中国文化是建立在家族主义的基础上，而西方文化则是建立在国家主义的基础上。毛泽东认为，数千年来，中国人只知道有家族，而不知有国家，只知道有群体，而全然不认有个人，不认有自己。四千年文明古国等于没有国，国在中国人看来只是一个空架子，其内面全没有

① 《毛泽东早期文稿》，湖南人民出版社 2008 年版，第 428 页。
② 《李大钊文集》（上），人民出版社 1984 年版，第 560 页。
③ 《毛泽东早期文稿》，湖南人民出版社 2008 年版，第 21 页。

什么东西。说人民罢，人民不过是散的。中国人生息了四千多年，连一块有组织的地方都看不见。这种家族主义渗透于中国社会的各个领域使得中国文化闭塞保守、泯灭自我、奴性十足、愚昧落后。与之相反，西方文化是建立在国家主义基础上。毛泽东认为国家的要素包括土地、人民、主权，其中主权是最主要的构成因素。按照西方启蒙思想家天赋人权，主权在民观点，那么意味着国家主义的要点就在于民众，在于个人。因此，个人在西方国家和社会中具有至高无上的地位，这就使得西方文化十分强调个人的自由、权利和独立性。毛泽东通过中国家族本位主义文化与西方国家本位主义文化区别分析，张扬了人的个性自由与解放的重要性。他一针见血地指出现在中国可谓危险极了，这种危险不在于兵不强，财不足，不在内乱，而在于思想界的空虚。中国的四万万人，差不多有三万九千万是迷信家，全然不认有个人，不认有自己，不认有真理。① 因此，他极力反对封建主义思想对人的个性压制和摧残，"思想界的强权，不可不竭力打破。像我们反对孔子，有很多别的理由。单就这独霸中国，使我们思想界不能自由，郁郁做二千年偶像的奴隶，也是不能不反对的"②。

第二，中国文化缺乏科学精神。毛泽东看到西洋学问"有所谓纯正者焉，有所谓应用者焉，又有所谓说明者焉，有所谓规范者焉，界万有之学而立为科。于一科之中，复剖分为界、为门、为纲、为属、为种，秩乎若瀑布之悬岩而振也"。③ 也就是说，西方学术分门别类，有条理，重分析，划分科学，井然有序。而中国文化当中，明显缺乏这种思维，中国文化只重资料收集，而不重分析和综合。毛泽东认为，吾国古学的弊端，"在于混杂而无章，分类则以经、史、子、集，政教合一，玄著不分，此所以累数千年而无进也"④。在《反对统一》一文中，毛泽东又说，"中国人没有科学脑筋，不知分析与概括的关系，有小的细脑才有大的肌体，有分子的各个才有团体。中国人多有

① 《毛泽东早期文稿》，湖南人民出版社 2008 年版，第 281 页。
② 同上书，第 338 页。
③ 同上书，第 70 页。
④ 同上。

一种拿大帽子戴的虚荣心，遇事只张眼望着前头，望着笼统的地方。大帽子戴上头了，他的心便好过了"①。毛泽东十分赞同罗学瓒的观点，认为中国人重文字的功夫，把研究科学之时光，消磨在研究文字学，所以在自然知识方面特别贫乏。此外，他还认为中国人看上不看下，注重务虚而不务实，把全部精力放置于"道"的研究，而遗忘人生社会的实际问题的研究。

第三，中国文化缺乏民主精神。毛泽东从卢梭的天赋人权说以及西方伦理学中的意志自由说出发，认同民主是自由和天赋人权的保证。毛泽东认为，西方社会人的权利和意志自由首先体现在家庭组织关系中，"在西洋，一个人的父母，和他子女的意志自由是不生影响的。西洋的家庭组织，父母承认子女有自由意志"②。这种权利和意志自由更体现在社会上，"西洋各国的政治改革和社会改革，无一不起于市民运动"③。中国则不然，父母的命令和子女的意志，完全不相并立。在中国只有君权、父权、夫权，而无民权、子权、妻权。近代中国社会的变革并没有造成民主的局面，辛亥革命虽然推翻了封建帝制，但中国名为共和，实则为专制，群众心里根本没有民主的影子，不晓得民主究竟是什么。

（三）站在文化时代性角度批判传统文化的弊病

文化的民族性当中既包括民族文化的精华部分，也包括糟粕部分，毛泽东所主张的是"挈其瑰宝，绝其淄磷"。毛泽东早期深受梁启超、陈独秀等近代启蒙思想家的影响，很快也踏上了"借思想文化解决问题"的启蒙道路。毛泽东认为，中国几千年传统使国人的思想道德根深蒂固，人们思想保守僵化、愚昧落后、奴性十足。早在1912年，当毛泽东读到《史记》中关于"商鞅徒木立信"一事时，就破题三叹，一叹吾国国民之愚，二叹执政者煞费苦心，三叹数千年来民智之不开、国几蹈于沦亡之惨境。④ 此时的毛泽东实际上已提出

---

① 《毛泽东早期文稿》，湖南人民出版社 2008 年版，第 476—477 页。

② 同上书，第 378 页。

③ 同上书，第 475 页。

④ 同上书，第 1 页。

了他早期一直致力于解决的一个重大课题，即如何"变化民质"的问题。

　　如何解决上述问题？毛泽东主张从哲学、伦理学入手，通过改造哲学、伦理学，从而从根本上改变全国之思想也就是进行"精神革命"。毛泽东认为，"欲动天下者，当动天下之心，而不徒在显见之迹"①。为此，对于"中体西用"的思想和维新变法的主张，他均持批判态度。在《健学会之成立及进行》中，他嘲笑那些所谓的"西学新法"只不过是"小孩子的棍棒罢了"。他批判维新变法只不过是"从枝节入手，如议会、宪法、总统、内阁、军事、实业、教育，一切皆枝节也。枝节亦不可少，惟此等枝节，必有本源。本源未得，则此等枝节为赘疣，为不贯气，为支离灭裂，幸则与本源略近，不幸则背道而驰"②。所以，他主张从"大本大源"入手才能达以变革社会。"今吾以大本大源为号召，天下之心其有不动者乎？天下之心皆动，天下之事有不能为者乎？天下之事可为，国家有不富强幸福者乎？"③如何把握"大本大源"？他认为应该从改造哲学、伦理学入手，探求"宇宙之真理"即"大本大源"，并将它在大众中加以普及，从而最终达到动天下之心的目的，也就是实现改变全国之思想，进入"人人皆君子"，"六亿神州尽舜尧"的理想世界。

　　总体而言，毛泽东早期文化民族性思想带有鲜明的"五四"新文化运动时期的时代特点。一方面，他充分认识到文化的民族性差异，认识到中国文化在世界文化体系中的地位和价值，在中西文化的比较中探寻了中国文化的民族性特点。在这一点上，他与近代以来的文化民族主义有一些共同性。另一方面，他又站在先进文化或者说文化的时代性角度主张对民族传统文化弊端进行最激烈的批判，摧陷廓清，实现决裂，以解放国人的思想、道德。在他看来，中西文化比较的目的在于"外观世界之潮流，内审自身之缺陷，勉负职责，振起朝

---

① 《毛泽东早期文稿》，湖南人民出版社 2008 年版，第 73 页。
② 同上。
③ 同上。

气"。① 这也是新文化运动时期那些启蒙思想家的一个共同特点。

二　新民主主义革命时期毛泽东文化民族性思想的发展和成熟

新民主主义革命时期，毛泽东对于文化民族性的认识已不再是从中西文化一般性比较中展开，而是走向更具体化，主要是围绕"作为西方文化之精华的马克思主义如何与中国革命实践相结合，与中国传统文化相结合"这一实际问题展开。一方面，由于文化具有民族性，因此作为一种外来文化的马克思主义能否在中国文化的土壤上生根、开花、结果？是否会出现所谓的"水土不服"现象？另一方面，把马克思主义移植到中国并把它作为我们的指导思想，这是否会破坏中国文化的民族性？导致中国文化发展的断裂？这两个方面都引起各方诘难，特别是遭到文化保守主义的批判和质疑，遭受到国民党方面的非难和攻击。以毛泽东为代表的中国共产党人从理论和实践两方面科学地解决了这一问题，使文化民族性思想得以发展，并走向成熟。

在中华民族文化的发展方向问题上，近代以来形成了一条思维走向，那就是学习西方，批判传统，实现传统文化的现代化。正如毛泽东在《论人民民主专政》中所说，"要救国，只有维新，要维新，只有学外国"②。而那时的外国只有西方资本主义国家是进步的。然而，当历史的步伐迈进20世纪时，两件世界性的历史事件改变了中国人的文化选择方向。其一就是第一次世界大战的爆发，它使中国人深深认识到帝国主义的本质和资本主义文化的弊病。其二则是俄国十月革命的胜利，生长出一种新的文明即所谓的"第三新文明"，它给苦苦探寻的中国人带来了新的曙光。在这样的历史大背景下，毛泽东通过对纷至沓来的各种西方文化思潮进行了认真的比较和分析，通过对新村实验、湖南自治运动等失败教训进行深刻反思后，最终坚定地选择了马克思主义。1921年1月，在新民学会长沙会员大会上的发言中，毛泽东认为，俄式方法"系诸路皆走不通了新发明的一条路，只此方

① 《毛泽东早期文稿》，湖南人民出版社2008年版，第447页。
② 《毛泽东选集》第4卷，人民出版社1991年版，第1470页。

法较之别的改造方法所含可能的性质为多"。① 在同一时间给蔡和森的信中,毛泽东更为明确地道出, "唯物史观是吾党的哲学的根据"②。这些表明毛泽东已最终转变为一位坚定的马克思主义者。

在成为马克思主义者后,毛泽东开始致力于中国的政治革命,并将文化变革与政治革命有机地结合起来。一方面,毛泽东一如既往地重视文化革命,把文化革命作为政治革命的先导,作为政治革命的有力的思想武器。毛泽东在新民主主义革命时期所提出的诸多观点都反映了这一思想特点。例如,在土地革命时期,毛泽东针对两种反革命的"围剿"(军事"围剿"与文化"围剿"),提出了两种革命深入(农村革命深入与文化革命深入)。在延安文艺座谈会上的讲话中,提出文武两条战线(文化战线和军事战线)思想。在1944年陕甘宁边区文教工作者会议上所作的讲演中,指出"没有文化的军队是愚蠢的军队",在《论人民民主专政》中又强调"严重的问题是教育农民"。另一方面,毛泽东又把政治革命视为建立和发展新文化的重要手段,把发展民族新文化与谋求社会变革相结合起来。在毛泽东看来,只有首先通过政治革命解决广大人民,特别是农民的切身利益问题,才有可能真正完成对广大人民的思想改造,摒弃封建思想,建立新的文化。从这一点来看,这与其早期致力于文化革命,希冀通过改造哲学、伦理学以重塑国民性,达到改造社会的目的的思路显然是不同的。

政治革命的开展与文化革命的大众化都意味着革命主体已从知识分子精英转向广大群众,这就需要我们对中国社会各阶级进行正确认识,特别是对工农群众在革命中的地位进行正确的评判。毛泽东秉承了早期注重研究国情的特点,认为"认清中国的国情,乃是认清一切革命问题的基本的根据"③。1925年,毛泽东就运用马克思主义的阶级分析方法对中国各阶级进行了客观具体的分析,发表了《中国社会

---

① 《毛泽东文集》第1卷,人民出版社1993年版,第1页。
② 《毛泽东书信选集》,人民出版社1983年版,第15页。
③ 《毛泽东选集》第2卷,人民出版社1991年版,第633页。

各阶级的分析》，它指出"谁是我们的敌人？谁是我们的朋友？这个问题是革命的首要问题"。①毛泽东很早就敏锐地注意到农民运动之于中国革命的重要性和特殊性，针对当时党内外对蓬勃发展的农民运动的一些责难。1927年，毛泽东对湖南五县农民运动作了一次为期32天的实地调查，完成了著名的《湖南农民运动考察报告》，运用翔实的材料反驳了对农民运动的各种责难。在《湖南农民运动考察报告》中，毛泽东谈到文化运动时，专门剖析了农民看不惯的"洋学堂"现象，认为其原因不在于农民反对新文化，而在于洋的东西不能进入农民自己的生活，不能成为农民意识的需要，得不到农民的文化认同。在广州农民运动讲习所授课时，毛泽东也说道"洪秀全起兵时，反对孔教提倡天主教，不迎合中国人的心理，曾国藩即利用这种手段，扑灭了他。这是洪秀全的手段错了"。毛泽东赞赏彭湃以同农民一起去拜菩萨的方式发动农民。这两件事表明，毛泽东已经认识到新文化的传播和大众化必须重视不同民族、不同层次群众的文化心理，特别是在教育农民问题上，尤其要考虑农民的特殊性。在中央苏区时期，中共在破除旧文化上，就十分强调注意耐心引导，反对采取武断形式。在宣传新文化时，也特别注重利用民间文艺形式。

1930年5月，毛泽东针对当时党和红军内部普遍存在的把马克思主义教条化、把共产国际决议和苏联经验神圣化的错误倾向，专门写了《反对本本主义》一文。毛泽东指出"马克思主义的'本本'是要学习的，但是必须同我国的实际情况相结合。我们需要'本本'，但是一定要纠正脱离实际情况的本本主义"。②在1937年7、8月间发表的《实践论》和《矛盾论》，更是从哲学的高度总结了中国革命的历史经验，科学地论述了无产阶级世界观、认识论和方法论，也为文化的民族性思想奠定了坚实的哲学理论基础。

20世纪30年代，中日民族矛盾日益严重并逐步上升为主要矛盾，中华民族面临亡国灭种的深重危机，为了保家卫国，救亡图存，中国

---

① 《毛泽东选集》第1卷，人民出版社1993年版，第3页。
② 同上书，第111—112页。

共产党积极动员组织全民抗战，并提出建立抗日民族统一战线的政治主张。在这样一种历史背景下，以毛泽东为主要代表的中国共产党人的文化民族性意识也达到了空前觉醒。这一时期文化民族性认识的高涨，除了民族危机因素外，也与当时国内"中国本位文化"运动与"全盘西化"的争论以及1936年下半年开始的新启蒙运动有直接的关系。当然，这也是对中国共产党成立以来出现的各种"左"倾和右倾错误进行反思和总结的结果。1938年10月，在党的六届六中全会上，毛泽东正式提出马克思主义的"中国化"和"民族化"问题。在这一讲话中，毛泽东对中华民族及其历史作了充分的肯定，强调要学习历史文化遗产，不应当割断历史。他深刻地指出，"马克思主义必须和我国的具体特点相结合并通过一定的民族形式才能实现"，"离开中国特点来谈马克思主义，只是抽象的空洞的马克思主义"。①中国的新文化必须为中国老百姓所"喜闻乐见"，具有中国作风、中国气派。这些闪耀的思想是对于文化民族性问题的经典表达。毛泽东的这一讲话还直接引发了20世纪30年代末40年代初文艺界关于"民族形式"的大讨论和学术界关于"中国化"的讨论，从而进一步丰富和深化了中国共产党人乃至整个进步文化界对于文化民族性的认识。

1940年《新民主主义论》的问世，标志着新民主主义文化思想体系的最终形成，也是以毛泽东为代表的中国共产党人关于文化民族性认识走向成熟的重要标志。《新民主主义论》指出，新民主主义文化就是中华民族的新文化，就是民族的科学的大众的文化，就是人民大众反帝反封建的文化。这种文化是民族的，它是反对帝国主义压迫，主张中华民族的尊严和独立，它是我们这个民族的，带有我们民族的特性。它不否认学习外国进步文化，但必须以我为主体、为我所用。对于马克思主义在中国的应用也是如此，"必须将马克思主义的普遍真理和中国革命的具体实践完全地恰当地统一起来，就是说，和民族的特点相结合，经过一定的民族形式，才有用处，决不能主观地

---

① 《毛泽东选集》第2卷，人民出版社1991年版，第534页。

公式地应用它"①。诚如胡绳同志在《新文化的方向和途径》一文中所说:"20 多年来,自'五四'运动以后,中国新文化运动的主流方向一直是朝着民主与科学的方向,但是也曾有过一个错误,以为既然是新文化,就不能带有任何民族的色彩,因此就抹煞了一切民族文化的传统,甚至抹煞中国民族生活的特点。这样就使得新文化难以在民族的土壤中根深蒂固。抗战时期的文化运动,一方面克服了抗战初期的一时偏向,并与倒退的民族思想坚决对立,一方面又改正了过去文化运动中抹煞民族特征的错误。……人们懂得了中国新文化的进一步的发扬光大,一定的民族的形式,民主科学的内容。这样就解决了文化的民族特征的问题。"②

延安整风运动和解放战争时期,毛泽东的文化民族性思想在《新民主主义论》基础上不断得到深化和展开。延安整风运动时期,毛泽东在《改造我们的学习》《反对党八股》《在延安文艺座谈会上的讲话》中,都有大量关于文化民族性的具体论述。在《改造我们的学习》中,毛泽东以反对主观主义为目的,从改造学习方法和学习制度入手,对那些不注重研究现状,不注重研究历史,不注重马克思列宁主义的应用现象进行了一针见血的批评,积极倡导全党进行系统周密的调查研究,对中国历史,特别是近百年的中国史采取分工合作的方式展开研究。在《反对党八股》中,毛泽东批判了那种缺乏马克思主义的批判精神的形式主义的方法即认为好的就是绝对的好,坏的就是绝对的坏,并进一步提出了"宣传的民族化"问题。在《在延安文艺座谈会上的讲话》中,毛泽东指出:"文学艺术中对于古人和外国人的毫无批判的硬搬和模仿,乃是最没有出息的最害人的文学教条主义和艺术教条主义。"③他重点论述了文艺的大众化问题,内含着文化的大众化与文化的民族性的内在统一性思想。

新民主主义革命时期,以毛泽东为代表的中国共产党人克服了

---

① 《毛泽东选集》第 2 卷,人民出版社 1991 年版,第 707 页。
② 《胡绳文集》(1935—1948),重庆出版社 1990 年版,第 279—280 页。
③ 《毛泽东选集》第 3 卷,人民出版社 1991 年版,第 860 页。

"五四"新文化运动时期启蒙思想家们只辨文化的时代性、不辨文化的民族性的局限。一方面，始终做到了坚持马克思主义这一先进文化的指导，另一方面又使马克思主义中国化、民族化。在充分肯定中国文化的基础上，批判地继承中华民族传统文化，建设中华民族新文化。正如1943年中共中央所明确指出的："中国共产党人是我们民族一切文化、思想、道德的最优秀传统的继承者，把一切优秀的传统看成和自己血肉相联的东西，而且将继续加以发扬光大。"① 新民主主义革命时期，毛泽东在文化民族性问题的认识上显然已达到了一个新的认识水平，他不仅解决了长期以来中国共产党在民族主义与国际主义关系问题上的困惑，澄清了马克思主义者只讲国际主义，不讲爱国主义、民族主义的错误观点，而且在对文化的民族性产生的根源认识上已经远远超出了地理环境论的认识水平，运用历史唯物主义的观点全面地论述了文化的民族性产生的根源。毛泽东还运用唯物辩证法对中西文化进行了辩证的分析，对近代以来持续长久的"古今中西"之辩进行了很好的总结。

　　毛泽东不仅是一个思想家、理论家，更是一个实践家，是马克思主义中国化、民族化的典范，是中国传统文化的真正继承者。毛泽东向来重视传统文化的学习，汲取前人的文化智慧，运用马克思主义的方法进行批判的改造和利用。毛泽东的这一特点在新民主主义革命时期得到最鲜明的体现。在《反对本本主义》一文中，毛泽东借用孔夫子的"每事问"反对教条主义者脱离实际的瞎指挥作风，他说："迈开你的两脚，到你的工作范围的各部分各地方去走走，学个孔夫子的'每事问'，任凭什么才力大小也能解决问题。"② 在《改造我们的学习》一文中，毛泽东就对中国传统文化中的"实事求是"一词作了马克思主义的全新解释，从而使实事求是的思想路线逐渐深入人心。而延安时期毛泽东的《实践论》《矛盾论》对中国传统文化的知行学说和矛盾学说所做的批判继承，堪称马克思主义理论与中国革命

---

① 《中共中央文件选集》第12册，中共中央党校出版社1992年版，第41页。
② 《毛泽东选集》第1卷，人民出版社1991年版，第110页。

实践以及中国传统文化相结合的光辉典范，极大地推动了马克思主义的中国化。在军事方面，毛泽东熟读《孙子兵法》《战国策》等中国古代军事论著，并批判地继承了它们的精华，根据中国革命战争的历史特点，形成了一套完整的军事理论，毛泽东善于对中国古代兵法活学活用，以至于还遭受到一些教条主义者的指责，"嘲笑"毛泽东的军事路线是"把古代的《三国演义》无条件地当作现代的战术；古时的《孙子兵法》无条件地当作现代战略"。在史学方面，毛泽东读过大量史书，在延安时期，他不断委托别人购置历史书籍就可见一斑。例如，他曾致电李克农帮购整个中国历史演义，委托谢觉哉寻找清代计六奇编撰的《明季北略》和《明季南略》。不仅如此，他还积极鼓励和支持范文澜等史学家用马克思主义方法开展史学研究。总之，毛泽东思想和著作是马克思主义中国化的典范，毛泽东是中国优秀传统文化的真正继承者和弘扬者，是中华文化民族性的真正维护者和发扬者。

三　社会主义革命和建设时期毛泽东文化民族性思想的进一步发展

社会主义革命和建设时期，我们面临的首要任务就是要实现从新民主主义社会向社会主义社会的顺利过渡，并在此基础上进一步探索一条适合中国民族特点的社会主义建设道路，体现在文化上，就是要实现从新民主主义文化向社会主义文化的过渡，并"努力创造社会主义的民族的新文化"①，以毛泽东为主要代表的中国共产党人进行了艰苦的探索，并取得了许多宝贵经验，从而进一步丰富和发展了新民主主义革命时期的文化民族性思想。

新民主主义革命时期，中国共产党已经为中华民族新文化发展确立了民族的、科学的、大众的发展方向，其中摆在第一位的就是民族化发展方向。然而，在实现从新民主主义文化向社会主义文化的过渡过程中，如何坚持好文化的民族性似乎并非如此简单，可以将前者公

---

① 《中国共产党第八次全国代表大会文献》，人民出版社1957年版，第815页。

式化地照搬过来。中华人民共和国成立之初，由于受到主客观两方面的影响，我们很自然地会选择向苏联"一边倒"的战略，学习和效法苏联。从客观方面来看：一方面，由于美国发动朝鲜战争并对我国实行包围封锁，资本主义阵营的大门向我们关闭；另一方面，由于苏联经过三十来年建设，已经取得了显著的成绩，而新生的共和国在社会主义建设方面又无任何经验。正如毛泽东所说："因为我们没有经验，在经济建设方面，我们只得照抄苏联。""这在当时是完全必要的。"① 从主观方面来看，由于中苏两国所要建设的文化体系都是人民大众的，因此容易得到我们的认同，更具亲和力。所以，早在党的七大上，毛泽东在《论联合政府》的报告中，就认为"苏联所创造的新文化，应当成为我们建设人民文化的范例"。② 正是在这样的背景下，毛泽东发出号召："在全国掀起一个学习苏联的高潮，来建设我们的国家"③，并希望全国上下都要诚心诚意地向苏联学习。据《剑桥中华人民共和国史》统计，1954 年到 1957 年出版的中国书籍中，译自俄文的书籍占到了 38% 到 45%，而其他语种的译著则只占了 3% 到 6%。到 1956 年，译成中文的俄文教科书就有 1400 来种。④

然而，这种原本十分有必要的学习，经由全面的学习后，逐渐发展为忽视中国实际、走向照搬照抄苏联模式，全盘苏联化的歧途。无论是在国民经济布局还是在经济政治体制方面，无论是在文艺领域还是在教育领域都深深地打上了全盘苏联化的印迹。1956 年召开的苏共二十大，进一步暴露出苏联在建设社会主义方面的问题和错误，这就使得其他社会主义国家开始打破对苏联经验的盲目崇拜，也促进了以毛泽东为代表的中国共产党对过去建设道路的反思，开始了独立探索符合中国民族特点的社会主义建设道路。在《论十大关系》中，毛泽东明确提出："最近苏联方面暴露了他们在建设社会主义过程中

---

① 《毛泽东文集》第 8 卷，人民出版社 1999 年版，第 305 页。
② 《毛泽东选集》第 3 卷，人民出版社 1991 年版，第 1083 页。
③ 《毛泽东文集》第 6 卷，人民出版社 1999 年版，第 264 页。
④ ［美］R. 麦克法夸尔、［美］费正清主编：《剑桥中华人民共和国史》（1949—1965），王建朗等译，中国社会科学出版社 1990 年版，第 210 页。

的一些缺点和错误，他们走过的弯路，你还想走？……要引以为戒。"① 与这种全面反思一致，在文化领域，毛泽东着眼于强调文化的主体性问题，提出了繁荣民族文化的基本方针，这些新思想突出地体现在1956年同音乐工作者的谈话、《论十大关系》等论述之中。

（一）既反盲目排外主义（保守主义）又反对教条主义

新中国成立后，毛泽东十分重视向国外学习，指出"近代文化，外国比我们高，要承认这一点"。② 由于新中国成立后政治上的"一边倒"，一些人便产生拒绝学习资本主义文化的倾向。毛泽东指出："要承认他们学的东西是进步的，要承认近代西洋前进了一步。"③ 针对国内外有一些人认为社会主义没有缺点，毛泽东用一分为二的观点进行了批评。他强调每一个民族都有它的长处，这是它存在和发展的基础，每一个民族都有其短处，认为"社会主义就了不起，一点缺点也没有了。哪有这个事"？④ 他直言不讳地指出，现在有一些国家的领导人不愿意，也不敢提出向国外学习的口号。而我们的方针则是，"一切民族、一切国家的长处都要学，政治、经济、科学、技术、文学、艺术的一切真正好的东西都要学"⑤。

在学习和吸收外来文化的过程中，毛泽东特别提醒大家不要照搬照抄。毛泽东指出，我们一定要从自身的实际和需要出发，有选择、有分辨地学，有分析、有批判地学。"要学苏联，不是硬搬，而是有选择的学，一定要将一切有用东西都学来，无用的东西则反面学，以我为主，不是盲从"。⑥ 文化上对外来的东西采取一概排斥，或者一概照搬，都是错误的，都不是马克思主义的态度。在《论十大关系》中，毛泽东对过去不加分析，照搬照抄苏联模式进行了总结和反思，"过去我们一些人不清楚，人家的短处也去学"⑦。毛泽东指出，"吸

---

① 《建国以来毛泽东文稿》第6册，中央文献出版社1992年版，第82页。
② 同上书，第181页。
③ 《建国以来重要文献选编》第8册，中央文献出版社1994年版，第9页。
④ 《建国以来重要文献选编》第9册，中央文献出版社1994年版，第262页。
⑤ 《建国以来毛泽东文稿》第6册，中央文献出版社1992年版，第101页。
⑥ 《建国以来毛泽东文稿》第7册，中央文献出版社1992年版，第197页。
⑦ 同上书，第102页。

收外国的东西，要把它改变，变成中国的"①，向外国学习，学来创作中国的东西，我们一定要把学的东西中国化。毛泽东这种学习国外，但以我为主的思想，并不是什么"中学为体，西学为用"，他认为，"学"是指基本理论，这是中外一致的，不应该分中西。

（二）从基本原理与表现形式的辩证关系出发论证文化的民族性存在

毛泽东认为，不同事物间既有共性又有个性，有相同方面，也有相异方面，这不仅是自然界的法则，也是马克思主义的法则。在同音乐工作者的谈话中，毛泽东举了大量例子加以说明。例如，社会主义革命的基本原则各国都是一样的，但是在小的原则和基本原则的表现形式方面是不同的。打仗的原理都是攻、守、进、退、胜、败，但在具体打法上各有不同。"十月革命和中国革命，就有许多不同。苏联是由城市到乡村，我们是从乡村到城市。"② 所以，毛泽东强调要向外国学习科学的原理，不论是自然科学，还是社会科学的一般道理都要学，学习国外医学的原理，学习外国的艺术的基本原理，等等。

在强调学习一般原理的同时，毛泽东又特别强调形式的多样化，强调要重视民族的东西，不要全盘西化，各民族都要有自己的东西。他说："马列主义的基本原理在实践中的表现形式，各国应有所不同。在中国，马列主义的基本原理要和中国的革命实际相结合。十月革命就是俄国革命的民族形式。社会主义的内容，民族的形式，在政治方面是如此，在艺术方面也是如此。"③ 又说："音乐可以采取外国的合理原则，也可以用外国乐器，但是总要有民族特色，要有自己的特殊风格，独树一帜。"④

毛泽东认为，民族化不等于简单的形式化，民族形式上并不存在多少高低之分。作为中国人，我们当然应该提倡民族音乐，不提倡中国的民族音乐是不行的。但是，提倡民族音乐，并不意味着在军乐队

① 《建国以来重要文献选编》第 9 册，中央文献出版社 1994 年版，第 9 页。
② 同上书，第 175 页。
③ 同上书，第 177 页。
④ 同上书，第 175—176 页。

中采用唢呐、胡琴。穿军装中，仍然穿那种胸前背后写着"勇"字的褂子，民族化也不能那样化。毛泽东还以中西方用餐工具作为例子，说明民族形式上并不存在什么高低之分。西方人吃饭用刀叉，中国人吃饭用筷子。一定说用刀叉的高明、科学，用筷子的落后，就说不通。

（三）重视增强民族自尊心和自信心

新中国成立以前，为了民族的独立和解放事业，毛泽东高度重视增强中国人民的自尊心和自信心，以更好地战胜我们的敌人。早在抗战时期，毛泽东就高呼："中华民族决不是一群绵羊，而是富于民族自尊心与人类正义心的伟大民族，为了民族自尊与人类正义，为了中国人一定要生活在自己的土地上，决不让日本法西斯不付重大代价而达到其无法无天的目的。"① 1949 年 9 月 21 日，毛泽东在中国人民政治协商会议第一届全体会议开幕词中宣告"中国人从此站立起来了"，向世界人民表达了中国人民内心深处那份神圣的民族自尊心和自信心。新中国成立后，面对帝国主义的封锁，毛泽东同样坚定地指出，"我们能够学会我们原来不懂的东西，我们不但善于破坏一个旧世界，我们还将善于建设一个新世界。中国人民不但可以不要向帝国主义者讨乞也能活下去，而且还将活得比帝国主义国家要好些"②。毛泽东不仅号召中国人民要把民族自信心提高起来，把抗美援朝中提倡的"藐视美帝国主义"的精神发展起来，而且号召亚洲、非洲、拉丁美洲等发展中国家人民破除对西方的迷信，"要在战略上蔑视帝国主义，把帝国主义者看成纸老虎，不算数"③。

针对有些人在学习国外的过程中失去民族自尊心和自信心，毛泽东同样有敏锐的观察。他说，有些人学了外国，就对中国的没有信心。有些人做奴隶做久了，就感觉事事不如人，在外国人面前伸不直腰来。就像《法门寺》里的贾桂一样，人家让他坐，他说站惯了，

① 《毛泽东文集》第 2 卷，人民出版社 1993 年版，第 113 页。
② 《毛泽东选集》第 4 卷，人民出版社 1991 年版，第 1439 页。
③ 《毛泽东文集》第 7 卷，人民出版社 1999 年版，第 405 页。

不想坐。因此，一定"要破除迷信，打倒贾桂！贾桂（即奴才），是谁也看不起的"。①

（四）提出繁荣民族文化的基本方针

这一时期，毛泽东在民族文化发展上又一大贡献，就是明确提出了繁荣民族文化的基本方针，即"百花齐放、百家争鸣、古为今用、洋为中用"的方针，这一方针对于中国文化的发展产生了深远影响。

1951 年，毛泽东为中国戏曲研究院成立题词"百花齐放，推陈出新"，这一题词当时主要是针对戏曲创作和发表而言。"百家争鸣"最初则主要也是针对历史研究中的分歧问题而提出来。因此，最初都还没有上升到普遍性指导地位的高度。1956 年 4 月底，毛泽东在中共中央政治局扩大会议上首次将两者合在一起，正式提出了"双百"方针，从而正式成为指导文化建设的一般性方针。"双百"方针的主要内涵包括，"艺术上不同的形式和风格可以自由发展，科学上不同的学派可以自由争论"，"艺术和科学中的是非问题，应当通过艺术界科学界的自由讨论去解决，通过艺术和科学的实践去解决，而不应当采取简单的方法去解决"。②"双百"方针的提出既是对于苏联模式反思的结果，也是对中华人民共和国成立后我国文化建设经验教训的一次总结，"双百"方针充分遵循了文化的自身发展规律，体现了尊重文化多样性发展的原则。

在对待古今中外文化问题上，毛泽东此期有过许多具体的阐述。1964 年，在关于《对中央音乐学院的意见》的批语中，毛泽东首次把它精练地概括为"古为今用、洋为中用"八个字。在此之前，也就是在 1956 年同音乐工作者谈话中，他曾提出过"向古人学习是为了现在的活人，向外国人学习是为了今天的中国人"的思想。1966 年，在对《林彪同志委托江青同志召开的部队文艺工作座谈会纪要》的批语和修改中，毛泽东强调，"古人、外国人的东西也要研究，拒绝研究是错误的，但一定要用批判的眼光去研究，做到古为今用，外

---

① 《建国以来毛泽东文稿》第 7 册，中央文献出版社 1992 年版，第 231 页。
② 《建国以来毛泽东文稿》第 6 册，中央文献出版社 1992 年版，第 343 页。

为中用"①。"古为今用、洋为中用"的原则充分体现了立足当代又继承民族优秀文化传统，立足本国又充分吸收世界优秀文化成果的辩证思想。

总之，社会主义革命和建设时期，以毛泽东为主要代表的中国共产党人在新的历史起点上开始了新一轮的文化探索，并取得了许多经验和新的认识。但由于"左"的错误及其干扰，出现了对传统文化简单化认识与处理，使民族文化的发展在曲折中前进，特别是"文化大革命"十年动乱，使民族文化遭受严重的破坏，党的八大前后关于文化问题的许多正确思想和方针没有得到有效落实。党的十一届三中全会以来，以邓小平为核心的第二代中央领导集体重新恢复和发展了毛泽东时代的民族文化思想和方针。

---

① 《建国以来毛泽东文稿》第 12 册，中央文献出版社 1998 年版，第 26 页。

第三章　毛泽东文化民族性思想的
基本内容

毛泽东文化民族性思想是以毛泽东为主要代表的中国共产党人在探索建立中华民族新文化的过程中，在致力于马克思主义中国化的实践中形成和发展起来的文化学说，它包含着丰富的思想内容。首先，它从历史唯物主义的基本立场出发，解答了文化民族性形成的根源，说明了文化民族性产生和存在的客观必然性；其次，它从中国客观形势发展和实际需要出发，阐发了文化民族性的基本内涵、表现方式和重要性，形成了文化民族性的中国话语体系；最后，它还围绕着如何维护和发展文化民族性问题，在实践中探索出一套行之有效的解决途径和方法。总之，毛泽东文化民族性思想既对文化民族性问题进行了全面的理论阐释，又从实践中开辟了一条民族性重建之路，对中华民族文化发展做出了独特贡献。

第一节　文化民族性的成因

"一开始，上帝就给了每个民族一只杯子，一只陶杯，从这杯子里，人们饮入了他们的生活。但是他们的杯子不一样。"① 美国文化学家露丝·本尼迪克特（Ruth Benedict）借一位印第安人之口来告诉我们，人类的不同民族从一开始就各自发展出一套自己的生活方式和

---

① ［美］露丝·本尼迪克特：《文化模式》，王炜等译，生活·读书·新知三联书店1988年版，第23页。

价值观念，形成了自己的民族特性，形成了不同的民族文化。不同的民族之所以形成不同的民族文化，从文化发生学的角度来分析，它是多方面因素相互作用的结果。毛泽东从马克思主义的唯物史观出发，阐明了文化民族性形成的根据，揭示了中华民族文化产生的根源。

一　地理环境

地理环境是社会发展的自然基础或自然条件，它是由地理位置、地形、气候、土壤、水文、矿藏、动物、植物等相互作用而形成的复杂系统。马克思主义认为，地理环境是社会物质生活和社会发展的经常的、必要的条件之一。地理环境因素在民族文化的形成与发展中发挥着重要的作用，一种特殊的民族文化往往诞生于一个特定的地理环境之中。首先，地理环境的差异直接影响到一个民族的生产方式和生活方式。这种影响，在一个民族形成的初期尤其明显。人类要生存和发展，首先必须解决衣、食、住以及其他东西，也就是要进行生活资料的生产和生产资料的生产，而这两方面的生产都离不开一定的地理环境，离不开一定的自然条件。所以，马克思把外界自然条件分为两类，生活资料的自然富源和劳动资料的自然富源，并指出，"不同的共同体在各自的自然环境中，找到不同的生产资料和不同的生活资料。因此，它们的生产方式、生活方式和产品，也就各不相同"①。钱穆先生就根据地理环境在一个民族文化形成过程中所起的作用，把人类文化的源头分为游牧文化、农耕文化和商业文化三种类型。其中，游牧文化发源于高寒草原地带，农耕文化发源于河流灌溉的平原，而商业文化则发源于滨海地带以及近海之岛屿。其次，地理环境的不同影响到一个民族的心理和性格。我们经常可以发现，居住在山区、内陆的人，往往比较沉默寡言、稳沉凝重，容易形成内向收敛的民族性格和文化类型。而居住在交通方便和沿海开放的地方的人，多头脑灵活、思维敏捷、敢于冒险，容易形成外向开放的民族性格和文化类型。在《论法的精神》中，孟德斯鸠对地理环境特别是气候对

---

① 《马克思恩格斯选集》第 2 卷，人民出版社 2012 年版，第 214 页。

人的性格心理的影响更是高谈阔论。他说，"炎热国家的人民，就像老头子一样怯懦；寒冷国家的人民，则像青年人一样勇敢"①。孟德斯鸠还用这种地理环境决定论思想来解释中国人的国民性，他说，"由于中国的气候，人们自然倾向于奴隶性的服从"②。

毛泽东充分肯定了地理环境的客观性和先在性，看到了地理环境对于一个民族及其文化的意义。在《中国革命和中国共产党》的第一章第一节关于中华民族及其文化的形成中，毛泽东开篇就从地理环境角度谈起，"我们中国是世界上最大国家之一，它的领土和整个欧洲的面积差不多相等。在这个广大的领土之上，有广大的肥田沃地，给我们以衣食之源；有纵横全国的大小山脉，给我们生长了广大的森林，贮藏了丰富的矿产；有很多的江河湖泽，给我们以舟楫和灌溉之利；有很长的海岸线，给我们以交通海外各民族的方便。从很早的古代起，我们中华民族的祖先就劳动、生息、繁殖在这块广大的土地之上"③。正是这样一块水土，养育了中华民族儿女，孕育了源远流长的中华文明。这就告诉我们，某种文化的形成，总是和特定的自然地理环境条件是分不开的。1956 年 8 月，在同音乐工作者的谈话中，毛泽东又说道，"穿衣吃饭也是各国不同，印度人穿的衣服就和中国人不同，它是适合印度的环境的"④。正如周恩来所述，"世界人民并不生活在一起，他们受到了地理、气候等条件的影响，形成了各种民族，有了不同的习惯、不同的传统、不同的生活方式、不同的语言。这种种不同就形成了各自的民族性"⑤。

但是，毛泽东显然是明确反对地理环境决定论的错误观点。在著名的《矛盾论》一文中，毛泽东用内部矛盾与外部矛盾的辩证关系来批驳地理环境决定论者。他说，"说到社会发展的原因，他们就用

①　[法]孟德斯鸠：《论法的精神》上册，张雁深译，商务印书馆 1961 年版，第 228 页。

②　同上书，第 283 页。

③　《毛泽东选集》第 2 卷，人民出版社 1991 年版，第 621 页。

④　《建国以来毛泽东文稿》第 6 册，中央文献出版社 1992 年版，第 177 页。

⑤　《周恩来文化文选》，中央文献出版社 1998 年版，第 139—140 页。

社会外部的地理、气候等条件去说明。他们简单地从事物外部去找发展的原因，否认唯物辩证法所主张的事物因内部矛盾引起发展的学说"①。毛泽东进一步分析，"社会的发展，主要地不是由于外因而是由于内因。许多国家在差不多一样的地理和气候的条件下，它们发展的差异性和不平衡性，非常之大。同一个国家吧，在地理和气候并没有变化的情形下，社会的变化却是很大的。……按照唯物辩证法的观点，自然界的变化，主要地是由于自然界内部矛盾的发展。社会的变化，主要地是由于社会内部矛盾的发展，即生产力和生产关系的矛盾，阶级之间的矛盾，新旧之间的矛盾，由于这些矛盾的发展，推动了社会的前进，推动了新旧社会的代谢"②。毛泽东还通过封建的闭关锁国的日本与帝国主义时代的日本、帝国主义的俄国与社会主义时代的苏联、封建统治时代的中国与日益迈向一个自由解放的新中国进行对比，用以论证其上述观点，反驳地理环境决定论的错误观点。毛泽东的上述观点直接受益于此期对于哲学著作的深入钻研。1936 年11 月至 1937 年 4 月，毛泽东认真地研读了由李达、雷仲坚翻译，西洛可夫、爱森堡等著《辩证法唯物论教程》（中译本第三版）并作了大量的批注。此书就提到，"马克思和伊里奇的辩证法，不否定社会和自然的矛盾，但不承认外部矛盾是主要的东西，决定的东西。在历史的研究中，我们看到许多国家的地理条件、气候条件、地形、动植物、天然富源，在长期内没有变化，而社会关系却变化了，即封建制度变为资本主义了"。总之，在毛泽东看来，地理环境既不是文化时代性的根本决定因素，也不是文化民族性的最终决定因素。

二　经济与政治状况

　　文化在本质上是人类实践活动的产物，发源于人类粗糙的物质生产中。因此，要解释民族文化的差异性根本上也应当从不同国家和民族的物质资料的生产和生产方式当中去寻找，应当从他们的经济关系

---

① 《毛泽东选集》第 1 卷，人民出版社 1991 年版，第 301 页。
② 同上书，第 302 页。

与政治状况当中寻找。正如恩格斯所指出的,"每一历史时期的观念和思想也可以极其简单地由这一时期的经济的生活条件以及由这些条件决定的社会关系和政治关系来说明"。①任何"这些观念终究不能抵抗因这种经济关系的完全改变所产生的影响。除非我们相信超自然的奇迹,否则,我们就必须承认,任何宗教教义都难以支撑一个摇摇欲坠的社会"。②

在马克思主义发展史上,毛泽东是第一个把人类社会明确地区分为经济、政治和文化三大部分,并从文化与经济、政治的辩证关系当中来把握文化的本质的人。在《新民主主义论》当中,毛泽东指出,"一定的文化(当作观念形态的文化)是一定社会的政治和经济的反映,又给予伟大影响和作用于一定社会的政治和经济;而经济是基础,政治则是经济的集中的表现"③。这一观点成为毛泽东整个文化理论中最基础和最基本的观点。从这一观点出发,毛泽东从整体上对中华民族传统文化进行了定性的分析。他说,"自周秦以来,中国是一个封建社会,其政治是封建的政治,其经济是封建的经济。而为这种政治和经济之反映的占统治地位的文化,则是封建的文化"④。众所周知,中国传统社会主要是一种单一的农耕自然经济,由这种经济基础所决定,在政治上,中国古代主要是一种中央集权的君主专制制度和带有某种血缘亲情的宗法制度相结合的"家国同构"的社会政治结构。因而在中国传统社会下,"中国的男子,普遍要受三种有系统的权力的支配,即:(一)由一国、一省、一县以至一乡的国家系统(政权);(二)由宗祠、支祠以至家长的家族系统(族权);(三)由阎罗天子、城隍庙王以至土地菩萨的阴间系统以及由玉皇上帝以至各种神怪的神仙系统——总称之为鬼神系统(神权)。至于女子,除受上述三种权力的支配以外,还受男子的支配(夫权)"⑤。毛

---

① 《马克思恩格斯选集》第3卷,人民出版社2012年版,第723页。
② 同上书,第773页。
③ 《毛泽东选集》第2卷,人民出版社1991年版,第663—664页。
④ 同上书,第664页。
⑤ 《毛泽东选集》第1卷,人民出版社1991年版,第31页。

泽东认为，政权、族权、神权、夫权四种权力，代表了全部封建宗法的思想和制度，是束缚中国人民特别是农民的四条极大的绳索。由上述经济关系和政治状况所决定，中国传统文化基本上是一种自然经济下的农业文化。与西方文化相比，这种文化的一个突出特点就是泯灭个性。例如，在伦理道德上，中国传统文化强调天尊地卑，父尊子卑，君尊臣卑，因此事父如君，君要臣死，臣不得不死，父要子亡，子不得不亡。在学术思想上，强调"师说""道统""宗派"，讲究"承袭"和"门户"。因此，这种文化必然钳制人民自由，使个性发展丝毫无用。毛泽东认为，导致中国社会文化没有像西方那样出现强烈的个人主义思潮，关键在于中国仍然是"农业经济"，是"封建国家"。在中国的封建制度下，广大人民是没有人格、没有自由、没有独立性、没有个性，其原因就在于他们没有财产。"独立性、个性、人格是一个意义的东西，这是财产所有权的产物。"① 此外，中国文化传统当中，还存在着安土重迁、人情厚重、平均主义等思想，这些都是农业经济社会在文化上的反映，都可以从中国古代农业生产方式和政治结构中找到其物质根源。例如，1929 年 12 月，毛泽东在《关于纠正党内的错误思想》中，对于平均主义思想根源进行剖析时，就指出："绝对平均主义的来源，和政治上的极端民主化一样，是手工业和小农经济的产物，不过一则见之于政治生活方面，一则见之于物质生活方面罢了。"②

中国传统文化是中国封建经济与封建政治在文化上的反映，因此毛泽东认为，要进行文化的变革就必须对中国的封建经济和政治制度进行彻底的变革。在新民主主义革命时期，我们所要建立的中华民族新文化就是新民主主义文化，它是新民主主义经济和新民主主义政治在文化上的反映，其基本特征是民族性、科学性、大众性即人民大众反帝反封建的文化。

---

① 《毛泽东文集》第 3 卷，人民出版社 1996 年版，第 415 页。
② 《毛泽东选集》第 1 卷，人民出版社 1991 年版，第 91 页。

三　文化传统

虽然民族的文化是一民族在特定历史时期的经济和政治的反映，然而文化作为一种观念形态本身又具有其相对的独立性，有其自身的发展规律。因此，各民族文化一旦产生，便以自己独特的风格存在并不断延续下来，从而形成了自己独特的传统。传统就是历史上长期积淀并不断流传下来的东西，是"活在现在的过去"，体现在人们的生活方式、思维方式、审美情趣、价值观念、伦理道德、风俗习惯当中，往往通过一种潜意识或无意识形式作用于民族成员，正所谓"日用而不知"。

任何一个民族都无法割断自己的历史和传统。马克思说，人们总是在直接碰到的、既定的、从过去传承下来的条件下创造历史，"一切已死的先辈们的传统，像梦魔一样纠缠着活人的头脑"[①]。恩格斯也指出："我们自己创造着我们的历史，但是第一，我们是在十分确定的前提和条件下创造的。其中经济的前提和条件归根到底是决定性的。但是政治等等的前提和条件，甚至那些萦回于人们头脑中的传统，也起着一定的作用，虽然不是决定性的作用。"[②] 黑格尔也强调，"我们之所以是我们，乃是由于我们有历史"。[③] 这些都告诉我们，民族文化传统是一种巨大的力量，具有强大的惯性力和影响力，它作为一种社会遗传密码总是一代一代相传，以一种潜意识方式影响着民族成员。文化人类学中把这种继承文化传统的过程以及与此同步发生的文化从一代传到下一代的过程称为"濡化"过程。

恩格斯在《社会主义从空想到科学的发展》英文版导言中指出，"传统是一种巨大的阻力，是历史的惯性力，但是它是消极的，所以一定要被摧毁"[④]。青年毛泽东深受中国近代启蒙思想家影响，认为

---

① 《马克思恩格斯选集》第 1 卷，人民出版社 2012 年版，第 669 页。
② 《马克思恩格斯选集》第 4 卷，人民出版社 2012 年版，第 604 页。
③ ［德］黑格尔：《哲学史讲演录》第 1 卷，贺麟、王太庆译，商务印书馆 1959 年版，第 7—8 页。
④ 《马克思恩格斯选集》第 3 卷，人民出版社 2012 年版，第 772 页。

中国数千年传统导致国人思想道德根深蒂固，思想保守僵化，愚昧落后，因此倾全力于国民性批判与重塑。在 1917 年 8 月 23 日致黎锦熙的信中，他就说，"天下亦大矣，社会之组织极复杂，而又有数千年之历史，民智污塞，开通为难"①。"觉吾国人积弊甚深，思想太旧，道德太坏。夫思想主人之心，道德范人之行，二者不洁，遍地皆污。盖二者之势力，无在不为所弥漫也。思想道德必真必实。吾国思想与道德，可以伪而不真、虚而不实之两言括之，五千年流传至今，种根甚深，结蒂甚固，非有大力不易摧陷廓清。"② 所以，青年毛泽东大力主张对文化传统进行最激烈的批判，摧陷廓清，实行决裂，以解放国人的思想、道德。但其思想逻辑当中，特别是他的"本源说"和"圣贤救世说"，本身又处处沉淀着中国传统文化的因子，反映出中国文化传统对毛泽东的不自觉影响。新民主主义革命时期，毛泽东正是认识到文化传统的根深蒂固性，因此对于农民身上存在的某些消极的文化习俗进行了适当的迁就，主张采取渐进式的改造方式。他说，"菩萨是农民立起来的，到了一定时期农民会用自己的双手丢开这些菩萨，无须旁人过早地代庖丢菩萨"③。

毛泽东看到文化传统当中的消极因素对国人产生的负面影响的同时，同样看到中华文化当中包含着许多优秀传统。他说："中华民族不但以刻苦耐劳著称于世，同时又是酷爱自由、富于革命传统的民族。"④ 毛泽东对于中国文化传统当中"敬老尊贤"的社会道德观、以天下为己任、忧国忧民的社会责任心，舍生取义的奉献精神，以及抵御外侵的爱国主义精神，自强不息的进取精神，"经世致用"的务实精神等优秀传统都给予高度赞扬，并强调一定要继承我们中华民族优秀文化传统，把它发扬光大。他指出："历史总是要重视的。历史久，有好处也有坏处。美国历史短，也许有它的好处，负担轻，可以不记这么多东西。我们历史久，也有它的好处。把老传统丢掉，人家

---

① 《毛泽东早期文稿》，湖南人民出版社 2008 年版，第 73 页。
② 同上。
③ 《毛泽东选集》第 1 卷，人民出版社 1991 年版，第 33 页。
④ 《毛泽东选集》第 2 卷，人民出版社 1991 年版，第 623 页。

会说是卖国，要砍也砍不断，没有办法。但是要回顾那么久的历史，是有些麻烦的。"① 总之，传统有积极的方面也有消极的方面。从积极的方面来看，中华民族之所以能够生生不息，不能不说与这些优秀传统密切相关。中国民族优秀文化传统塑造了中国人，成为中华民族的精神纽带和共有精神家园。从消极的方面来看，中国文化传统当中一些封建的、落后的、保守的因素也始终束缚着我们，成为我们走向现代化的阻碍和包袱。

第二节　文化民族性的基本内涵

在《新民主主义论》中，毛泽东明确提出，中华民族的新文化就是民族的科学的大众的文化。"这种新民主主义的文化是民族的。它是反对帝国主义压迫，主张中华民族的尊严和独立的。它是我们这个民族的，带有我们民族的特性。它同一切别的民族的社会主义文化和新民主主义文化相联合，建立互相吸收和互相发展的关系，共同形成世界的新文化；但是决不能和任何别的民族的帝国主义反动文化相联合，因为我们的文化是革命的民族文化。中国应该大量吸收外国的进步文化，作为自己文化食粮的原料，这种工作过去还做得很不够。"② 这一段文字可以说是毛泽东对于"文化的民族性"内涵的精练表达，结合毛泽东整个文化思想进行综合考察，我们可以看出，毛泽东视野中的文化民族性所包括的基本内涵。

一　维护民族的尊严和独立

在毛泽东看来，中华民族的新文化首先必须包含民族独立意识与精神，反对任何外来侵犯、奴役和压迫。因为，一个民族如果丧失了自身的独立性，只能是处处受制于人，任人宰割，就无法独立自主地发展自己的民族经济和发展自己的民族文化，只会沦为别人的附庸，

---

① 《建国以来毛泽东文稿》第6册，中央文献出版社1992年版，第177页。
② 《毛泽东选集》第2卷，人民出版社1991年版，第706页。

也就根本无所谓民族性和个性可言了。同样，一个民族如果丧失了自身的尊严，那么这个民族也就没有了希望。近代以来的中国历史，一方面深刻地告诉人们丧失民族独立性的民族的悲惨境地。另一方面也展示了中国人民为争取民族的独立和捍卫民族的尊严的坚定决心。强调中华民族的新文化是民族的，它首先是反对帝国主义的压迫，主张中华民族的尊严和独立，这既是抗日战争形势发展的需要，也可以说是对近代以来中国人民争取民族独立的斗争实践的历史总结。

毛泽东指出，鸦片战争以来的中国一步一步地变成了一个半殖民地半封建的社会，而自 1931 年"九一八"事变日本帝国主义大举侵略中国开始，中国又逐步变成了一个殖民地、半殖民地和半封建的社会，毛泽东把帝国主义侵略中国的这样一段血腥历史生动地比喻为"血迹斑斑的图画"。帝国主义对中国人民的侵略和压迫不仅体现在经济和政治上，也体现在文化和精神上。为了维护他们的殖民统治，帝国主义在中国实施文化侵略，他们通过传教、办医院、办学校、办报纸等多种方式麻醉中国人民的精神与意志，特别是日本帝国主义在沦陷区所进行的奴化教育直接摧毁着中国人民的民族精神。帝国主义在中国的国土上还不断地践踏中国人民的尊严和人格，他们公然在公园门口挂上"华人与狗不准入内"的牌子，把中国人侮辱为"东亚病夫"、劣等民族，完全无视中国人民的感受。

毛泽东深深认识到，"中国如果没有实现独立就没有个性"，"民族解放就是解放个性，政治上要这样做，经济上要这样做，文化上也要这样做。广大群众没有清楚的、觉醒的、民主的、独立的意识，是不会被尊敬的"。① 正因为如此，以毛泽东为代表的中国共产党人领导中国人民为反抗帝国主义的压迫，捍卫民族的尊严，争取民族的独立，进行了英勇不屈的斗争，为早日建立一个独立、自由、民主、统一、富强的新中国，进行了艰苦卓绝的努力。抗日战争的胜利是中国人民反对帝国主义侵略所取得的第一次完全性的胜利，它雪洗了鸦片战争以来的民族耻辱，捍卫了民族尊严。抗日战争后，美国出钱出枪

---

① 《毛泽东文集》第 3 卷，人民出版社 1996 年版，第 336 页。

支持蒋介石打内战。中国人民在中国共产党的领导下，再一次粉碎了美帝国主义的阴谋。全国解放前夕，毛泽东在新政治协商会议筹备会上的讲话向全世界庄严宣布："中国必须独立，中国必须解放，中国的事情必须由中国人民自己作主张，自己来处理，不容许任何帝国主义国家再有一丝一毫的干涉。"① 对于美帝国主义的封锁和遏制，中国人民进行了坚决的斗争，抗美援朝战争的胜利再一次打破了美帝国主义不可战胜的神话，极大地提高了新中国在国际社会上的威望和影响力。在维护民族独立问题上，毛泽东坚决不屈服于任何国家，对于帝国主义是如此，对于社会主义国家也是如此。对于斯大林以及苏联党和政府的一些领导同志时不时表现出的大国沙文主义倾向，以及后来出现的霸权主义，以毛泽东为代表的中国共产党人坚决捍卫民族尊严与独立，与这种大国沙文主义倾向与霸权主义进行了不妥协的斗争。1970 年 12 月 18 日，毛泽东在会见埃德加·斯诺（Edgar Snow）的谈话中就说："这些俄国人他看不起中国人，看不起许多国家的人，他以为只要他一句话，人家就都会听。谁知道，也有不听的，其中一个就是鄙人。"② 毛泽东不仅坚决维护中华民族的独立，而且积极支持世界上一切被压迫国家和民族争取民族独立，发展民族经济和民族文化。1953 年，毛泽东写信给时任外交部副部长的王稼祥，建议他把发给越南工作同志的《顾问守则》中的第一条，"热爱越南人民及其一草一木"再加上"尊重越南民族独立及越南人民的风俗习惯"③的内容。1958 年，在同巴西记者马罗金和杜特列夫人的谈话中，毛泽东又说，"我们把亚洲、非洲、拉丁美洲已经独立的国家看成朋友，把还没有独立、正在争取独立的国家也看成朋友。我们支持它们"。④

由此，我们也就不难理解，为什么毛泽东认为，我们所要建立的中华民族新文化必须是民族的，而所谓"民族的"首先就是要反对帝国主义压迫，主张中华民族的尊严和独立。我们也就不难理解，为

---

① 《毛泽东选集》第 4 卷，人民出版社 1991 年版，第 1465 页。
② 《建国以来毛泽东文稿》第 13 册，中央文献出版社 1998 年版，第 180 页。
③ 《建国以来毛泽东文稿》第 4 册，中央文献出版社 1990 年版，第 240 页。
④ 《建国以来毛泽东文稿》第 7 册，中央文献出版社 1992 年版，第 371 页。

什么毛泽东如此高度赞扬"横眉冷对千夫指，俯首甘为孺子牛"的鲁迅先生，称他为"民族英雄"，认为"鲁迅的方向，就是中华民族新文化的方向"①。

二　反映民族的实际和特点

毛泽东认为，我们所要建立的新文化必须反映中华民族的实际，表现民族的内容，带有我们民族的特性，立足于民族生活的土壤，这是文化民族性的重要组成部分。这一内涵在历史上有着很强的针对性，即主要针对党内外各种脱离中国实际的教条主义，教条主义是文化民族性的大敌。

毛泽东回顾和总结"五四"运动以来的文化发展时指出，"五四"运动是一场反帝反封建的伟大而彻底的革命，但这场运动本身也有其缺点。因为，那时的许多领导人物所使用的方法主要还是一种资产阶级的方法即形式主义的方法。这种形式主义的方法影响了后来这一运动的发展。"五四运动的发展，分成了两个潮流。一部分人继承了五四运动的科学和民主的精神，并在马克思主义的基础上加以改造，这就是共产党人和若干党外马克思主义者所做的工作。另一部分人则走到资产阶级的道路上去，是形式主义向右的发展。但在共产党内也不是一致的；其中也有一部分人发生偏向，马克思主义没有拿得稳，犯了形式主义的错误，这就是主观主义、宗派主义和"党八股"，这是形式主义向"左"的发展。②毛泽东这里所说的形式主义向右是指以胡适为代表的"全盘西化论"。形式主义向"左"主要是指以王明为代表的党内教条主义。

形式主义向"左"和向右的共同特点是脱离中国实际，虽然它们旗号不同，形式各异，实质都是相同的。它们都无视我们民族自身的特点，包括政治、经济和文化以及社会心理、历史传统、民情风俗等，盲目崇拜外国的制度文化和经验模式，顶礼膜拜，照搬照抄。因

---

① 《毛泽东选集》第 2 卷，人民出版社 1991 年版，第 698 页。
② 《毛泽东选集》第 3 卷，人民出版社 1991 年版，第 832 页。

此，毛泽东对于这两种错误思潮进行了尖锐的批判和长期的斗争。他说，"所谓'全盘西化'的主张，乃是一种错误的观点。形式主义地吸收外国的东西，在中国过去是吃过大亏的"①。形式主义地吸收外国的东西只会导致以下负面后果。第一，扼杀民族文化，打击民族的自尊心和自信心，走向民族虚无主义。半殖民地半封建社会的中国，由于落后，本来就容易产生民族自卑心理，更需要把民族的自尊心和自信心提高起来。第二，注定以失败告终。正如毛泽东在同音乐工作者的谈话时所说的，"全盘西化，有人提倡过，但是行不通"。形式主义地吸收外国的东西甚至还会给中国革命和建设事业带来严重损害和破坏，这已为历史所反复证明。

与"洋教条"和"党内教条主义"不同，以毛泽东为代表的中国共产党人和若干党外马克思主义者坚持了文化的民族性发展方向。他们在运用马克思主义解决中国革命和建设问题时，始终注意结合中国革命和建设的具体实践和民族特点，也就是将马克思主义的普遍真理同中国革命和建设的具体实践完全地恰当地统一起来。认为"离开中国特点谈马克思主义，只是抽象空洞的马克思主义，因此，使马克思主义在中国具体化，使之在其每一表现中带着必须有的中国的特性，即是说，按照中国的特点去应用它"。② 正因为这样，才使得我们的新文化既是马克思主义的，又是中国的，它符合中国的实际，反映了中国的国情。

必须指出的是，毛泽东所讲的中国实际和特点，并不是仅仅指中国的经济和政治的实际和特点，而且包括了中国的文化实际。特别是，我们必须从历史和现实的辩证统一角度来理解和把握这个实际，因为今天的中国是历史的中国的一个发展，中国现时的新政治新经济恰恰是从古代的旧政治旧经济发展而来的，中国现时的新文化也是从古代的旧文化发展而来。因此，我们决不能割断这种联系，特别是对于文化上的这种联系而言，更具有稳定性。也就是说，新文化必须反

---

① 《毛泽东选集》第 2 卷，人民出版社 1991 年版，第 707 页。
② 同上书，第 534 页。

映中华民族的实际，表现民族的内容，内在地包含着批判地继承中华民族的文化传统的内容，概言之，批判地继承民族文化遗产也是文化民族性的内在应有之义。

三　具有独特的民族形式和风格

中华民族的新文化除了在内容上必须反映中华民族的实际和特点外，在形式上还必须是具有独特的民族形式和民族风格，这也是毛泽东一再强调和阐述的观点。例如，在《新民主主义论》中，他就明确指出，"中国文化应有自己的形式，这就是民族形式。民族的形式，新民主主义的内容——这就是我们今天的新文化"①。在1956年同音乐工作者的谈话中，又说"艺术的基本原理有其共同性，但表现形式要多样化，要有民族形式和民族风格"。"应该学习外国的长处，来整理中国的，创造出中国自己的、有独特的民族风格的东西"。②"音乐可以采取外国的合理原则，也可以用外国乐器，但是总要有民族特色，要有自己的特殊风格，独树一帜"。③毛泽东在这篇谈话中，对艺术的民族形式与民族风格等问题作了比较集中和系统的阐述。

文化的民族形式是体现民族内容的组织结构和外部风貌，内容往往决定形式，但形式也具有其相对独立性，从而决定了民族形式的稳定性、多样性或丰富性。文化的民族风格是民族形式的集中表现，是主体运用民族形式，创造性地反映特定的民族生活时体现出来的鲜明的民族特色和民族格调。中华民族文化历史悠久、源远流长，有着自己的民族形式，形成了自身独特的民族风格。因此，中华民族的新文化必须体现中华民族的民族形式和民族风格。毛泽东十分重视利用民族"旧形式"，并对其进行改造，增加新的内容，正所谓"旧瓶也可以装新酒"。毛泽东本人也十分善于运用民族语言来表述和传播马克思主义，常常把传统文化当中的内容作出许多全新的诠释。所以，中

---

① 《毛泽东选集》第2卷，人民出版社1991年版，第707页。
② 《建国以来毛泽东文稿》第6册，中央文献出版社1992年版，第183页。
③ 同上书，第176页。

国香港学者金思恺认为，读毛泽东的著作，有民族的亲切感，好像并不是在传播外来的思想，确实做到了国际主义内容与民族形式的紧密结合。① 英国知名学者迪克·威尔逊（Dick Wilson）也认为，毛泽东"对共产主义理论的贡献就是用普通民众和教授都能理解的方式进行表达，同时使之地方化，以便中国人民能和欧洲人民懂得一样多"。② 另外，毛泽东又强调要"标新立异"，大胆地创造新的民族形式。他指出，中国的艺术，既不能越搞越古，也不能越搞越洋，而应当是越来越带有自己的时代特点，在这方面要不惜"标新立异"，特别像中国这样大的国家，应该"标新立异"。

在民族形式和民族风格上，毛泽东还特别强调要富有多样性。他说，形式到处一样就不好，过去有人搞八股文章，搞雷同，搞了五六百年。妇女的服装和男的一样，是不能持久的。在革命胜利以后的一个时期内，妇女不打扮，是标志一种风气的转变，表示革命，这是好的，但不能持久。还是要多样化为好。毛泽东认为，艺术上不同的形式和风格可以自由发展，利用行政力量，强行推行一种风格，禁止另一种风格，只会有害于艺术的发展。针对江青提出"要革命派，不要流派"的口号，毛泽东断然反对，"革命派要做，流派也要有。程派要有，谭派、杨派、余派、言派……都要有"③。毛泽东认为，戏剧界的各个剧种、各个流派都有自己的独到之处，要保持和发扬它们各自的艺术特色；越是自成一派，只要注意总结经验，就越能提高艺术水平，这也是艺术发展应该有的多样性原则。艺术上的多样性只有好处，没有坏处。④

但无论是"标新立异"，还是"多样化"原则，都必须是为中国老百姓所喜闻乐见的民族形式和风格，"为群众所欢迎的标新立异，越多越好"。越是多样化，越能满足群众丰富多彩的需求。

---

① 陈葆华等：《国外毛泽东思想研究评述》，陕西人民出版社1993年版，第331页。
② ［英］迪克·威尔逊：《毛泽东》，中共中央文献研究室《国外研究毛泽东思想资料选辑》编译组编译，中央文献出版社2000年版，第497页。
③ 陈晋：《毛泽东与文艺传统》，中央文献出版社1992年版，第282页。
④ 同上书，第281页。

四　与世界先进文化相互学习相互发展

中华民族新文化是民族的，但决不意味着它是一种与世界隔绝的狭隘的民族主义的封闭的文化。相反，它是一种开放的文化，它与世界其他民族的先进文化，特别是革命的民族文化相联合，建立起相互吸收和相互发展的关系。

毛泽东以一种世界性眼光来看待文化的民族性。他指出，"中国应该大量吸收外国的进步文化，作为自己文化食粮的原料"。这种吸收不仅包括社会主义和新民主主义的文化，而且还包括各资本主义国家中对我们有用的文化。即使是外国的古代文化，例如各资本主义国家启蒙时代的文化，只要我们今天用得着，都应该加以吸收。有和没有这种吸收，其结果是大不一样的。在中国历史上，我们可以发现，越是强盛时期，我们国家越是开放，文化交流越是频繁，民族文化越是繁荣。反之，我们的文化就变得越加保守，丧失生命力。

大量吸收外来文化，应当有所区分，有所批判。首先，应当区分哪些是革命文化，哪些是反动文化。我们的文化是属于革命的民族文化。因此，我们应该同一切别的民族的社会主义文化和新民主主义文化相联系，但决不能和任何别的民族的帝国主义反动文化相联合。帝国主义反动文化所主张的是侵略、拥护剥削、反对大众、反对民族解放等，这样一种文化与我们的新文化是相排斥的。事实上，在新民主主义革命时期，乃至社会主义革命和建设时期，帝国主义国家就始终仇视我们，对我们进行封锁和破坏，我们真正能够大量学习和借鉴的主要是同我们意识形态相同的社会主义苏联。正如毛泽东所说的："就共产主义者队伍说来，四海之内皆兄弟，一定要把苏联同志，看作自己人。"① 其次，应当区分哪些是精华，哪些是糟粕。我们的学习和吸收并不是生吞活剥地毫无批判地吸收，而应该是像我们对于食物一样，要经过咀嚼和消化，分解为精华和糟粕，然后"排泄其糟粕，吸收其精华"。最后，对于外来文化的学习，还必须处理好吸收、

---

① 《建国以来毛泽东文稿》第 7 册，中央文献出版社 1992 年版，第 231 页。

消化和应用的关系。我们学习国外的最终目的是用来研究中国的东西，解决中国的实际问题，也就是说一定要做到立足于自身，以我为主，为我所用。

总之，文化的民族性不仅表现在应具有本民族的文化特色上，而且也表现在不同民族文化的相互交流、相互学习过程中所表现出来的主体性上。这种主体性既包括了主体对于不同文化的选择上，也包括了主体对于所选择文化的消化利用上。全盘西化论者的错误不仅在于他无视中国的具体实际，而且也在于根本无视中国民族文化的主体性。

以上四个方面，就是毛泽东视野中的文化民族性的基本内涵。其中，反对帝国主义压迫，主张中华民族的尊严和独立是文化民族性的基本保障，体现了文化的民族独立性原则。强调反映民族的实际和特点，具有独特的民族形式和风格，是文化民族性内涵的核心内容，体现了文化的民族内容与民族形式的有机统一。而第四个方面即与世界先进文化相互学习相互发展也是文化民族性内容的重要构成部分，体现了民族文化的开放性原则与文化的民族主体性原则。

第三节　文化民族性的表现

毛泽东认为，文化的民族性既表现在形式方面，也表现在内容方面，既体现在中华民族与其他国家和民族的关系上，也体现在中华民族内部各民族间的关系上。

一　表现领域

文化如果从广义来讲，它包括了物质文化、制度文化和行为文化以及精神文化等不同层面。其中，物质文化是文化的物质实体层面，它包括了各种生产工具、生活用具以及其他各种物质产品等。制度和行为文化是指文化系统的中层，包括行为规范、风俗习惯、组织形式、生活制度等。精神文化是文化的精神观念层面，包括思维方式、思想观点、价值观念、宗教信仰、科学知识等。文化的民族性在文化的不同层面都有所体现，毛泽东所关注的主要是文化的中层和内层，特别是作为内层的精神文化。

语言文字是文化民族性的重要表现形式，是民族的重要构成要素之一，是一个民族的重要特征。民族语言文字在民族发展中具有重要的作用，它是民族成员间联系的纽带，它关系到民族文化的继承、传播和发展，是一个民族文明的标志和尺度。"正因为如此，以色列人要把早已死去的古希伯来文复活过来，马来西亚要为本无文字的马来语制定文字，并将其定为国语；也正因为如此，世界上无数被压迫的民族要为使用本民族的语言和文字的权利而进行斗争。"[①] 毛泽东十分重视保护各民族使用和发展自己的语言文字的自由。早在 1934 年，毛泽东在第二次全国苏维埃代表大会的报告中就提到：苏维埃政权应在这些民族中发展他们自己的民族文化和民族语言。1935 年，以毛泽东主席名义发表的中华苏维埃中央政府对蒙古人民宣言中也指出：汉、回、藏、蒙古等民族，有应用自己的语言文字及信仰与居住等的自由。1938 年，毛泽东在党的六届六中全会上的报告中谈到少数民族享有平等权利时，又明确提到："不应强迫他们学习汉语汉文，而且应赞助他们发展用各民族自己语言文字的文化教育。"1945 年，毛泽东在《论联合政府》报告中再次强调了"他们的语言、文字、风俗、习惯和宗教信仰应被尊重"。这些论述都表明了毛泽东尊重少数民族语言文字、主张保障少数民族使用和发展他们语言文字的平等权利。中华人民共和国成立后，我国宪法和各项法律文件都明确规定：各民族语言文字一律平等，各少数民族均有使用和发展本民族语言文字的自由；不论已有文字或无文字的民族对自己的语言均有权改革或创制文字；各民族均有权自愿学习或使用汉语汉文或其他民族语言文字，并得到政府的帮助和保障；任何语言文字均无任何特权，也不允许受到歧视。中华人民共和国成立后，政府还为许多没有文字的少数民族创造了文字。此外，任何一个民族只有善于和重视运用本民族的语言文字来表达和传播外来文化，才能使这种外来文化在一个民族内

---

① 张岱年、程宜山：《中国文化论争》，中国人民大学出版社 2006 年版，第 11 页。

得到有效的传播和发展。正因为如此，毛泽东高度重视学习古人语言中有生命的东西，强调要向人民群众学习语言。

民族风俗习惯也是民族文化的重要表现形式，具有鲜明的民族特点和民族形式。民族风俗习惯主要是指一个民族在社会生活各方面所遵循的传统，它通过各民族的服饰、饮食、居住、生产、婚姻、生育、丧葬、节庆、娱乐、礼仪、禁忌等物质文化和精神文化而具体体现出来。毛泽东明确反对和批判那些"包办代替，不尊重人家的风俗习惯，自以为是，看不起人家，说人家怎么样落后"的言行。1950年6月，毛泽东在党的七届三中全会的谈话中指出："按照共同纲领的规定，少数民族地区的风俗习惯是可以改革的。但是，这种改革必须由少数民族自己来解决。"[1] 毛泽东强调，如果不是出于各民族人民以及和人民有联系的领袖们自觉自愿地去进行，而由中央人民政府下命令强迫地去进行，而由汉族或他族人民中出身的工作人员生硬地强迫地去进行，那就只会引起民族反感，达不到改革的目的。在对待和处理与越南人民的关系上，毛泽东还特别提醒和要求驻越南顾问团应该"尊重越南民族独立及越南人民的风俗习惯"。[2]

由于我国大多数少数民族都信仰宗教，有些民族几乎是全民信教，如信仰伊斯兰教和佛教的少数民族几乎全民信教，清真寺、喇嘛寺、佛寺遍布各地，随处可见，这就使得宗教信仰与民族相联系，形成了民族宗教。在对待宗教问题上，毛泽东充分认识到宗教的民族性、长期性和复杂性，因此主张"不能用行政命令去消灭宗教，不能强制人们不信教"[3]。在《论联合政府》报告中，毛泽东就指出："根据信教自由的原则，中国解放区允许各派宗教存在。不论是基督教、天主教、回教、佛教和其他宗教，只要教徒们遵守人民政府法律，人民政府就给以保护。信教的和不信教的各有他们的自由，不许加以强迫歧视。"[4] 1952年，他在接见西藏致敬团代表时的谈话中又着重指

---

① 《建国以来毛泽东文稿》第1册，中央文献出版社1987年版，第399页。
② 《建国以来毛泽东文稿》第4册，中央文献出版社1990年版，第240页。
③ 《建国以来毛泽东文稿》第6册，中央文献出版社1992年版，第322页。
④ 《毛泽东选集》第3卷，人民出版社1991年版，第1092页。

出："共产党对宗教采取保护政策，信教的和不信教的，信这种教的或信别种教的，一律加以保护。尊重其信仰。今天对宗教采取保护政策，将来也仍然采取保护政策。"① 中华人民共和国成立后，《中华人民共和国宪法》第 36 条对宗教信仰自由问题也作了明确的规定。

文学艺术的民族性更是毋庸置疑的。在中国古代史上，就产生了许多具有中华民族特点的文艺形式，如诗经、楚辞、唐诗、宋词、元曲、明清小说、戏剧等。在中国近现代史上，文艺界就文艺的民族形式问题也展开过激烈的争论，特别是 1939 年到 1942 年的文艺民族形式运动曾产生过广泛的影响。毛泽东文艺思想认为，文艺的真正来源在于民众的生产和生活之中，民众的生产和生活是具体的历史的生动的，因而文艺的内容必然是具体的历史的生动的，真正的文艺作品是扎根于民族生活的土壤，反映民族的精神、民族的气节和民族的性格，具有鲜明的民族性。文艺的民族形式问题是毛泽东谈论比较多的部分，1956 年同音乐工作者的谈话就是最重要的代表，其基本思想就是文学艺术的表现形式和手法是多种多样的，但一定要有民族形式和民族风格。例如，不同民族音乐的风格就有非常鲜明的差异，突出地表现在音乐旋律、使用的乐器和表现手法上。中国的蒙古族长调民歌节奏舒缓自由，字少腔长，气息宽广，情感深沉，并有独特而细腻的颤音装饰。非洲的黑人音乐具有强烈奔放、复杂多变的节奏，有劳动、仪式歌曲，还有批评、讽刺性歌曲，在尼日利亚的某些部族中甚至还用半唱半说的歌唱方式来进行诉讼的。在使用的乐器上，中国有二胡、琵琶、唢呐，这些都是极具中国民族特色的；而欧洲有瑞典的民间小提琴、苏格兰风笛、爱尔兰竖琴、罗马尼亚的排箫等乐器，音色极具鲜明的欧洲民族特色。所以毛泽东说，"地球上有二十七亿人，如果唱一种曲子是不行的，无论东方西方，各民族都要有自己的东西"。"外国乐器可以拿来用，但是作曲不能照抄外国。"②

毛泽东也认为，并不是所有的东西都有民族形式和民族风格。有

① 《建国以来毛泽东文稿》第 3 册，中央文献出版社 1989 年版，第 583 页。
② 《建国以来毛泽东文稿》第 6 册，中央文献出版社 1992 年版，第 176 页。

些东西就不要什么民族风格，如火车、飞机、大炮等，医生替人治病，割肚子，割阑尾，吃阿斯匹灵，没有什么民族形式。解剖刀一定要用中国式的，讲不通。当归、大黄也不算民族形式。显然，自然科学的东西并不存在着民族形式和民族风格的问题，世界上也并不存在美国的物理学与中国的物理学的区别。"水是怎么构成的，人是猿变的，世界各国都一样。"① 但是，在自然科学以外的许多领域，特别是政治、文艺、哲学、宗教等领域却存在着鲜明的民族形式和民族风格。毛泽东还认识到文化的民族性在文化的不同层面其所具有的稳定性和持久性是有所不同的。毛泽东指出："艺术有形式问题，有民族形式问题。艺术离不了人民的习惯、感情以至语言，离不了民族的历史发展。艺术的民族保守性比较强一些，甚至可以保持几千年。古代的艺术，后人还是喜欢它。"② 也就是说，物质文化所体现的民族性，一般比较弱一些，而行为文化，特别是精神文化诸如道德观念、审美观念等的民族性是最为持久的，不是轻易可以改变的。

二　表现形式

由于文化具有民族性，因而不同的民族文化在彼此接触过程当中就必然会出现相互间的学习、交流和融合，在这种交融过程中，也必然存在着相互间的碰撞和冲突现象，这就是文化民族性的表现形式。毛泽东不仅充分认识到中华民族的形成本身就是中华民族内部各民族之间文化交融的结果，而且对于历史上中外文化的冲突与融合现象也有着清楚的认识，对于近代以来中西文化的激烈碰撞与融合更是有着直接的感悟，特别是当马克思主义传入中国后，他将全部精力致力于促进马克思主义与中国传统文化的结合，以推进马克思主义的中国化发展。"毛泽东的最大成就就是把马克思主义的原理同中国革命和建设的实践相结合，同中国固有的民族思想文化相融合，从而使作为一种外来的思想文化——马克思主义融入了中国民族文化的生命和血脉

---

① 《建国以来毛泽东文稿》第 6 册，中央文献出版社 1992 年版，第 178 页。
② 同上书，第 176 页。

之中，形成了中国化的马克思主义——毛泽东思想。"①

　　1939 年 12 月，毛泽东在《中国革命和中国共产党》一文中指出："我们中国现在拥有四亿五千万人口，差不多占了全世界人口的四分之一。在这四亿五千万人口中，十分之九以上为汉人。此外，还有蒙人、回人、藏人、维吾尔人、苗人、彝人、壮人、仲家人、朝鲜人等，共有数十种少数民族，虽然文化发展的程度不同，但是都已有长久的历史。中国是一个由多数民族结合而成的拥有广大人口的国家。"② 在《论十大关系》中，毛泽东进一步指出，"各个少数民族对中国的历史都作过贡献。汉族人口多，也是长时期内许多民族混血形成的"。③ 也就是说，中华民族本身就是长期以来各民族相互冲突和交融而成的统一的多民族国家，中国历史上各民族间的文化冲突与融合现象十分普遍和频繁，从而才形成了今天中华民族多元一体的格局。

　　民族文化的冲突与融合不仅表现在中华民族内部各民族间，而且更表现在中华民族同世界上其他民族之间。中国是世界文明古国之一，有着悠久的历史和传统。古代中国文化长期处于世界领先地位，对世界文化做出了重要贡献。从"丝绸之路"到"四大发明"，再到"郑和下西洋"，体现了中华民族文化源源不断地向外辐射和传播。当然，文化交流总是双向的，在中国文化远播海外的同时，印度文化、阿拉伯文化、波斯文化等曾输入中国，从而多次发生文化的冲突与融合现象。中国古代历史上最具典型的一次文化交流就是印度佛教与中国传统文化的融合。印度佛教在传入中国之初，就和以儒家思想为中心的中国文化发生冲突，儒家曾视之为与"尧舜周孔之道"相对立的"夷狄之术"，"不合孝子之道"。汉魏南北朝时期，围绕"沙门应否敬王者、有无因果报应、神灭与神不灭、夷夏之辨等理论问题"，佛教与儒家、道教论争不止。④ 然而，印度佛教与中国传统文

---

① 王凤贤主编：《毛泽东与中国传统文化》，安徽人民出版社 1996 年版，第 2 页。
② 《毛泽东选集》第 2 卷，人民出版社 1991 年版，第 622 页。
③ 《建国以来毛泽东文稿》第 6 册，中央文献出版社 1992 年版，第 93 页。
④ 李云泉主编：《中西文化关系史》，泰山出版社 1997 年版，第 40 页。

化之间也有着相通相融的地方。印度佛教当中的大乘佛教宣扬普度众生的教义就比较适合中国人的文化心理，与儒家文化有不少相通之处，因而在中国得到了发展。1955 年 3 月 8 日，毛泽东在会见西藏宗教领袖谈话时，就指出："佛教的创始人释迦牟尼主张普度众生，是代表当时在印度受压迫的人讲话。为了免除众生的痛苦，他不当王子，出家创立佛教。因此，信佛的人和我们共产党人的合作，在为众生即人民群众解除压迫的痛苦这一点上是共同的。"① 在毛泽东看来，印度佛教、中国儒家文化、马克思主义在"拯民救世"上是有着共同的文化特征，存在着相通相融的地方。大乘佛教就充分吸收和融合了中国传统文化，创立了天台宗、华严宗、禅宗、净土宗等众多宗派，标志着佛教开始走向中国化。印度佛教的传入为中国文化注入了新鲜血液，并在与中国文化的相互冲突、斗争和融合过程中，促进了宋明理学的形成。毛泽东在谈到印度佛教时，就盛赞慧能，慧能主张佛性人人皆有，创顿悟成佛说。毛泽东认为他有两大功绩。第一，他使烦琐的佛教简易化。慧能不因循守旧，不死搬教条，把深奥的道理通俗化，力求让中国的老百姓懂得。第二，他为弘扬禅宗做出了突出的贡献，使印度传入的佛教中国化。因此，毛泽东认为慧能是"真正的中国佛教的始祖"。② 这两个方面都为马克思主义的中国化提供了重要借鉴。

鸦片战争以来，西方文化的强行输入，引发了近代以来中西文化的激烈冲突与交融。一方面，由于两种文化之间存在着明显的时代性与民族性的差异，因而它们之间的冲突在所难免。另一方面，由于两种文化之间也存在互补性与相融性，因而它们之间也必然需要融合。早年毛泽东不仅深受中国传统文化的熏陶，也接受了西方文化的洗礼，在他的老师杨昌济的影响下，形成了他独具特色的中西文化观。一方面，毛泽东看到中西文化之间存在的差异性，主张学习西方先进文化，批判中国传统文化的劣根性。另一方面，他又反对全盘西化的

---

① 陈晋主编：《毛泽东读书笔记解析》，广东人民出版社 1996 年版，第 642 页。
② 《缅怀毛泽东》（下册），中央文献出版社 1993 年版，第 559—560 页。

主张，认为中西文化各有价值，应当融合中西。在《讲堂录》中，毛泽东就通过中西医比较，指出二者各有长短，主张中西医结合，取长补短。他说，"医道中西各有所长，中言气脉，西言实验。然言气脉者理太微妙，常人难识，故常失之虚；言实验者专求质而气则离矣，故常失其本。则二者又各有所偏矣"。①毛泽东认识到，学习外来文化，还存在着一个是否切合中国实际的问题。例如，毛泽东在谈到"洋学堂"时，就指出"洋学堂"之所以不受农民欢迎，就在于它没有切合农民的文化需求和文化心理。毛泽东还认为，洪秀全提倡天主教，反对孔教，没有迎合中国人的心理，所以曾国藩利用这种手段，扑灭了他。可以看出，毛泽东早期对于中西文化的冲突与融合问题是有着深入的理解的。

在马克思主义传入中国以前，中西文化经过激烈的冲突和不断的交融，最终结果仍然不尽如人意，它并没有在中国成功地建立起一种新文化，也没有改变中国"两半"社会的性质，"中国向何处去"的问题也并没有得到解决。十月革命后，马克思主义开始在中国传播，自从马克思主义这一先进文化传入中国以后，马克思主义与中国传统文化的冲突与交融问题开始成为焦点问题。马克思主义传入中国之初，如同佛教、基督教传入中国之初一样，存在着用中国传统文化去认同、比附和解释马克思主义的现象。例如，有人将"全世界无产阶级联合起来"译为"四海之内皆兄弟"，用中国古代的大同思想去比附解释共产主义等，也就是说用中国文化的思想范式去理解、套用和解释马克思主义、社会主义这一新思潮。随着马克思主义在中国的进一步传播和发展，其影响也不断扩大，马克思主义与中国传统文化的冲突加剧。北洋军阀政府以及后来的国民党政府、文化保守派无一不反对马克思主义，甚至视之为洪水猛兽，认为马克思主义不适合中国国情，中华民族的复兴只能依靠以孔孟为代表的中国固有的旧道德、旧思想、旧文化。例如，蒋介石在《中国之命运》中，就把中国共产党人坚持马克思主义指导诬蔑为"做了外国文化奴隶"，攻击中国

① 《毛泽东早期文稿》，湖南人民出版社2008年版，第538页。

化的马克思主义,"不仅不切于中国的国计民生,违反了中国固有的文化精神,而且根本忘记了他是一个中国人"。而早期的马克思主义者对于中国传统文化也是采取简单的否定,彻底的批判态度,他们只看到两者之间的对立,还没有认识到两者之间结合的必要性和可能性,从而使得两种文化之间冲突更加激烈。

马克思主义与中国传统文化真正开始走向融合主要始于抗日战争时期。大革命失败后,随着中国共产党人对于马克思主义认识的深化和对于中国国情的进一步把握,以毛泽东为主要代表的中国共产党人已经清醒地认识到将马克思主义与中国实际相结合起来的必要性和重要性,初步认识到马克思主义要在中国传播和发展必须充分考虑到广大人民群众特别是广大农民的文化实际。抗日战争爆发后,中国共产党人的文化民族性意识达到空前觉醒,他们不仅高度重视继承民族优秀传统文化,而且特别强调马克思主义要与中国的文化实际相结合,不仅在内容上要反映中国的实际和特点,而且在形式上要为中国人民所喜闻乐见。至此,马克思主义与中国传统文化的融合、结合问题已经被明确地、自觉地提了出来。以毛泽东为代表的中国共产党人为这种结合做出了突出的贡献,从而使这种发源于西方社会的文化,能够在中国的文化土壤中生根、开花、结果,为广大人民所接受和认同,并成为中国的主流意识形态。

可以这么说,正是在不同文化的接触、碰撞、比较过程当中,毛泽东对于文化民族性的认识才逐渐走向自觉,而这种文化民族性的自觉,反过来,又直接促进和推动了毛泽东更好地实现马克思主义与中国传统文化的结合。

第四节　维护和发展文化民族性的重要性

民族文化是民族生存和发展的重要支撑。有人说,"欲灭一国,先灭其文化"。所谓灭其文化,就是要扼杀一个民族的历史,摧毁一个民族的精神,同化一个民族的核心价值。因此,一个民族如果丧失了自身的民族性,就无法自立于世界民族之林。文化的民族性不仅关系到一个民族的自尊心和自信心问题，影响到一个民族的凝聚力和向心力，而且也关涉到世界文化的多样与健康发展。

一　有利于提高民族的自尊心和自信心

中华民族曾经有过辉煌灿烂的历史，并且在世界上一度处于领先地位，中国文化对世界文明发展也做出过重要贡献。然而，自文艺复兴以来，西方国家纷纷开始资产阶级革命，建立资本主义制度，并随后完成第一次工业革命。而此时的清朝政府却一直实行闭关锁国政策，仍然做着"清朝上国"的美梦，对世界所发生的一切全然不知，直到帝国主义列强用坚船利炮打开中国国门，方才如梦初醒。从此以后，在长达一个世纪的漫长岁月里，中国人民可谓任人宰割，受尽苦难。为了改变中国人民的命运，为了救亡图存，先进的中国人放眼世界，努力学习西方文化。正是在这样的时代背景下，我们特别容易产生民族自卑心理，对自己的历史和文化妄自菲薄。正如毛泽东在中华人民共和国成立后所说的，我们过去是殖民地半殖民地，历来受人欺负，工农业不发达，科学技术水平低，文化也落后，还被帝国主义侮辱为"东亚病夫"，女人是小脚，男人留辫子，还有太监。总之，很多地方不如人家，骄傲不起来。因此，有些人总感觉事事不如人，失去信心，甚至认为"中国的月亮也不那么很好，外国的月亮总是比较清爽一点"。① 毛泽东还通过对京剧《法门寺》里的人物贾桂的批判，生动地揭示出部分中国人的这种民族自卑心理和奴隶心理。贾桂是京剧《法门寺》中专权的宦官刘瑾的亲信奴才，戏中坞县县令赵廉去见刘瑾时，刘瑾叫赵廉坐，赵廉请贾桂也坐，贾桂回答说："您倒甭让，我站惯了。"毛泽东正是借贾桂之名讽刺一些人在外国人面前奴颜婢膝，"伸不直腰"，丧失了民族的自尊心和自信心。相反，毛泽东赞扬鲁迅先生，"鲁迅的骨头是最硬的，他没有丝毫的奴颜和媚骨，这是殖民地半殖民地人民最可宝贵

---

① 《毛泽东文集》第 7 卷，人民出版社 1999 年版，第 87 页。

的性格"。① 在《别了，司徒雷登》一文，他又高度评价闻一多、朱
自清两位先生，他说："我们中国人是有骨气的。许多曾经是自由主
义者或民主个人主义者的人们，在美国帝国主义者及其走狗国民党
反动派面前站起来了。闻一多拍案而起，横眉冷对国民党的手枪，
宁可倒下去，不愿屈服。朱自清一身重病，宁可饿死，不领美国的
'救济粮'。"②

　　无论在革命时期，还是建设时期，毛泽东都特别重视民族的自尊
心和自信心问题。1938 年 10 月，毛泽东在党的六届六中全会的报告
中指出，我们的抗日战争面临着广大人民群众的民族觉悟、民族自尊
心和自信心不足等困境，因此共产党应该在民族战争中表现出高度的
积极性，在各方面起到先锋的模范的作用，并认为，"全民族的第一
个任务，在于高度发扬民族自尊心与自信心，克服一部分人的悲观情
绪，坚决拥护政府继续抗战的方针，反对任何投降妥协的企图，坚持
抗战到底。这一任务，比过去任何时期更为重要"。③ 1940 年，毛泽
东为中共中央起草的党内指示《论政策》中，谈到文化教育政策时，
又指出"应以提高和普及人民大众的抗日的知识技能和民族自尊心为
中心"。④ 新中国成立后，对待世界上任何大国、强国和富国，毛泽
东都始终强调要增强自己的民族自尊心和自信心，决不允许有任何奴
颜婢膝、卑躬屈节的表现。

　　毛泽东认为，要提高民族的自尊心和自信心，必须善于重视维护
和发展文化的民族性。毛泽东明确指出："清理古代文化的发展过程，
剔除其封建性的糟粕，吸收其民主性的精华，是发展民族新文化提高
民族自信心的必要条件。"⑤ 毛泽东对于我们这个民族总是有着强烈
的民族感情，对中华民族灿烂悠久的文化有一种发自内心的自豪感。
施拉姆就认为："毛泽东确信中国文化是一个伟大的奇迹，而且或许

---

① 《毛泽东选集》第 2 卷，人民出版社 1991 年版，第 698 页。
② 《毛泽东选集》第 4 卷，人民出版社 1991 年版，第 1495 页。
③ 《毛泽东新闻工作文选》，新华出版社 1983 年版，第 39 页。
④ 《毛泽东选集》第 2 卷，人民出版社 1991 年版，第 768 页。
⑤ 同上书，第 707 页。

是独一无二的奇迹，历史上的成就加强了他的民族自豪感。"① 对于中国人民的革命和建设事业前景总是满怀信心，深信中华民族有自立于世界民族之林的能力，这一切都与他对于我们民族的历史与文化的全面了解和掌握有着密切的关系。相反，全盘西化论者否认民族的历史，走历史虚无主义道路，必然挫伤民族的自尊心和自信心。中华人民共和国成立后，毛泽东一再强调我们不能一味地单纯地学习国外，而"应该学习外国的长处，来整理中国的、创造出中国自己的、有独特的民族风格的东西。这样道理才能讲通，也才不会丧失民族信心"。② 针对一些人看不起本国的东西，看不起中医，1954 年 6 月 5 日，他在一次谈话中指出，这种思想作风是很坏、很恶劣的，并强调西医要向中医学习。在 7 月 9 日的谈话中，他又指出：中医问题关系到我们中华民族的尊严、独立和提高民族自信心的一部分工作。8 月 29 日的一次谈话中再次强调：中医是中国对世界的贡献之一，中医强调人的整体性，同巴甫洛夫的学说一致。现在的问题不是中医向西医学习，而是西医向中医学习。毛泽东的这些讲话都在强调一点：只有将自己民族中的有生命力的东西加以继承并发扬光大，对世界发展做出贡献，我们才能够骄傲起来，自信起来。

二　有助于增强民族的凝聚力和向心力

民族的凝聚力和向心力在某种意义上讲是一个民族的重要生命力，一个有着高度凝聚力和向心力的民族即使遇到千难万险却依然能够存活下去，即使面对激烈竞争却始终能够立于不败之地。反之，一个失去凝聚力的民族不论其外表上看上去有多么强大，终将失去生命力。我们所讲的民族凝聚力具体包括了以下三个方面，民族整体对民族成员的吸引力、民族成员对民族整体的向心力以及民族成员相互间的亲和力。

---

① ［美］斯图尔特·施拉姆：《毛泽东的思想》，中共中央文献研究室《国外研究毛泽东思想资料选辑》编辑组编译，中央文献出版社 1990 年版，第 127 页。

② 《建国以来毛泽东文稿》第 6 册，中央文献出版社 1992 年版，第 183 页。

　　中华民族凝聚力的形成纵然是多方面因素长期共同作用的结果，但民族传统文化是中华民族凝聚力的文化土壤，对民族凝聚力的形成起着尤为重要的作用，以至于有学者直接将民族凝聚力界定为"特定民族的文化传统对民族成员的吸引力与思想整合力"。① 优秀的传统文化具有民族文化认同功能，成为"维系全民族共同心理、共同价值追求的思想纽带，成为凝聚民族积极思想，感召人们为民族统一和社会发展鞠躬尽瘁、死而后已的精神源泉"。② 优秀的民族传统文化作为一个民族共有的精神家园，还具有超越民族、地域、阶级、党派的功能。正是因为如此，"每当历史上出现外敌入侵之时，中华民族都能够万众一心地抵抗外侮；而每当内乱出现之时，人们往往又可以在民族认同的基础上，捐弃前嫌，变分为合，化乱为治"。③

　　中国共产党成立之初，由于受五四新文化运动影响，加之反封建的革命任务，因此在对待传统文化上更加强调文化的时代性，对传统文化采取了比较激烈的批判态度。抗日战争的爆发使中日民族矛盾上升为主要矛盾，团结一致、全民抗战成为时代的迫切要求。此时的中国共产党人越来越认识到民族文化对于促进民族团结，推动全民抗战的重要意义。这种意义主要体现在它不仅有助于提高民族的自尊心和自信心，而且有助于促进民族的团结，增强民族的凝聚力。因此，在民族危难关头，我们更需要通过民族文化来团结各党派、各民族、各阶级共同抗日，更需我们充分利用我们民族的优秀传统文化，来鼓舞民心，激励民志，振奋民族精神。正是因为如此，毛泽东十分重视利用优秀传统文化来教育党员和群众，广泛开展各种形式的抗战教育，以增强民族的凝聚力。为此，毛泽东还积极鼓励和支持知识分子、理论家多研究历史。1939 年，毛泽东致信何干之赞扬他写民族史的计划，并从抗日战争的现实需要出发，建议他能够在书中证明民族抵抗和民族投降两条路线的谁对谁错，把历史上的民族投降主义者痛斥一

---

① 孙友忠：《民族凝聚力界定》，《湖北大学学报》（哲学社会科学版）1994 年第6 期。
② 李宗桂：《优秀文化传统与民族凝聚力》，《哲学研究》1992 年第 3 期。
③ 同上。

番，把民族抵抗主义者赞扬一番。毛泽东还经常号召普通党员和群众
多学习历史，特别是鸦片战争以来的中国历史。学习历史不仅有助于
总结经验，吸取教训，同时也是最好的爱国主义教育形式。中国历史
上曾经有无数仁人志士，他们的英雄事迹和崇高品质是激励中华民族
儿女奋勇前进的重要精神力量。对于毛泽东来说，哪怕是一些古代的
神话传说都可以成为他开展思想教育的优秀题材。例如，毛泽东曾多
次讲述"愚公移山"的故事，目的就是鼓励大家学习愚公的精神，
克服困难，团结一致，坚持不懈，把压在中国人民头上的"两座大
山"——帝国主义和封建主义彻底铲除掉。爱国主义是中华民族的优
秀文化传统，是中华民族精神的核心内容。抗日战争时期，以毛泽东
为代表的中国共产党人，高扬爱国主义旗帜，团结一切可以团结的力
量，筑起民族统一战线的坚固长城，使中华民族凝聚力达到空前高
涨。今天，把中华民族团结在一起，维系海内外中华儿女的纽带仍然
是我们共同的传统和文化。无数海外华人华侨，虽身处异国他乡，但
心系祖国，时刻关心祖国的前途命运。总之，继承和发扬中华民族优
秀传统，维护中华文化的民族性，对于增强中华民族的凝聚力具有特
别重要的作用。

三　有益于世界文化的多样化和健康发展

　　世界文化是由世界各个不同国家、民族的文化共同构成的，各个
国家和民族的文化都是世界文化的组成部分，但这种构成并不是世界
各民族文化的简单相加。世界文化是各个民族文化在不断走向世界
后，在相互影响、相互作用、相互冲突、相互交融中形成的。每一个
民族文化都对世界文化做出了或多或少的贡献。一个民族文化对于世
界的贡献程度或多或少取决于该民族文化的特点和发展程度，当然也
取决于它的开放性，即是否积极参与世界文化的交流。因此，世界文
化是否能够保持多样性与健康发展，与世界上各民族文化的发展状
况，与各民族对于自身文化的民族性的保护密切相关。只有各民族文
化得到充分发展，世界文化才会更加丰富多彩，充满生机和活力。没
有文化的民族性就没有世界文化的多样性。

毛泽东指出，各国人民只有立足于本民族特点，才能对人类有所贡献。如果全世界人都画一样的画，唱一样的曲调，千篇一律，那就不好了。毛泽东一再强调我们所要建立的新文化必须具有中国作风、中国气派，必须具有自己民族的特点，决不能照搬照抄，走全盘西化道路。那样，不仅不利于中国文化的发展，也不利于世界文化的发展。

毛泽东不仅强调我们中国要发展自己民族特色的文化，维护和发展中国文化的民族性，而且也十分尊重其他民族的文化，积极支持第三世界国家和人民发展自己的民族文化，倡导世界不同民族之间的文化交流。毛泽东认为，世界上各个民族都有它的长处，彼此之间应该相互学习、互相尊重，即使彼此之间存在不同的思想意识和社会制度，不同的宗教信仰，但同样可以求同存异、和平共处。1955 年，毛泽东在同日本国会议员访华团谈话时就指出，"我们之间的社会制度虽然并不一致，但这个不一致并不妨害我们相互的尊重和友谊。过去的老账并不妨害我们，今天制度的不同也不妨害我们"。① 同年，周恩来总理在亚非会议上的发言也明确指出，"我们相互之间的文化交流应该尊重各国民族文化的发展，而不抹煞任何一国的特长和优点，以便互相学习和观摩"。② 对于不同国家中存在的不同的思想意识和社会制度，我们应该承认，但这并不会妨碍我们求同和团结。总之，毛泽东从世界文化与民族文化的辩证关系视角来谈世界文化的多样性和健康发展。世界上不同国家和民族只有努力发展好自身的民族文化，同时学会做到尊重差异，包容多样，平等交流，这样才能够真正促进世界文化的多样性和健康发展。

第五节　维护和发展文化民族性的基本途径和方法

综观毛泽东的文化思想理论与实践，我们可以发现，毛泽东在维

---

① 《毛泽东外交文选》，中央文献出版社 1994 年版，第 222 页。
② 《周恩来选集》（下卷），人民出版社 1984 年版，第 151 页。

护和发展文化民族性的过程中，采取的主要途径就是继承、吸收和创新。要继承，就要求我们保护好历史上的文物古迹古籍，要求我们学习和研究历史，要求我们高度重视民族精神的弘扬和培育；要吸收，就要求我们以海纳百川的胸怀，学习国外一切先进文化，就要求我们做到"洋为中用"，走民族化发展道路；要创新，就要求我们立足于特定时代的实际和实践，研究中国国情，掌握中国实际。

一 保护文物古迹古籍

文物古迹古籍是中国传统文化的重要载体和象征，在民族文化的传承和发展当中发挥着重要的作用。我国清末著名思想家龚自珍，在对春秋战国时期的历史进行研究后，得出了一条重要的结论，那就是"欲灭人之国，必先灭其史"。由此也可推知，文物古迹古籍在人类文化遗产中的宝贵价值和重要地位。中国历史上发生的"焚书"事件，就曾对中国文化造成了巨大的破坏和不可估量的损失。帝国主义列强在侵略中国的过程中，对中国的文物古迹古籍更是肆意破坏，"火烧圆明园"就是明证。

正因为文物古迹古籍在民族文化传承过程中具有如此重要的地位，所以毛泽东特别重视对中国文物古迹古籍的保护、整理和挖掘工作。首先，毛泽东高度重视文物古迹的保护和修缮工作。1947 年 10 月 21 日，毛泽东参观山西佳县白云山庙建筑、雕塑、雕像后指出："这些东西，都是历史文化遗产，要好好保存，不要把它毁坏了。"[1]解放战争时期，中共制定了一系列文物古迹保护的政策法令，特别是在那种战火纷飞的年代，中国共产党仍然特别注意在作战中保护文物。1948 年 12 月 17 日，毛泽东以中央军委的名义致电平津前委，要求他们充分注意保护北平工业及重要文化古迹。1949 年 1 月 16 日毛泽东再次致电林彪、罗荣桓等，进一步指示："必须做出精密计划，力求避免破坏故宫、大学及其他著名而有重大价值的文物古迹。你们

---

① 逢先知主编：《毛泽东年谱（一八九三——一九四九）》（下卷），中央文献出版社 2002 年版，第 246 页。

务必使各纵队首长明了，并确守这一点。让敌人去占据这些文化机关，但是我们不要攻击它，我们将其他广大城区占领之后，对于占据这些文化机关的敌人再用谈判及瓦解的方法使其缴械。即使占领北平延长许多时间，也要耐心地这样做。为此，你们对于城区各部分要有精密的调查，绘图立说，人手一份，当做一项纪律去执行。"① 中华人民共和国成立后，毛泽东多次作出批示，要求有关部门保护和修缮历史遗迹。如1952年，就北京崇焕祠、墓遭到破坏一事，毛泽东指示中央文史馆副馆长叶恭绰，并告彭真市长，予以保护。1955年，就陈嘉庚来信"建议修缮黄帝陵"一事，毛泽东请周总理批交有关机关处理。1958年，毛泽东参观安徽省博物馆文物陈列展览后建议："一个省的主要城市都应该有这样的博物馆，人民认识自己的历史和创造的力量是一件很重要的事。"②

其次，毛泽东高度重视对历史古籍的保护、开发和利用。早在土地革命时期，他就告诫红军战士："土豪坏，土豪家的藏书却是好东西。即使是坏书，也可供我们参考，不能糟蹋。"③ 1953年，毛泽东安排吴晗组织力量进行《资治通鉴》的校点工作。随后，又提出，标点"前四史"，在毛泽东的大力支持和关怀下，在众多的史学专家、历史学教授和专业出版编辑人员的通力合作下，最终完成了"二十五史"的整理点校和出版，全书共计3758卷，分订299册，总计约3800万字。可以想象，这是多么浩大的工程。

二　学习和研究历史

一个民族如果把自己的历史给遗忘了，无异于自取灭亡，忘记自己民族的历史，等于对自己民族的背叛，正如毛泽东所说的，把老传统丢掉，人家会说你是卖国。毛泽东还引用韩愈的诗"人不通古今，马牛而襟裾"来强调人都必须通古今，尤其对于中国共产党人来说，

① 陈东恩：《毛泽东：踏遍青山》，中央文献出版社2002年版，第233页。
② 张贻玖：《毛泽东读史》，中国友谊出版公司1991年版，第206页。
③ 张贻玖：《毛主席的书房》，工人出版社1987年版，第5页。

更应该做到通古今，学习和研究历史。学习和研究历史是维护和发展文化民族性的最基本的途径和方法。学习民族的历史，可以提高民族的自尊心和自信心，增强民族的自豪感和认同度，激发民族的使命感和责任心。近代著名思想家章太炎就曾大力提倡"读史爱国"，认为"不读史，则无从爱其国家"。学习和研究民族的历史还有利于总结历史的经验和教训，汲取中国古代丰富的智慧成果，也只有通过对民族历史的深入研究，我们才有可能对民族文化作出辩证的分析，取其精华，去其糟粕，从而更好地继承和发展民族的优秀传统文化。此外，学习和研究历史还有助于我们更好地认识中国实际，从而更好地实现马克思主义中国化，因为"今天的中国是历史的中国的一个发展"。①

　　毛泽东指出，一切有相当研究能力的共产党员，一般地说，必须学习三方面的知识。其中之一就是学习和研究我们民族的历史。他认为，相对于我们民族数千年的历史而言，我们还是小学生。中国历史当中蕴藏着无数的珍宝，有待我们去挖掘和利用。因而，毛泽东不厌其烦地号召和推动大家，特别是党员干部"学点历史"。在《中国共产党在民族战争中的地位》中，毛泽东把学习历史知识与学习马克思主义理论相提并论，足见毛泽东对历史学习的重视程度。1939年，毛泽东和延安的几位同志合写了一个课本《中国革命和中国共产党》，当中就有一部分内容就是对中国历史的介绍。毛泽东对于党内存在忽视或不重视学习历史的现象进行过严厉的批评。他说"不论是近百年的和古代的中国史，在许多党员的心目中还是漆黑一团"。"对于自己的历史一点不懂，或懂得甚少，不以为耻，反以为荣。特别重要的中国共产党的历史和鸦片战争以来的中国近百年史，真正懂得的很少。近百年的经济史，近百年的政治史，近百年的军事史，近百年的文化史，简直还没有人认真动手去研究。有些人对于自己的东西既无知识，于是剩下了希腊和外国故事，也是可怜得很，从外国故

---

　　① 《毛泽东选集》第2卷，人民出版社1991年版，第534页。

纸堆中零星地检来的。"① 毛泽东还经常将自己读到的有价值的历史文献推荐给其他党员干部阅读。如 1965 年,他读了《后汉书》中的《黄琼传》和《李固传》后,亲手批示,"送刘、何、邓、彭一阅片","送陈毅同志一阅"。毛泽东还谆谆教诲和鼓励身边的亲属、工作人员多读点历史书籍。毛泽东不仅号召多读点历史,而且高度重视研究历史。他指出:"对于近百年的中国史,应聚集人材,分工合作地去做,克服无组织的状态。应先作经济史、政治史、军事史、文化史几个部门的分析的研究,然后才有可能作综合的研究。"② 毛泽东特别鼓励和支持史学家研究历史,或寄予厚望,或提出自己的真知灼见以供参考。毛泽东高度评价郭沫若所著的《甲申三百年祭》,并把它当作整风文件看待,他还称赞郭沫若,"你的史论、史剧有大益于中国人民,只嫌其少,不嫌其多,精神决不会白费的,希望继续努力"③。延安时期,毛泽东热情地鼓励范文澜用马克思主义清算经学的工作,并建议他用夹叙夹议的写作方法写作《中国通史简编》。除此之外,毛泽东与何干之、吴晗等许多著名历史学家都有学术切磋,思想交流。

毛泽东不仅鼓励和提倡党员干部学习历史,而且自己率先垂范。毛泽东一生当中读过大量的历史典籍,是一位历史知识无比渊博的政治家。从上古史、《尚书》《春秋》《左传》,到《二十四史》《资治通鉴》《纲鉴易知录》《历朝纪事本末》《读史方舆纪要》《清史稿》;从明清近代史学家李贽、赵翼、魏源、康有为、章太炎等人的史著、史论、考订,到现代史学家郭沫若、范文澜、翦伯赞等人的历史著作和各种通史、断代史、史论等他都有收藏。无论是正史,野史,还是历史演义小说,他都爱读。其中,像《二十四史》这种卷帙浩繁的史书,他利用二十多年时间几乎全部通读了一遍,还写下了大量的读书批注,有些部分还反复地读过多遍。毛泽东读史有其自身的风格和

---

① 《毛泽东选集》第 3 卷,人民出版社 1991 年版,第 798 页。
② 同上书,第 802 页。
③ 同上书,第 227 页。

特点，他十分善于运用马克思主义的立场和观点去观察和分析历史，善于灵活地运用历史知识，做到"古为今用"，批判地继承，他一再强调"读历史的人不一定是守旧的人"，"向古人学习是为了现在的人"。学习和研究历史，是人们批判地继承和发扬祖国优秀的文化遗产，从中吸取对现实有益的经验教训。毛泽东之所以能够成为一位文化巨人，这与他有如此丰富的历史知识是分不开的。毛泽东之所以能够成为中国传统文化继承者中的优秀楷模，同样与他对于历史知识的掌握密不可分。

三　调查研究与掌握国情

维护和发展文化的民族性不仅要求我们了解自己民族的历史，继承民族文化的优秀传统，更要求我们立足于现在，从中国实际出发，不断开辟民族文化发展的新道路，推进民族文化的创新和发展，这就需要我们注重调查研究，掌握国情。民族文化的发展总是深深地植根于民族生活的土壤，不做调查研究，不全面了解我们的经济、政治、文化等各方面的实际情况，我们的文化发展就会严重偏离中国实际的轨道，又何谈什么民族性？毛泽东之所以能够实现马克思主义的中国化，提出科学的新民主主义文化理论，就在于他始终善于调查研究，深入把握中国的实际和特点。

毛泽东对于调查研究问题有着许多十分精辟的论述，而且是自成体系。其中，《反对本本主义》一文就是毛泽东最早、最集中阐发调查研究问题的重要代表作。在这篇文章中，毛泽东提出了许多著名的论断，例如，"没有调查就没有发言权"，"调查就是解决问题"，"中国革命斗争的胜利要靠中国同志了解中国情况"等。毛泽东这种把调查研究当作解决问题的基本前提和根本途径的思想，为解决"中国文化向何处去"这一难题找到了答案。从大革命时期到土地革命时期，毛泽东自觉地运用马克思主义的基本观点和方法，对中国社会的政治、经济、阶级状况等，进行了广泛的调查研究，从而对于中国社会实际状况有了比较全面深入的把握，这些调查直接促进了马克思主义普遍真理同中国革命具体实践相结合，促进马克思主义的中国化发展,为新民主主义理论的诞生奠定了坚实的基础。在《新民主主义论》中,毛泽东指出:"自周秦以来,中国是一个封建社会,其政治是封建的政治,其经济是封建的经济,而为这种政治和经济之反映的占统治地位的文化,则是封建的文化。"① 而自外国资本主义侵略中国以来,中国逐渐地变成了一个半殖民地半封建的社会。"现在的中国,在日本占领区,是殖民地社会;在国民党统治区,基本上也还是一个半殖民地社会;而不论在日本占领区和国民党统治区,都是封建半封建制度占优势的社会。这就是现时中国社会的性质,这就是现时中国的国情。"② 半殖民地半封建的政治、经济、文化就是我们革命的对象。我们所要建立的乃是中华民族的新政治、新经济和新文化。《新民主主义论》原题为《新民主主义的政治和新民主主义的文化》,因此毛泽东重点阐述了新民主主义文化理论。毛泽东在对中国文化革命的历史特点、发展历程、中国文化的性质等问题进行详细的分析的基础上,提出新民主主义文化就是无产阶级领导的人民大众的反帝反封建的文化。

与之相反,无论是全盘西化论者,还是马克思主义教条主义者,他们都不能从中国实际出发,因而他们所提出来的文化发展目标必然是与中国实际相背离的,是非民族化的。毛泽东常常批判一些同志,不研究中国的特点,机械地生吞活剥地把外国的东西搬到中国来,起着留声机的作用。

毛泽东的调查研究思想与毛泽东的文化民族性思想是相统一的。毛泽东认为,"群众是真正的英雄,而我们自己往往是幼稚可笑的"③。因此,所谓的调查研究实际上就是要深入群众,了解他们的生产生活情况,了解他们的思想文化情况,而这恰恰是我们文艺创作的重要途径。在延安文艺座谈会上,毛泽东强调我们的文艺应该是为千千万万劳动人民服务,积极倡导文艺工作者深入群众,与人民群众

---

① 《毛泽东选集》第 2 卷,人民出版社 1991 年版,第 664 页。
② 同上。
③ 《毛泽东选集》第 3 卷,人民出版社 1991 年版,第 790 页。

打成一片。"中国的革命的文学家艺术家，有出息的文学家艺术家，必须到群众中去，必须长期地无条件地全心全意到工农群众中去，到火热的斗争中去，到唯一的最广大最丰富的源泉中去，观察、体验、研究、分析一切人，一切阶段，一切群众，一切生动的生活形式和斗争形式，一切文学和艺术的原始材料，然后有可能进入创作的过程。否则你的劳动就没有对象。你就只能做鲁迅在他的遗嘱里所谆谆嘱咐他的儿子万不可作的那种空头文学家，或空头艺术家。"① 总之，真正伟大的文艺家，总是能够把握民族的文化精神，把握民族的文化心理，其作品也就具有鲜明的民族特性，而这一切绝不是坐在书斋中所能空想出来的，它需要调查研究，需要深入群众。

四　弘扬和培育民族精神

民族精神是一个民族在长期的历史发展过程中形成的精神财富的凝聚与积淀的结晶，是民族文化中最本质最集中的体现，是一个民族赖以生存和发展的精神支柱和精神动力。德国哲学家黑格尔认为，民族精神"构成了一个民族意识的其他种种形式的基础和内容"，"民族的宗教、民族的政体、民族的伦理、民族的立法、民族的风俗以及民族的科学、艺术和机械的技术，都具有民族精神的标记"。② 正因为如此，日本帝国主义为达到其灭亡中国的目的，在沦陷区进行各种奴化教育，妄图"消灭中国人的民族精神"。既然民族精神在民族文化当中居于如此重要的地位，那么，弘扬和培育民族精神必然成为维护和发展文化的民族性的重要方面。

民族精神具有历史继承性和鲜明的时代性，这就使得每一时代的人们总是能够不断地继承着自己固有的民族精神，又不断培育出新的民族精神以适应时代的发展要求。中华文明历经千年积淀，形成了许多优秀的民族品质和民族精神，如爱国主义、自强不息、勤劳勇敢、

---

① 《毛泽东选集》第 3 卷，人民出版社 1991 年版，第 860—861 页。
② ［德］黑格尔：《历史哲学》，王造时译，生活·读书·新知三联书店 1956 年版，第 93、104 页。

爱好和平、团结统一等，正是凭借着这种民族精神，中华民族不仅创造了辉煌灿烂的文明，而且生生不息，连绵不绝。然而，鸦片战争以来帝国主义的入侵，使中华民族的自尊心和自信心都受到严重打击，民族文化面临严重危机。在这样的历史背景下，要振兴中华，必先振兴民族精神。孙中山先生对此看得十分清楚，他说："中国从前是很强盛很文明的国家，在世界上是头一个强国，所处的地位比现在的英国、美国、法国、日本还要高得多，因为那个时候的中国，是世界上的独强。我们祖宗曾经达到了那个地位，为什么到了现在，便一落千丈了呢？此中最大原因，就是由于我们失去了民族精神，所以国家便一天退步一天，我们今天要恢复民族的地位，便先要恢复民族的精神。"① 然而，孙中山先生壮志未酬，受到中国传统文化深深熏陶的毛泽东担负起振奋民族精神的历史使命。

在中国革命和建设的实践中，毛泽东始终把中国人民的自由与解放，中华民族的前途和命运寄托在每一个中华儿女身上，紧紧地依靠人民群众，充分调动广大党员和人民群众的主观能动性，从而不断地继承和塑造出崭新的民族精神。在以毛泽东为核心的中国共产党人积极倡导和激励下，广大党员和人民群众在革命和建设的实践中展现出一种崭新的精神风貌，他们在实践活动中所沉淀下来的宝贵精神财富，是中华民族精神在新时代的继承、发展和体现。

第一，独立自主、自力更生、艰苦奋斗的精神。《易经·乾》说："天行健，君子以自强不息。"自强不息是一种勇于与恶劣的自然环境，与不合理的社会秩序，与凶恶的外来侵略与压迫作顽强斗争的不屈不挠的精神，自强不息是一种不怕吃苦、不怕困难、坚忍不拔、积极向上、不断进取、奋斗不止的精神，自强不息精神是推动中华文明不断向前发展的重要动力。毛泽东继承了中国传统文化当中的自强不息的民族精神，积极倡导和培育出具有时代气息的独立自由、自力更生、艰苦奋斗的精神。毛泽东指出："中国人民，百年以来，不屈不挠、再接再厉的英勇斗争，使得帝国主义至今不能灭亡中国，也永远

---

① 《孙中山选集》，人民出版社1981年版，第678—679页。

不能灭亡中国。"① "我们中华民族有同自己的敌人血战到底的气概，有在自力更生的基础上光复旧物的决心，有自立于世界民族之林的能力。"② 在艰苦的革命年代，无论是井冈山时期还是延安时期，毛泽东总是号召大家"自己动手、丰衣足食"，从而一次次粉碎了国民党反动派对根据地的封锁和"围剿"。在中共七大上，毛泽东高度赞扬愚公敢于战胜困难、坚持不懈、挖山不止，号召大家学习"愚公精神"把压在中国人民头上的两座大山挖掉。新中国成立前夕，面对帝国主义的封锁，毛泽东说："封锁吧，封锁十年八年，中国的一切问题都解决了，中国人死都不怕，还怕困难么？"③ 面对核国家经常用核武器对我们进行威胁，毛泽东强调，原子弹吓不倒中国人民，并且通过发扬独立自主、自力更生、艰苦奋斗的精神，我们很快就成功地研制出了原子弹和氢弹，并且还成功发射了人造卫星。总之，中华民族正是在以毛泽东为核心的中国共产党领导下，依靠独立自主、自力更生、艰苦奋斗的精神，才取得了新民主主义革命的胜利和社会主义建设的伟大成就。

第二，实事求是的精神。中国传统文化特别强调求真务实、经世致用。毛泽东把中国传统文化这种实事求是的优秀传统与马克思主义相结合，赋予它以新的科学内涵。在中国古代，实事求是最初是指赞扬汉景帝之子刘德的严谨治学态度，到明清之际又兴起一股"经世致用"的新风。毛泽东深受影响，在《讲堂录》中，毛泽东就记录下曾国藩的格言"不说大话，不骛虚名，不行驾空之事，不谈过高之理"。总体而言，中国传统文化的求真务实精神主要还是体现在治学当中。毛泽东在反对教条主义斗争中，把中国传统文化当中的求真务实精神上升到马克思主义理论的高度，实事求是最终发展成为中国共产党的思想路线。

第三，爱国主义精神。爱国主义是中华民族精神的核心。"天下

---

① 《毛泽东选集》第2卷，人民出版社1991年版，第632页。

② 同上书，第161页。

③ 《毛泽东选集》第4卷，人民出版社1991年版，第1496页。

兴亡，匹夫有责"，"苟利国家生死以，岂因祸福避趋之"，"位卑未敢忘忧国"这些都是中国古代爱国主义精神的经典表达。毛泽东作为一位伟大的爱国主义者对于历史上的爱国民族英雄总是有着特别的敬仰之情，他说，"岳飞、文天祥、曾静、戴名世、瞿秋白、方志敏、邓演达、杨虎城、闻一多诸辈，以身殉志，不亦伟乎"①。毛泽东一生把他的爱国主义情怀深深地融入救国救民的革命和建设事业当中。毛泽东对爱国主义精神的主要贡献在于：他不仅把爱国主义与国际主义有机地统一起来，反对狭隘的民族主义，而且克服和超越了传统忠君爱国观，把传统忠君爱国一体的爱国主义发展为现代的爱国主义，把爱国主义与祖国和人民利益相联系，与反帝反殖民主义相统一。

第四，全心全意为人民服务的精神。天下为公、公而忘私、国而忘家是中国民族的传统美德。大禹治水三过家门而不入，诸葛亮"鞠躬尽瘁，死而后已"，范仲淹"先天下之忧而忧，后天下之乐而乐"常为我们后人不断传颂。毛泽东把这种天下为公、公而忘私、国而忘家的精神发扬光大，强调共产党人应该做到全心全意为人民服务，并把全心全意为人民服务作为中国共产党、中国人民解放军的唯一宗旨。毛泽东对于那些牺牲自己、全心全意为人民服务的模范总是给予高度的评价。在徐特立同志六十岁生日时，毛泽东致信赞扬徐老是"革命第一，工作第一，他人第一"的模范。在《纪念白求恩》中，毛泽东高度赞扬白求恩那种"毫不利己专门利人"的共产主义精神。在张思德的追悼会上，他引用司马迁的话"人固有一死，或重于泰山，或轻于鸿毛"，赞扬张思德同志是为人民利益而死的，他的死比泰山还要重。1947 年 3 月，毛泽东得知刘胡兰的事迹后，挥笔写下"生的伟大，死的光荣"八个字。1963 年，毛泽东题词号召"向雷锋同志学习"。

毛泽东指出："人是要有一点精神的。"② 一个国家，一个民族更是如此。毛泽东本人不仅是中华民族精神的人格体现，是中华民族真

① 《毛泽东读文史籍批语集》，中央文献出版社 1993 年版，第 237 页。
② 《毛泽东文集》第 7 卷，人民出版社 1999 年版，第 162 页。

正的民族英雄，更重要的是他在民族精神的弘扬和培育方面做出了重要贡献，从而使中华民族精神得以不断传承和发扬。

五　吸收与消化外来先进文化

学习和吸收外来文化，从表面上来看，似乎与发展文化的民族性是相对立的。但是，任何事物的发展恰恰是在矛盾双方的对立统一中向前发展的。不同民族文化间既存在共同性的方面，同时也存在差异性的方面，因而具有互补性。民族文化必须时时突破自己，吸收其他民族的文化精神与养料来滋补自己，这是民族文化发展的重要条件。只要我们把立足点始终放在自身身上，坚定不移地走民族化发展道路，那么学习和吸收外来文化，不但不会使我们的文化民族性受到损毁，反而会有助于文化民族性的维护和发展。

毛泽东指出，我们这个民族，从来就是接受外国的优良文化的。我们的唐三藏法师，万里长征，比后代困难得多，去西方印度取经。他一再强调，任何时候都"不要因为我们的工作有成绩就骄傲自满起来，应该保持谦虚的态度，向先进国家学习"。[①] 1955 年 3 月 21 日在中国共产党全国代表会议上的开幕词中毛泽东强调，不仅我们现在要向别人学习，即使是将来国家富强了，我们仍然也要谦虚谨慎，还是要向人家学习，不要把尾巴翘起来，一万年都要学习。

在学习和吸收外来文化的过程中，毛泽东特别强调注意文化的主体性。这种主体性既体现在吸收外来文化的主体性选择上，也表现在消化外来文化的自觉适应和应用能力上。新民主主义革命时期，毛泽东始终坚持与教条主义作斗争，把马克思主义基本原理与中国实践、中国历史、中国文化相结合，从而不仅丰富和发展了马克思主义，而且大大地促进了中国民族文化的发展。毛泽东指出，我党开展整风运动，反对主观主义、宗派主义和"党八股"这些不好的东西，正是为了使中国共产党更加民族化。中华人民共和国成立后，毛泽东一方面强调学习国外，另一方面特别强调不要照搬照抄，特别是要把学习

---

① 《建国以来毛泽东文稿》第 5 册，中央文献出版社 1991 年版，第 60 页。

与消化、吸收、利用相结合。"我们接受外国的长处，会使我们的东西有一个跃进。中国的和外国的要有机地结合，而不是套用外国的东西。学外国织帽子的方法，要织中国的帽子。外国有用的东西，都要学到，用来改进和发扬中国的东西，创造中国独特的新东西。"① 学习外国的医学，把它用来研究中医、中药，这样就可以较快地把中国的东西搞好的。同样，学习国外的艺术，消化它，吸收它，来创造中国独特的新艺术。总之，"应该越搞越中国化，而不是越搞越洋化"②。

---

① 《建国以来毛泽东文稿》第 6 册，中央文献出版社 1992 年版，第 181 页。
② 同上书，第 182 页。

第四章 毛泽东文化民族性思想的基本特征[*]

毛泽东文化民族性思想比较科学地解答了近代以来中国文化发展过程中的诸多矛盾问题，充分体现了爱国主义、民族主义与国际主义的统一，体现了文化的民族化、科学化、大众化的统一，体现了文化的批判、继承、创新的统一，体现了文化的民族性、时代性、世界性的统一。

第一节 体现了爱国主义、民族主义、国际主义的统一

第一次工业革命后，随着资本主义的迅速发展，资本日益突破国界走向世界，资本主义生产方式和生产关系也逐渐世界化，从而使得资产阶级成为世界性的资产阶级，无产阶级也成为世界性的无产阶级。为此，马克思恩格斯提出了"全世界无产者联合起来！"的著名口号，指出无产阶级革命不是一个民族国家范围内孤立的事情，而是世界各民族国家的无产阶级共同联合起来的行动，只有这样，世界各国人民才有可能获得真正的解放，因而无产阶级及其政党应该具有国际主义精神，这就是马克思主义的国际主义观。十月革命建立了世界上第一个社会主义国家，列宁领导苏维埃俄国以亲身的行动践行马克思主义这一个思想。列宁主义也认为，资本主义国家的无产阶级要拥护殖民地半殖民地人民的解放斗争，殖民地半殖民地的无产阶级要拥

---

[*] 参见李群山《论毛泽东文化思想的辩证特征》，《思想理论教育导刊》2013 年第 10 期。

护资本主义国家的无产阶级的解放斗争，世界革命才能胜利。1919
年 7 月 25 日，新生的俄国苏维埃政府发表第一次对华宣言，向世人
宣布，"苏维埃政府把沙皇政府独自从中国人民那里掠夺的或与日本
人、协约国共同掠夺的一切交还中国人民"。并表示"请中国人民了
解，在争取自由的斗争中，唯一的同盟者和兄弟是俄国人及其红军"。
这与巴黎和会上帝国主义列强不顾中国战胜国地位，竟然把原德国在
山东的一切特权转让给日本这样一种丑恶的利益争夺与分赃行为形成
鲜明反差，这无疑给中国人以极大触动。

　　毛泽东在青年时期就形成了一种朦胧的世界主义观。他在 1920 年
11 月 25 日给新民学会会员张国基回信中，讨论组织南洋通讯社问题时，
就建议张国基学习李石曾先生介绍学生前往法国的用意，"取世界主义，
而不采殖民政策"①。在关于新民学会未来发展的讨论中，毛泽东大力
主张以"改造中国与世界"作为学会方针。他说："这种世界主义，就
是四海同胞主义，就是愿意自己好也愿意别人好的主义，也就是所谓社
会主义。凡是社会主义，都是国际的，都是不应该带有爱国的色彩
的。"② 中国共产党成立后，早期中国共产党人始终坚持奉行国际主义
原则、严格遵守共产国际的组织纪律，甚至一度出现把共产国际指示神
圣化的错误倾向。抗日战争爆发后，中日民族矛盾开始上升为中国社会
的主要矛盾。为了适应抗战的需要，中国共产党人审时度势，明确提出
建立抗日民族统一战线的政治策略，在文化上则十分强调文化的民族
性，并把爱国主义提升到前所未有的高度。针对中国共产党在政治策略
和文化政策上的这种调整，有人就提出质疑，认为中国共产党既然是国
际主义者，因而他们是不顾民族利益的，他们不要保卫祖国。③ 另一种
攻击也认为"无产阶级的政党和马克思主义者不应提出爱国主义的主
张"，认为这样做恰恰违背了"工人无祖国"的信条。④

　　为了回击上述非难，同时也为了消除广大党员和人民群众在这一

① 《毛泽东早期文稿》，湖南人民出版社 2008 年版，第 503 页。
② 《毛泽东书信选集》，人民出版社 1983 年版，第 3 页。
③ 《毛泽东文集》第 1 卷，人民出版社 1993 年版，第 484 页。
④ 从贤：《现阶段的文化运动》，《解放》第 1 卷第 23 期，1937 年 11 月 13 日。

问题上的理解困惑，毛泽东对于爱国主义、民族主义和国际主义关系问题进行了集中的阐发和解答。在 1936 年 11 月至 1937 年 4 月间，毛泽东读《辩证法唯物论教程》时，在批注中就把共产党的国际性和民族性、爱国主义和国际主义视为一对矛盾。① 1938 年 10 月，党的六届六中全会上，毛泽东作了《论新阶段》的政治报告，报告的第一个部分对"爱国主义和国际主义"的关系问题进行了专门的阐述。

一　"爱国主义就是国际主义在民族解放战争中的实施"

毛泽东首先认为，我们主张民族主义、爱国主义并不是代表我们否认国际主义，不需要国际援助。"自从帝国主义这个怪物出世之后，世界的事情就联成一气了，要想割开也不可能了。"因此，"国际援助对于现代一切国家一切民族的革命斗争都是必要的"。② 我们要和一切资本主义国家的无产阶级联合起来，要和日本的、英国的、美国的、德国的等一切资本主义国家的无产阶级联合。只有这样，才能打倒帝国主义，解放我们的民族和人民，解放世界各民族和人民。

那么，我们既要坚持国际主义原则，又要高扬爱国主义旗帜，两者之间是否会存在矛盾呢？毛泽东对此有明确的结论。他说，作为国际主义者的共产党员可以同时又是一个爱国主义者，不但可以，而且也是应该的。按照毛泽东分析，爱国主义不能一概而论，而应看在什么样的历史条件下来决定。有日本侵略者和希特勒的"爱国主义"，有我们的爱国主义，前者显然是非正义的，与其说它是一种爱国主义，倒不如说它是一种侵略主义。相反，我们的爱国主义本质上是全世界受侵略、受压迫民族的国际联合，因而我们的爱国主义与国际主义之间并无矛盾。"我们的口号是为保卫祖国反对侵略者而战，对于我们，失败主义是罪恶，争取抗日胜利是责无旁贷的。因为只有为着保卫祖国而战才能打败侵略者，使民族得到解放。只有民族得到解

① 《毛泽东哲学批注集》，中央文献出版 1988 年版，第 77 页。
② 《毛泽东选集》第 1 卷，人民出版社 1991 年版，第 161 页。

放，才有使无产阶级和劳动人民得到解放的可能。中国胜利了，侵略中国的帝国主义者被打倒了，同时也就是帮助了外国的人民。因此，爱国主义就是国际主义在民族解放战争中的实施。"① 因为我们的民族利益与全世界受压迫民族和人民的根本利益是相一致的，它们不仅不矛盾，而且是相互呼应、互相支持。

毛泽东还对各种攻击的根源做了深刻的剖析。毛泽东说，有人反对共产党谈爱国主义，这是不彻底懂得马列主义的表现，马列主义是反帝国主义的，在半殖民地的国家提倡爱国主义，本质上就是反帝国主义的。② 而对于那些指责我们抛弃了国际主义的人，毛泽东也一针见血地指出，这些人不是"政治上糊涂的人"，就是"别有用心的人"，如国民党叶青之流。

二 反对狭隘的民族主义和狭隘的爱国主义

毛泽东不仅提倡爱国主义，主张民族主义，而且将民族主义看作是中国共产党与国民党合作的重要基础之一。我们知道，孙中山先生提出了著名的"三民主义"理论，其中，所谓的"民族主义"就是指对外求中华民族的彻底解放，对内求国内各民族之间的平等。毛泽东认为，从1927年国共第一次合作破裂后，国民党方面十年来完全背离了三民主义，而共产党方面，十年来所实行的一切政策，根本上仍然符合孙中山先生的三民主义和三大政策的精神。"共产党没有一天不在反对帝国主义，这就是彻底的民族主义。"③ 因此，可以看出毛泽东并不忌讳自己是民族主义者，并坚信中国共产党人是真正的、彻底的民族主义实践者。很显然，毛泽东这里所讲的民族主义本质上就是一种爱国主义，一种反对帝国主义侵略，求得民族解放的爱国主义，在这里，"民族主义是一种特殊形式的爱国主义"④。

---

① 《毛泽东选集》第2卷，人民出版社1991年版，第520—521页。
② 《毛泽东年谱（1893—1949）》（上卷），中央文献出版社1993年版，第651页。
③ 《毛泽东选集》第2卷，人民出版社1991年版，第368页。
④ ［英］厄内斯特·盖尔纳：《民族与民族主义》，韩红译，中央编译出版社2002年版，第181页。

毛泽东主张民族主义，但历来反对狭隘的民族主义和狭隘的爱国主义。早在青年时期，毛泽东就认识到，"世界主义，愿自己好，也愿别人好，质言之，即愿大家好的主义"。而"殖民政策，只愿自己好，不愿别人好，质言之，即损人利己的政策"。①取世界主义，无地不可自容。取殖民政策，则无地可以自容。毛泽东认为，南洋文化闭塞，前往南洋的湘人，应该以发达文化为己任，把国内发生的新文化，汇往南洋，在南洋多开展教育运动和文化运动，联络华侨土著当地各界，鼓吹建国，拯数千万南洋之人民出水火，实现南洋民族的自决，为世界大同创造条件。在 1939 年《纪念白求恩》中，毛泽东高度赞扬白求恩，"一个外国人，毫无利己的动机，把中国人民的解放事业当作他自己的事业，这是什么精神？这是国际主义的精神，这是共产主义的精神"②，他号召，每一个共产党员都要学习这种精神，因为这正是我们的国际主义，这正是我们用以反对狭隘民族主义和狭隘爱国主义的国际主义。新中国成立后，毛泽东积极支持被压迫民族的自由与解放事业，与第三世界人民一道共同反对西方霸权主义和强权政治，并做出了积极的贡献。在《中国共产党第八次全国代表大会开幕词》中，毛泽东就表示，"亚洲、非洲和拉丁美洲各国的民族独立解放运动，以及世界一切国家的和平运动和正义斗争，我们都必须给以积极的支持"③。1963 年 8 月 8 日，毛泽东在接见非洲朋友的谈话中再次强调，"已经获得革命胜利的人民，应该援助正在争取解放的人民的斗争，这是我们的国际主义的义务"④。

我们要反对狭隘的民族主义，内在地要求我们把我们所主张的民族主义与资产阶级民族主义，特别是和反动的资产阶级民族主义划清界线。资产阶级民族主义主张的是一种民族利己主义，他们往往以全民族的代表自居，以资产阶级狭隘的私利冒充整个民族和国家的利益，并把这种利益置于其他民族的利益之上。他们在不同的历史时

---

① 《毛泽东早期文稿》，湖南人民出版社 2008 年版，第 503 页。
② 《毛泽东选集》第 2 卷，人民出版社 1991 年版，第 659 页。
③ 《建国以来毛泽东文稿》第 6 册，中央文献出版社 1992 年版，第 203 页。
④ 《建国以来毛泽东文稿》第 10 册，中央文献出版社 1996 年版，第 340 页。

期、在不同的国家里有多种表现形式。在资本主义上升时期，由于他们反对民族压迫，反对封建专制，主张建立一个独立、自由、民主的国家，因而具有一定的进步性。在殖民地、半殖民地国家的民族解放运动中，资产阶级民族主义主张反对帝国主义、霸权主义、殖民主义和种族主义，主张民族解放和民族平等，主张发展民族经济和文化，因而也是具有很大的进步性。但是，在帝国主义阶段，资产阶级民族主义演变为一种反动的民族主义，表现为一种大国沙文主义、霸权主义、殖民主义。他们把本国利益看得高于一切，把自己的意愿强加于对方，甚至粗暴干涉别国内政，乃至侵犯别国的主权和独立，从而成为资产阶级用以侵略、颠覆以及剥削、压迫其他国家和民族的工具。在国内，资产阶级民族主义常常表现为大民族主义（大汉族主义）和地方民族主义两种形式。毛泽东一贯反对大汉族主义和地方民族主义，尤其强调要注意反对大汉族主义，主张民族平等，互相尊重，共同发展。

总之，国际主义与民族主义、爱国主义是相统一的，它们统一的基础就在于全世界无产阶级、全世界被压迫民族的自由与解放运动，我们的民族主义就是全世界被压迫民族和被压迫人民的自由与解放的民族主义，毛泽东始终把中国人民的革命事业看作世界无产阶级革命事业的一部分。所以，"现时的中国新文化"，虽然特别强调自身的民族性，高扬爱国主义精神，但它仍然是"世界无产阶级社会主义新文化的一部分"，也就是"民主主义的和全世界工人运动的国际文化"的一部分，中国新文化的"统一战线"就是反对帝国主义文化的联合。①

第二节　体现了文化的民族化、科学化、大众化的统一

在 1939 年 12 月 13 日召开的中共中央政治局会议上，毛泽东首

---

① 　丁振海、王德颖：《毛泽东文化思想》，山东人民出版社 1993 年版，第 19 页。

次提出新文化的四大口号即民族化（包括旧形式），民主化（包括统一战线），科学化（包括各种科学），大众化（鲁迅提出的口号，我们需要的）。[①] 1940 年 1 月，在《新民主主义论》中，毛泽东将上述四大内容改为"民族的、科学的、大众的新民主主义文化"。在毛泽东看来，大众化内在地包含着民主化内容，"大众的，因而即是民主的"。因此，民族的、科学的、大众的文化就是毛泽东对于中华民族新文化的最精练的概括，民族科学大众三者缺一不可，有机统一，共同代表了中华民族新文化的发展方向。正因为三者之间具有这样一种整体性，所以我们往往可以从文化的科学化和大众化内涵之中，去寻找关于文化的、民族化的规定性。

一　文化的民族化离不开文化的科学化

所谓文化的科学化，就是指我们所要建立的民族新文化必须是科学的文化，"它是反对一切封建思想和迷信思想，主张实事求是，主张客观真理，主张理论和实践一致的"[②]。张闻天也认为，所谓科学的文化即"反对武断、迷信、愚昧、无知，拥护科学真理，把真理当作自己实践的指南，提倡真能把握真理的科学与科学的思想，养成科学的生活与科学的工作方法的文化"。[③] 科学的文化起码包括了科学的思想、科学的态度、科学的方法、科学的精神几个方面的内容。

众所周知，民主和科学曾经是"五四"新文化运动的两大口号、两面旗帜，也是近代以来中国文化发展和转型的两大主题与目标。"五四"时期的毛泽东也是积极倡导科学，反对封建迷信。1919 年 7 月 14 日，毛泽东在《湘江评论》创刊号上发文指出，"中国的四万万人，差不多有三万九千万是迷信家。迷信神鬼，迷信物象，迷信运命，迷信强权。全然不认有个人，不认有自己，不认有真理。这是科

---

① 逄先知主编：《毛泽东年谱（一八九三——一九四九）》（中卷），中央文献出版社 2002 年版，第 149 页。
② 《毛泽东选集》第 2 卷，人民出版社 1991 年版，第 707 页。
③ 《张闻天文集》第 3 卷，中共党史出版社 1994 年版，第 38—39 页。

学思想不发达的结果"。① 因此，他号召人们打破迷信，"天不要怕，鬼不要怕，死人不要怕，官僚不要怕，军阀不要怕，资本家不要怕"。对真理，应该以"如日光之普天照耀，如探海灯之向外照射"的精神去追求。毛泽东十分善于向群众宣传科学，反对封建迷信思想。1919 年夏季，长沙城发生了雷电致人伤亡的事件，毛泽东借机在《湘江评论》上发表《不信科学便死》一文，用简单的科学常识批驳了人们把雷电致人伤亡看作为"五百蛮雷，上天降罚"的迷信思想。

大革命时期，毛泽东曾利用农民协会给农民所带来的实际利益，破除了农民"信八字""信风水"的迷信思想。他说，"今年几个月光景，土豪劣绅贪官污吏一齐倒台了。难道这几个月以前土豪劣绅贪官污吏还大家走好运，大家坟山都贯气，这几个月忽然大家走坏运，坟山也一齐不贯气了吗?""……不要农民会，只要关圣帝君、观音大士，能够打倒土豪劣绅吗? 那些帝君、大士们也可怜，敬了几百年，一个土豪劣绅不曾替你们打倒! 现在你们想减租，我请问你们有什么法子，信神呀，还是信农民会?"② 正是基于中国传统文化中迷信盛行，老百姓愚昧落后的现状，也鉴于科学思想已成为中国先进文化发展的必然方向，抗战时期以毛泽东为代表的中国共产党人把科学作为新民主主义文化体系的重要组成部分，正如毛泽东所言，"我们民族的灾难深重极了，惟有科学的态度和负责的精神，能够引导我们民族到解放之路"③。此后，无论是在新民主主义革命时期，还是在社会主义建设时期，中国共产党牢牢地树立了马克思主义的科学观和真理观，并以之为指导，努力建设具有高度科学的中华民族新文化。以毛泽东为代表的中国共产党人始终强调自然科学和社会科学的统一性和共同发展，一直高度重视科学知识的宣传和普及工作，尊重知识分子，优待科技人才，积极向外国学习一切先进的科学和技术，并号召全国人民"向现代科技进军"，努力"攀登科学技术高峰"。

---

① 《毛泽东早期文稿》，湖南人民出版社 2008 年版，第 281 页。
② 《毛泽东选集》第 1 卷，人民出版社 1991 年版，第 33 页。
③ 《毛泽东选集》第 2 卷，人民出版社 1991 年版，第 663 页。

令人深思的是，在《新民主主义论》中，毛泽东在阐述新民主主义文化的三大特征时存在这样一个特点：当毛泽东阐述文化的民族性时，大谈吸收外国进步文化，而在阐述文化的科学性时，则大篇幅谈论如何认识和对待中国的历史和文化传统的问题。从某种意义上，它已经告诉我们文化的民族性与科学性之间存在内在的统一性。首先，这种统一性体现在作为我们指导思想的马克思列宁主义上。马克思列宁主义是关于无产阶级和人类解放的科学理论，是无产阶级的科学世界观和方法论，是无产阶级认识世界和改造世界的思想武器。中国共产党自成立以来始终坚持以马克思列宁主义作为我们的指导思想，作为革命和建设的行动指南。正如毛泽东所指出的："在现时，毫无疑义，应该扩大共产主义思想的宣传，加紧马克思列宁主义的学习，没有这种宣传和学习，不但不能引导中国革命到将来的社会主义阶段上去，而且也不能指导现时的民主革命达到胜利。"[1] 又说"中国自有科学的共产主义以来，人们的眼界是提高了，中国革命也改变了面目"。[2] 但是，毛泽东又强调作为科学的马克思列宁主义必须和民族的特点相结合，并经过一定的民族形式，才有用处。相反，把马克思主义教条化、公式化只会有损于马克思列宁主义的科学性，只是对马克思主义和中国革命开玩笑。其实，不仅马克思列宁主义如此，我们对于一切外来的先进文化的吸收与学习，同样应该从民族的具体特点、民族主体的需要和可能性出发，进行认真的分辨和选择，绝不能照搬照抄。其次，这种统一性还体现在对待民族文化传统的科学态度与方法上。我们知道，中华民族在漫长的封建社会里，创造了灿烂的古代文化，我们必须继承和发扬我们古代所创造的优秀文化传统，这是维护文化民族性，提高民族自信心的必要条件，作为中华民族的子孙后代，我们绝不能割裂历史。然而，对待古代文化，我们必须采取科学的态度，要剔除其封建性的糟粕，吸收其民主性的精华，绝不能兼收并蓄。如果一味地强调文化的民族性而不用科学的态度正确地对

---

[1]　《毛泽东选集》第 2 卷，人民出版社 1991 年版，第 706 页。

[2]　同上书，第 686 页。

待古代文化，用科学的标准审视古代文化，那么同样也只会有损于我们文化的民族性。因此，文化的科学化不仅深化了我们对于文化的民族性的认识，而且有利于促进文化的民族化发展。我们绝不能把自己与世界上一切科学的、先进的文化隔离开来，故步自封，去追求自身文化的独立发展。我们更不能离开科学的天平，盲目地继承自己的传统。概言之，文化的民族化是离不开文化的科学化。

二　文化的民族化内在地要求文化的大众化

文化的大众化最早可以追溯到"五四"新文化运动时期，"五四"新文化运动时期，新文化运动的先驱者们从思想启蒙的角度出发，积极主张文学革命，倡导平民教育，提倡白话文，建设平民文学，以达到更好地唤醒民众的目的。青年时代的毛泽东也曾主办过工人夜学，教授工人认字、算数等最实用的基本知识，创办过自修大学，并宣称自修大学就是要矫正以往书院或官式大学只面向有钱的阔人的弊病。因此，自修大学在一定程度上体现了和传统旧式学校完全不同的"大众化"和"平民化"精神。毛泽东充分认识到文化教育为少数人所垄断的现实，在《湖南农民运动考察报告》一文中，他就指出："中国历来只是地主有文化，农民没有文化，……中国有百分之九十未受文化教育的人民，这个里面，最大多数是农民。"① 大革命失败后，工农大众在中国革命中的地位和重要性越来越显现出来，中国共产党在中央苏区积极开展大规模的工农教育运动，这也是中国共产党大众化教育的首次实践。但是，大众化问题真正上升为一种自觉的理论探讨，则始于"左联"成立后的文艺大众化讨论，文艺大众化讨论也因此成为随后文化大众化的先声。抗战爆发后，党内外知识分子对于文化运动的反思和探讨，进一步把文艺大众化推广到文化大众化。到20世纪40年代初，以毛泽东为代表的中国共产党人对于文化大众化的认识最终走向成熟。在《新民主主义论》和《在延安文艺座谈会上的讲话》中，毛泽东对于文化大众化的内涵、途

---

① 《毛泽东选集》第1卷，人民出版社1991年版，第39页。

径、重要性等问题都作了系统的阐述。

毛泽东从历史唯物主义的基本观点即人民群众才是历史的创造者的观点出发，把文化的民族化与大众化统一起来。在毛泽东看来，一个民族的主体毫无疑问的就是广大的人民群众，就是"占全人口百分之九十以上的人民大众，是工人、农民、兵士和城市小资产阶级"。[①]其中，农民和工人，特别是农民又是人民大众当中最主要的力量。因此毛泽东认为，"大众文化，实质上就是提高农民文化"[②]。"农民——这是现阶段新文化运动的主要对象。所谓扫除文盲，所谓普及教育，所谓大众文艺，所谓国民卫生，离开了三亿六千万农民，岂非大半成了空话?"[③] 周恩来则说得更为简单和直接，他说"民族化就是大众化。大众就是工农兵，这是划等号的"。[④] 总之，人民大众是民族之本，是民族文化的主要创造者和最大接受者。因此，所谓新文化是民族的，就是要使这种文化反映广大人民群众的生活，为广大人民群众服务，满足广大人民群众的需要。离开了人民大众，民族化就成为无源之水、无本之木。离开大众化来谈民族化，从根本上说是没有意义的。那些诸如封建的、买办的等各式各样的文化，尽管常常披着形形色色的民族外衣，却并非真正的民族化。

正因为如此，毛泽东和当时党内外许多知识分子都持有这样一种观点，即经常用大众化的标准来规约和衡量文化的民族化程度。他们正是以这种眼光来反思和审视"五四"新文化运动。"五四"新文化运动提倡白话文，主张文学革命，建设平民文学，力图使文学更好地走进大众，因此"五四文化也未尝不是一种反贵族的民众文化，但它的广泛性很有限制"。[⑤] 事实上，它并"没有能够达到普遍化大众化的地步"。"这个文化运动，当时还没有可能普及到工农群众中去。

---

① 《毛泽东选集》第3卷，人民出版社1991年版，第855页。
② 《毛泽东选集》第2卷，人民出版社1991年版，第692页。
③ 《毛泽东选集》第3卷，人民出版社1991年版，第1078页。
④ 《周恩来文化文选》，中央文献出版社1998年版，第289页。
⑤ 丁守和主编：《中国近代启蒙思潮》（下），社会科学文献出版社1999年版，第171页。

它提出了'平民文学'口号，但是当时的所谓'平民'，实际上还只能限于资产阶级和资产阶级知识分子即所谓市民阶级的知识分子。"①因此，"五四"新文化并不是真正的民族化。事实上，"五四"新文学的确存在着明显的"欧化"倾向，从而把自己禁锢在知识分子的欣赏视野，并不符合普通群众的需求。在学校教育方面也是如此，农民一向"痛恨学校"，一向看不惯"洋学堂"，因为他们说的都是些城里的东西，不符合农村的需要。所以，毛泽东大呼"洋八股必须废止，空洞抽象的调头必须少唱，教条主义必须休息，而代之以新鲜活泼的、为中国老百姓所喜闻乐见的中国作风和中国气派"。② 也就是说，我们所倡导的新文化要以是否考虑到人民群众的欣赏习惯和接受能力，以是否符合人民群众的实际文化需要作为准则。所以，毛泽东十分注重利用通俗生动，符合群众欣赏习惯的民间形式，如地方戏曲、民间说唱等来宣传马克思主义，认为"这还象个为工农兵服务的样子"。毛泽东往往一谈起"民族性"，常常联想到的是"中国老百姓所喜闻乐见的"大众性文化及民间性文化。在文化的普及和提高关系问题上，毛泽东认为第一步是"雪中送炭"，还不是"锦上添花"。在文化的创作源泉上，毛泽东认为"民众就是革命文化的无限丰富的源泉"，文艺工作者应该深入群众与工农大众的思想感情打成一片。"革命的文化人而不接近民众，就是'无兵司令'，他的火力就打不倒敌人。为达此目的，文字必须在一定条件下加以改革，言语必须接近民众。"③ 总之，新文化的民族化，实质就是大众化，大众化的方向规定着民族化的内涵。

第三节　体现了文化的批判、继承、创新的统一

毛泽东文化民族性思想当中，最重要的一个方面就是如何对待民

---

① 《毛泽东选集》第 2 卷，人民出版社 1991 年版，第 700 页。
② 《毛泽东选集》第 3 卷，人民出版社 1991 年版，第 844 页。
③ 《毛泽东选集》第 2 卷，人民出版社 1991 年版，第 708 页。

族文化遗产的问题。在这一问题上，毛泽东向来主张应当"批判地继承""古为今用""推陈出新"，这些观点充分体现出毛泽东文化民族性思想中文化的批判、继承和创新三者的有机统一。批判、继承和创新的统一从整体上揭示了民族文化发展的内在规律，它正是事物发展的普遍规律，即辩证运动规律在文化运动和发展中的具体体现。其中，"批判"强调的是"破"，反映了文化发展过程中的间断性，"继承"体现的是文化发展过程中的连续性，而"创新"则更侧重于"立"，是文化发展中的根本目标和归宿。我们就是要从今天中国的实际和实践出发，批判地继承中华民族的优秀传统文化，创造出具有时代性和民族性的中华民族新文化。

一　"不破不立，不塞不流，不止不行"

毛泽东在分析中国文化在新时期即新民主主义革命时期的特点时，从"一定的文化是一定社会的政治和经济在观念上的反映"的观点出发，把当时的中国旧文化分为两大类：第一类是帝国主义文化。这一类文化是反映帝国主义在政治上经济上统治或半统治中国的东西，它除了帝国主义在中国直接办理的文化机关之外，还有一些无耻的中国人也在提倡。一切包含奴化思想的文化，都属于这一类。第二类是半封建文化。这一类文化是反映半封建政治和半封建经济的东西，凡属主张尊孔读经，提倡旧礼教旧思想，反对新文化新思想的人，都是这类文化的代表。毛泽东指出，"帝国主义文化和半封建文化是非常亲热的两兄弟，它们结成文化上的反动同盟，共同反对中国的新文化。这类反动文化是替帝国主义和封建阶级服务的，是应该被打倒的东西。不把这种东西打倒，什么新文化都是建立不起来的。不破不立，不塞不流，不止不行，它们之间的斗争是生死斗争"[1]。不破不立，所谓的"破"，就是批判，就是革命。

唯物辩证法认为，事物总是不断地向前发展的，在事物的发展过程中始终存在着新旧事物之间的斗争，体现为事物的不断自我否定和

---

[1]　《毛泽东选集》第2卷，人民出版社1991年版，第695页。

自我发展，新旧文化之间也是这样。因此，如果不对旧文化进行批判、破除，新的文化就无法建立起来。毛泽东可以说是一位文化批判的勇士。在中国传统伦理道德看来，少年毛泽东的某些行为简直称得上是"忤逆不孝"。他不仅公然抗议私塾先生的体罚，而且长期与其父亲作对。他经常以"父慈子孝"来反驳他父亲对他的"不孝"指责。当他父亲让他去收债，他却在回家路途中把钱散发给了穷人；给他娶亲，他却不认账；叫他到米店去当学徒，继承父业，他却坚持要到洋学堂去念书……然而，少年毛泽东恰恰是通过这种叛逆行为向传统的宗法秩序作出反抗。在"五四"精神洗礼下，毛泽东对传统文化进行了更加尖锐的批判。毛泽东所批判的传统文化，主要是以孔孟之道为代表的儒家思想体系，以及以"三纲五常"为主要内容的礼教秩序。毛泽东通过长沙城里的新娘赵五贞因反对包办婚姻在花轿内自杀这一事件，集中抨击了封建礼教和中国的万恶社会。毛泽东认为这种吃人的"三纲五常""在所必去"。在毛泽东看来，中国封建文化最大的特点就是钳制思想，压抑个人，违背个性，它体现在包括思想领域、伦理道德领域、教育领域等各个方面。因此，他号召人们冲决一切封建文化的网罗，来一场包括思想的解放、政治的解放、经济的解放、男女的解放、教育的解放等在内的全面解放。新民主主义革命时期，毛泽东对于党和军队内存在的各种错误思想（如个人主义、流寇思想、山头主义）进行了深刻的批判，并揭露了各种错误思想背后的根源和实质。特别是，对于党内存在的教条主义进行了长期的斗争，从而才使党的实事求是的思想路线在全党得以确立起来。在延安文艺座谈会上，毛泽东指出，文艺工作者要与工农相结合，就必须破除资产阶级思想、小资产阶级思想的影响，才能够转变为无产阶级的思想，才能够有马列主义的党性。"如果这个问题不解决，总是要格格不入的。"[1]新中国成立后，在文化建设上毛泽东更加重视破旧以立新，这对于建立崭新的无产阶级社会主义文化发挥了重要的作用。当然，因为对"破"的对象未加区别，所以在"破旧"的过程中也

---

① 《毛泽东文集》第2卷，人民出版社1993年版，第426页。

曾出现过一些偏差。

毛泽东的这种"不破不立"的文化批判思想与马克思恩格斯的观点具有许多一致性。如前所述，马克思恩格斯就认为，我们要建立无产阶级的新文化，就必须最坚决地打破过去传下来的各种观念，实行"决裂"。纵观古今中外文化发展史，每一次思想启蒙运动都是一次"破旧立新"运动。然而，这种文化批判也应当遵循文化自身发展的规律，特别是不能简单地用政治的方式和大规模的群众运动的方式来替代，这是历史所留给我们的深刻教训。

二　"从孔夫子到孙中山，我们应当给以总结，承继这一份珍贵的遗产"

毛泽东指出："我们这个民族有数千年的历史，有它的特点，有它的许多珍贵品。对于这些，我们还是小学生。今天的中国是历史的中国的一个发展；我们是马克思主义的历史主义者，我们不应当割断历史。从孔夫子到孙中山，我们应当给以总结，承继这一份珍贵的遗产。"[①] 因此可以看出，毛泽东不仅强调对旧文化的批判，同时也特别强调文化的继承性。毛泽东在不同的时期和不同的场合反复强调学习历史知识，批判地继承民族文化遗产对于发展新文化的重要性。例如，在延安文艺座谈会上，毛泽东指出，"我们必须继承一切优秀的文学艺术遗产，批判地吸收其中一切有益的东西，作为我们从此时此地的人民生活中的文学艺术原料创造作品时候的借鉴。有这个借鉴和没有这个借鉴是不同的，这里有文野之分，粗细之分，高低之分，快慢之分。所以我们决不可拒绝继承和借鉴古人和外国人，哪怕是封建阶级和资产阶级的东西"。[②] 在《论联合政府》报告中，毛泽东又强调，对于中国古代文化，既不能一概排斥，也不能盲目地搬用，而是应该批判地接受它，以利于推进中国的新文化。中华人民共和国成立后，我们党还把毛泽东倡导的"古为今用，推陈出新"作为发展民

①　《毛泽东选集》第2卷，人民出版社1991年版，第533—534页。
②　《毛泽东选集》第3卷，人民出版社1991年版，第860页。

族文化的基本方针。

首先，毛泽东认为，要批判地继承民族文化遗产，必须对中华民族传统文化有所肯定，反对民族虚无主义的错误思想。毛泽东熟悉中华民族的文化传统，对中国的传统文化给予了高度的肯定。他说："在中华民族的开化史上，有素称发达的农业和手工业，有许多伟大的思想家、科学家、发明家、政治家、军事家、文学家和艺术家，有丰富的文化典籍。在很早的时候，中国就有了指南针的发明。还在一千八百年前，已经发明了造纸法。在一千三百年前，已经发明了刻版印刷。在八百年前，更发明了活字印刷。火药的应用，也在欧洲人之前。所以，中国是世界文明发达最早的国家之一，中国已有了将近四千年的有文字可考的历史。"[①] 我们发现，即便是在早期，毛泽东如此猛烈地批判传统文化弊病的情况下，他仍然十分肯定中国文化在世界文化中的重要地位，认为它在世界文明当中要占据半壁的地位。

其次，毛泽东认为，要批判地继承民族文化遗产，必须坚持马克思主义的辩证分析方法，反对那种所谓好的就是绝对的好、坏的就是绝对的坏的形式主义的看问题的方法。毛泽东指出："中国几千年的文化，主要是封建时代的文化，但并不全是封建主义的东西，有人民的东西，有反封建的东西。要把封建主义的东西与非封建主义的东西区别开来。封建主义的东西也不全是坏的，……当封建主义还在发生和发展的时候，它有很多东西还是不错的。反封建主义的文化也不全部可以无批判地利用的。封建时代的民间作品，也多少都还带有封建统治阶段的影响。"[②] 这里，毛泽东对于封建时代所创造的文化作出了这样三重区分：把封建主义的与非封建主义的东西、反封建的东西、人民的东西加以区分开来；对于封建主义的东西，又作了不同时期的区分；对于人民创造的文化，也要加以具体分析。可以看出，唯物辩证方法在这里得到了生动的运用。

总之，毛泽东认为，对于中国传统文化我们应该区分出哪些是精

---

① 《毛泽东选集》第 2 卷，人民出版社 1991 年版，第 622—623 页。
② 《毛泽东文集》第 8 卷，人民出版社 1999 年版，第 225 页。

华，哪些是糟粕，剔除其封建性的糟粕，吸收其民主性的精华，绝不能无批判地兼收并蓄，我们应当做到在批判中继承，在继承中批判。当然，这种区分往往是十分复杂的，这就更需要我们坚持辩证的分析方法，同时还必须掌握科学的划分标准，这种标准既包括政治标准或阶级标准、历史标准，也应当包括文化自身的评价标准。

三　"继承和借鉴决不可以变成替代自己的创造"

如前所述，毛泽东强调一个民族在发展自己的民族文化的时候，一定要注重批判地继承民族优秀传统文化，也需要批判地吸收国外进步文化，但毛泽东又明确指出，这种"继承和借鉴决不可以变成替代自己的创造，这是决不能替代的"。[①] 在毛泽东看来，继承和借鉴的最终目的还在于创造民族的新文化。

毛泽东强烈反对那种只讲继承和借鉴，不懂创新的做法，因为这种做法本质上就是一种教条主义。对外国的东西毫无分析地盲目地借鉴，就是犯了"洋教条"的错误。毛泽东指出，"几十年来，很多留学生都犯过这种毛病。他们从欧美日本回来，只知生吞活剥地谈外国。他们起了留声机的作用，忘记了自己认识新鲜事物和创造新鲜事物的责任。这种毛病，也传染给了共产党"[②]。在我们党内，以王明为代表的"左"倾教条主义，只懂得马克思主义的"本本"，只知道照搬苏联经验，就是典型的例子。在文学艺术领域，这种现象也常有存在。在延安文艺座谈会上的讲话中，毛泽东对此也作了严厉的批评，他说，"对于古人和外国人的毫无批判的硬搬和模仿，乃是最没有出息的最害人的文学教条主义和艺术教条主义"[③]。并且指出，真正有出息的文学家、艺术家，必须到群众中去，到火热的斗争中去，才有可能进入创作过程；否则就只能做空头的文学家和艺术家。须知，过去的文艺作品不是"源"而是"流"，是古人和外国人根据他们彼时彼地所得到的人民生

---

① 《毛泽东选集》第 3 卷，人民出版社 1991 年版，第 860 页。
② 同上书，第 798 页。
③ 同上书，第 860 页。

活中的文学艺术原料创造出来的东西，也就是说，每个时代文化创作的真正源泉存在于每个时代的人民群众的生产、生活与斗争实践之中。

那么，如何实现文化的创新？毛泽东认为应当坚持古为今用、洋为中用、推陈出新的原则，以实践为基础，走辩证的综合创新之路或称之为"古今中外法"。"古今中外法"是毛泽东在 1942 年关于《如何研究中共党史》的讲话中提出来的，"古今中外法"原本是针对中国共产党党史的研究，但同样适用于文化研究。"古今中外法"要求我们屁股要坐在中国的现在，一手伸向古代，一手伸向国外，但"向古人学习是为了现在的活人，向外国人学习是为了今天的中国人"。徐特立曾通俗地解释了毛泽东这一辩证的文化观，他说："毛泽东同志提出的古今中外法，就是说我们古代的也要，现在的也要，外国的也要，中国的也要。把古代的变为自己的，和现代的结合起来，把外国的变为自己的，和中国的结合起来，这样看问题才是马列主义的方法。""古今中外法，把古今结合，中外结合，变成我的。像吃牛肉也好，吃狗肉也好，吃下去了，把它变成我的肉，这就对了，绝不是说吃了狗肉我就变成了狗肉。"① 正如鲁迅的小说，它既不同于外国的，也不同于中国古代的，它是中国现代的。毛泽东思想更是一次成功的文化创新，它既是马克思主义的，又不完全是马克思主义的，它是中国化的马克思主义，它既是中国传统的，又不完全是中国传统的，它是中国传统文化在当今中国的新发展。

根据毛泽东的"古今中外法"，文化创新具体包括了以下具体路径和方式。第一，通过形式改造和内容变革实现创新。在谈到文艺创新时，毛泽东就说，旧的文艺形式"到了我们手里，给了改造，加进了新内容，也就变成革命的为人民服务的东西了"。②"新瓶新酒、旧瓶新酒都可以，只要对抗战有利。"③ 延安时期，有大量文艺作品就是这样产生的。例如，延安的戏剧工作者在民间秧歌的基础上，吸收

① 中央教育科学研究所：《徐特立教育文集》，人民教育出版社 1986 年版，第 122—123 页。
② 《毛泽东选集》第 3 卷，人民出版社 1991 年版，第 855 页。
③ 孙琴安、李师贞：《毛泽东与著名作家》，人民文学出版社 2003 年版，第 240 页。

了话剧等艺术表现手法，创造出了一种反映劳动人民新思想、新生活的新秧歌剧。此外，还创造了现代民族新歌剧，如《白毛女》；新秦腔，如《穷人恨》《官逼民反》；新编历史剧，如《逼上梁山》《三打祝家庄》等。第二，根据当今实践需要，对传统文化作出新的解释和新的总结。毛泽东就十分善于引用古书中的典故、词句来说明今天的政治原则、军事策略、工作方法等，十分善于把古代人的智慧成果上升到马克思主义的高度加以总结和提升。中国古代丰富的军事思想、政治思想、辩证法思想等，在毛泽东那里都得到了创造性的发展。第三，通过学习和吸收外国先进文化，研究中国的东西，从而实现文化的创新。我们学习马克思主义和其他西方先进文化，但又要从中国实际出发，研究中国的革命和建设的具体问题，这样才有可能得出创新性思想和结论。

综合上述三点，我们可以看出，在对待民族传统文化上，毛泽东始终坚持批判、继承和创新三者的有机统一。一方面，注重批判分析，把继承和批判分析结合起来。另一方面，注重创新发展，把继承与创新发展结合起来。文化的继承，不是对以前各个历史时代文化遗产的简单保存和机械搬用，而是包含着改造和变革，包含着超越和创新。否则，就只会走入文化复古主义的牢笼。与此同时，我们还要防止另一种错误的发生，也就是把文化的创新绝对化，把创新和继承绝对对立起来，把创新理解为对过去文化遗产的不加分析地全盘否定和抛弃，完全否认文化发展和创新过程中的继承。那样，就只会步入文化虚无主义的胡同。

第四节　体现了文化的民族性、时代性、世界性的统一

任何一种类型的文化，总是某种空间中的存在，也是某一时间上的存在，文化的空间性存在形成了文化的民族性，文化的时间性存在形成了文化的时代性。超时代与超民族的文化都是不存在的。文化的世界性是随着民族文化的发展而形成的具有普遍意义的共性文化。文

化的时代性、世界性体现了不同民族文化发展的共性或普遍性，文化的民族性体现了民族文化的个性或特殊性。文化的时代性和世界性都离不开文化的民族性，都是通过不同的民族文化具体地表现出来。毛泽东的文化民族性思想充分体现了文化的民族性与文化的时代性、世界性的统一。

一　文化既有"中外"之分又有"古今"之别

这里所谓的"中外"之分指的是文化的民族性差异，所谓的"古今"之别则是指文化具有时代性差别。毛泽东不仅强调文化具有民族性，而且也充分肯定文化具有时代性特征。更重要的是，在他的民族新文化的设计方案中，始终是将两者有机地统一在一起，新民主主义文化如此，社会主义文化也是如此，它们的共同特点就是既强调文化的民族化，又强调文化的现代化。

对于文化的时代性，我们可以从以下三个层次来具体理解。第一，任何文化都是特定时代的文化，超越时代的抽象文化是不存在的。从某种意义上讲，任何文化都不可避免地打上时代性的烙印，反映特定历史阶段中的社会生产力的发展状况和经济关系、政治关系的发展状况，具有时代的特征。第二，不同民族文化由于所处历史时代不同，因而不同民族文化之间存在着先进和落后之分。按照历史唯物主义的观点，人类社会总是从低级不断向高级演进发展的。因此，文化也就存在原始社会文化、奴隶社会文化、资本主义文化和社会主义文化的发展程度、发展高低之分。第三，文化的时代性不同于文化的先进性或进步性，真正时代性的文化应该是顺应时代发展潮流的先进文化。"一种文化具有一定的时代特征是一回事，而这种文化是否体现了一定时代的发展趋势，是否体现了时代内容的先进方面却又是一回事。同一时代，在经济关系、政治关系的发展上，呈现出不同的甚至相反的发展趋势，存在着先进的或落后的、革命的或反动的两种不同的甚至截然相反的方面，这同时也在文化的发展上表现出来。"①

---

① 杨镜江：《文化学引论》，北京师范大学出版社 1992 年版，第 220 页。

　　毛泽东正是从以上三个层面来分析和定位中国文化的。首先，毛泽东对中国文化的历史发展进行了历史唯物主义的分析。毛泽东认为，中国古代社会主要是一个封建社会，因此我们的文化主要是一种封建文化，自鸦片战争以后的中国，逐步沦为一个半殖民地半封建社会，反映到文化上就出现了帝国主义文化、资产阶级的新文化、封建阶级的旧文化。"五四"运动以后，产生了新的文化生力军，也就是中国共产党人所领导的共产主义的文化思想，即共产主义的宇宙观和社会革命论。其次，毛泽东肯定了近代以来中西文化的差别不仅是民族性的差别而且也是时代性的差别。他强调，近代文化，外国比我们高，我们必须承认这一点。最后，毛泽东强调中国共产党人应该是中国先进文化的代表者。毛泽东指出，自从中国无产阶级和中国共产党登上了中国的政治舞台，"这个文化生力军，就以新的装束和新的武器，联合一切可能的同盟军，摆开了自己的阵势，向着帝国主义文化和封建文化展开了英勇的进攻。这支生力军在社会科学领域和文学艺术领域中……都有了极大的发展。二十年来，这个文化新军的锋芒所向，从思想到形式（文字等），无不起了极大的革命。其声势之浩大，威力之猛烈，简直是所向无敌的。其动员之广大，超过中国任何历史时代"①。

　　在文化的民族性和时代性关系问题上，"五四"新文化运动及其之后的文化研究中，曾出现两种对立的主张。一种观点认为，中西文化的差异纯粹是民族性的，即所谓的"有中外无古今论"，梁漱溟就是这一观点的主要代表人。梁漱溟认为，中国文化、西方文化、印度文化各有其特殊性或民族性，它们各自处在三种不同的发展路向当中，各有其存在的合理价值。他说，"中国人不是同西方人走一条路线"，"若是同一路线而少走些路，那么，慢慢地走终究有一天赶得上；若是各自走到别的路线上去，别一方向上去，那么，无论走好久，也不会走到那西方人所达到的地点上去的！"② 也就是说，梁漱

────────────

① 《毛泽东选集》第 2 卷，人民出版社 1991 年版，第 697—698 页。
② 黄克剑、王欣编：《梁漱溟集》，群言出版社 1993 年版，第 158 页。

溟实际上是否认了西方文化比中国传统文化优越，只承认文化的民族性差异而否认文化有高下之分。延安时期，毛泽东在与梁漱溟的争论中，就批评梁说："中国社会组织历史不变原因在它又好（妥当调和性）又高——这是不对的。"他论证说，"农业文化当然高于游牧文化"。另一种则认为，中西文化的差异纯粹是时代性的，即所谓的"有古今无中外论"。例如，瞿秋白在 1923 年发表的《东方文化与世界革命》一文中，就明确指出，"文化本无东西之别"，"东西文化的差异，其实不过是时间上的"①。此外，胡适、陈序经等全盘西化派也持这一主张。

毛泽东继承了"五四"新文化运动的积极成果，又克服了其局限，将两者有机统一起来。毛泽东认为，我们所要建立的新文化一方面是中华民族的文化，另一方面又是一种新的文化即现代文化，两者是相统一的。首先，这种统一性表现在文化的特殊性与普遍性的统一上。毛泽东认为，我们所要建立的新文化无论在内容上还是形式上都是中国的，具有中国作风、中国气派，这是文化的特殊性，这就是为什么同是封建主义文化，中国和欧洲就有很大差别，同是资本主义文化的英国、美国、日本，却存在很大的差异。但是，无论是新民主主义文化，还是社会主义文化都强调科学、民主等内容，都不是孤立于世界文化之外，而是与世界文化相互学习、相互发展，都是处在人类社会历史发展特定阶段上的文化，这些都体现了文化的共性特点。其次，文化的民族性与时代性的统一性表现为文化的继承性与创新性的统一上。中华文化之所以能够经久不衰，不仅在于我们每一代人善于继承自己的优秀传统文化，也在于我们能够顺应时代发展，不断地进行革故鼎新，从而赋予民族性文化以新的时代内涵和更加旺盛的生命力。最后，文化的民族性与时代性的统一性还突出地表现为民族精神与时代精神的统一。文化的民族性内容中，那些表现民族生命活力的内容，形成民族精神。那些反映历史进步方向的内容，形成时代精神。以毛泽东为代表的中国共产党人领导中国各族人民在长期的革命

---

① 《瞿秋白选集》，人民出版社 1985 年版，第 17、9 页。

和建设实践中，形成的井冈山精神、长征精神、延安精神、大庆精神、雷锋精神、"两弹一星"精神，这些精神不仅体现了中华民族几千年发展中所形成的以爱国主义为核心的团结统一、爱好和平、勤劳勇敢、自强不息的伟大民族精神，而且反映了以服务抗战、革命救国、建设社会主义，实现民族富强的时代主题。

因此，肯定文化的民族性并不意味着死守旧故，而根本上是为了实现文化的现代化，在文化的现代化同时又须保持文化的民族性，不能以时代性否定民族性，也不能用民族性否定时代性。如果用时代性否定民族性，那么世界文明将失去精彩。如果用民族性否定时代性，那么文化将永远止步不前。事实上，民族性也不是亘古不变，而是随着时代的发展而悄然发生变化，尽管这种变化可能是十分缓慢的。

二　"各国人民应该根据本民族的特点，对人类有所贡献"

所谓文化的世界性是指各民族文化走出相对封闭状态，在世界范围内普遍交往，各个民族文化在相互理解和沟通中，具有日益增多的世界内容，每个民族在汲取世界上其他民族先进文化成果的同时，也促使本民族的文化成为整个人类文化的有机构成部分。由此看来，文化的世界性的前提和基础是交往的普遍化，文化世界性内在地包含着两个双向互动的过程。一方面，是民族文化向世界先进文化学习，促进民族文化更好发展的过程；另一方面，是民族文化走向世界，成为世界文化的组成部分的过程。

毛泽东认为，文化的民族性和世界性之间存在统一的关系。首先，文化的民族性存在并不否认文化的世界性，文化的世界性也不否认文化的民族性。毛泽东认为，强调文化的民族性决不意味着作茧自缚、闭关自守、故步自封。相反，我们应当学习人类一切优秀文化成果，真正优秀的文化传统是属于全人类的，是人类文化的共同财富，它是不分"东""西"的，精华的东西都是好东西，无论哪个民族的优秀分子，都应该去继承这些人类共同的文化遗产。所以，毛泽东一再强调向国外学习的问题。在新民主主义革命时期，毛泽东就指出，中国应该大量吸收外国的进步文化，认为"这种工作过去还做得很不够"。中华人民共和国成立后，毛泽东再次重申"我们的方针是，一切民族、一切国家的长处都要学"。毛泽东特别反对排外主义，他说"像西太后反对'洋鬼子'是错误的"①。对于"中体西用"派提出所谓的"学问要新，道德要旧"，毛泽东认为这种学习也是不彻底的。毛泽东还指出，学习国外先进文化不一定就扼杀文化的民族性。他说，"演些外国音乐，不要害怕。隋朝、唐朝的九部乐、十部乐，多数是西域音乐，还有高丽、印度来的外国音乐。演外国音乐并没有使我们自己的音乐消亡了，我们的音乐继续在发展"②。他谈到印度佛教时，他说："慧能主张佛性人人皆有，创顿悟成佛说，一方面使繁琐的佛教简单化了；一方面使印度传入的佛教中国化。因此，他被视为禅宗的真正创始人，也是真正的中国佛教的始祖。在他的影响下，印度佛教在中国至高无上的地位动摇了，甚至可以'喝祖骂佛'。"③ 也就是说，印度佛教的传入并没有改变中国的文化的民族性，相反，其结果只能是印度佛教与中国民族文化的相结合，是佛教的中国化。

其次，毛泽东认为，文化的世界性是以文化的民族性存在为前提，没有民族性就没有世界性，文化的民族性是一个民族能为其他民族所承认，并存在于世界的内在根据。毛泽东经常教导我们："中国应当对于人类有较大的贡献"，"中国应当这样。因为中国是一个具有九百六十万平方公里土地和六万万人口的国家，中国应当对于人类有较大的贡献。而这种贡献，在过去一个长时期内，则是太少了。这使我们感到惭愧"④ 周恩来在谈知识分子改造问题时也指出，"中国人几乎占世界人口的四分之一。这样大的国家，如果在文化上不能对世界有所贡献，经济上不能有较快的发展，那我们就对不住世界人民，也对不住我们的祖宗。所以，我们一定要有所创造、有所发

---

① 《建国以来毛泽东文稿》第 6 册，中央文献出版社 1992 年版，第 181 页。
② 同上书，第 181—182 页。
③ 顾景元主编：《听毛泽东讲古今故事》，红旗出版社 2002 年版，第 239 页。
④ 《建国以来毛泽东文稿》第 6 册，中央文献出版社 1992 年版，第 242 页。

展"①。如果一个民族不能发扬自己民族的文化来丰富国际文化的内容，它对于国际文化将是一个寄生者，而一无贡献。上述所说的"对世界有所贡献"，从文化角度来看指的就是文化的世界性。中国要对世界有所贡献，只有立足于中国民族的基础之上，"越是民族的，就越是世界的"，"有地方色彩的，倒容易成为世界的，即为别国所注意"。正如毛泽东所指出："在文化方面，各国人民应该根据本民族的特点，对人类有所贡献。各国文化有共同点但也有差别。共同点是都在同一时代，都处于 20 世纪的下半个世纪，总有共同点。但是如果大家都画一样的画，都唱一样的曲调，千篇一律就不好了，就没有人看，没有人听，没有人欣赏。"② 蔡元培先生也认为，"一民族之文化，能常有所贡献于世界者，必具有两条件：第一，以固有文化为基础，第二，能吸收他民族之文化以为滋养料"③。

① 《周恩来文化文选》，中央文献出版社 1998 年版，第 797 页。
② 《毛泽东文集》第 8 卷，人民出版社 1999 年版，第 226 页。
③ 《蔡元培全集》第 4 卷，中华书局 1984 年版，第 484 页。

第五章　毛泽东文化民族性思想的
　　　　　历史地位

以毛泽东为代表的中国共产党人在领导中国人民争取民族独立、实现民族解放的伟大实践中，在领导中国人民探索社会主义建设道路、实现中华民族的繁荣与富强的实践中，把马克思主义文化理论的普遍真理与中国文化建设的具体实践相结合，成功地解决了近代以来中国文化转型过程中文化的现代化与民族化的矛盾，科学地回答了"中国文化向何处去"的问题。毛泽东文化民族性思想不仅是马克思主义文化理论在中国的继承和发展，也是毛泽东思想的重要组成部分，而且它有力地推动了马克思主义中国化的进程，极大地促进了中华民族文化的发展和繁荣，因而具有重要的历史地位。

第一节　马克思主义文化理论的继承和发展[①]

马克思主义文化理论是一种建立在历史唯物主义基础上的文化学说，它是伴随着马克思恩格斯创立唯物史观的过程而逐渐提出来的，是马克思主义科学理论体系的重要组成部分。十月革命后，列宁和斯大林在继承马克思恩格斯文化理论的基础上，首次探索了在一个经济文化相对落后的国家如何建设社会主义文化的问题，把马克思恩格斯创立的文化理论推进到一个新的发展阶段。毛泽东则把马克思列宁主义文化理论运用于中国文化建设实际，探索了被压迫民族和国家的民

[①]　参见李群山《马克思主义文化理论发展史上的三座里程碑》，《理论学刊》2012 年第 11 期。

族文化建设和发展问题，从而在继承马克思列宁主义文化理论的基础上，又极大地丰富和发展了这一理论。

一　马克思恩格斯——唯心主义"文化史观"的颠覆者与新文化理论的创立者

文化或精神现象是人类社会现象当中的重要组成部分，但是在马克思之前，对于文化在社会历史当中的地位或定位问题，一直都没有得到正确认识和评价，全部人类社会历史往往被归结为某种观念史，文化被看成是人类社会当中最根本的、起最终决定作用的东西，这种观点被称为"文化史观"。17—19世纪的欧洲，"观念的历史叙述"的文化史观到处泛滥，到德国思辨哲学大师黑格尔那里则达到了巅峰，他以"绝对精神"为基轴勾画出一幅运动发展着的世界历史图景。所以，马克思在谈到历来的"观念的历史叙述"与"现实的历史叙述"的关系时就指出，过去的"所谓的文化史全部是宗教史和政治史"。[①] 恩格斯也指出："旧的，还没有被排除掉的唯心主义历史观不知道任何基于物质利益的阶级斗争，而且根本不知道任何物质利益；生产和一切经济关系，在它那里只是被当做文化史的从属因素顺便提一下。"[②] 如何摆脱这种唯心主义文化史观的束缚，科学地认识文化现象并解答其在社会历史当中的地位成为当时的一个时代性课题。

马克思恩格斯的思想直接溯源于德国古典哲学，因此青年时代的马克思恩格斯都曾受到黑格尔及青年黑格尔派的影响。在《博士论文》一文中，马克思正是把黑格尔哲学中作为绝对精神展开的一个环节的"自我意识"加以高扬，认为应该用"自我意识"哲学来反对"一切天上的和地上的神灵"，主张"象普罗米修斯从天上盗来天火之后开始在地上盖屋安家那样，哲学把握了整个世界以后就起来反对现象世界"。[③] 《莱茵报》时期，马克思首次接触到物质利益问题，并隐约地意识到物

---

① 《马克思恩格斯选集》第2卷，人民出版社2012年版，第709页。
② 《马克思恩格斯文集》第9卷，人民出版社2009年版，第29页。
③ 《马克思恩格斯全集》第40卷，人民出版社1982年版，第136页。

质利益的客观存在及其在社会历史领域的制约地位，从而开始动摇了马克思对国家和法的理性主义的幻想，意识到真正的立法过程并非由理性自由的规律所支配，而是为物质利益所决定的。在随后所撰写的《黑格尔法哲学批判》中，马克思明确提出："法的关系正像国家的形式一样，既不能从它们本身来理解，也不能从所谓人类精神的一般发展来理解，相反，它们根源于物质的生活关系，这种物质的生活关系的总和，黑格尔按照 18 世纪的英国人和法国人的先例，概括为'市民社会'，而对市民社会的解剖应该到政治经济学中去寻求。"①《德法年鉴》停刊后，马克思正式转向对资产阶级经济学的批判研究，《1844 年经济学哲学手稿》就是其最重要的成果。在手稿中，马克思试图从劳动发展史中寻找理解全部社会的钥匙，提出了"整个所谓世界历史不外是人通过人的劳动而诞生的过程，是自然界对人来说的生成过程"。②与这种认识相一致，马克思此时已经开始从人与劳动实践的关系出发来理解和把握文化的本质，他把文化的本质定义为一种创造性的对象化活动即人的本质力量的对象化。马克思认为，劳动一方面是人的本质力量的确证，劳动创造了人，并发展人自己。另一方面，劳动也改变了自然界，自然的改变凝结着人的本质力量，使之成为"人化自然"。在这里，文化体现出人与其他动物及所有其他自然存在物的本质区别。《神圣家族》通过与青年黑格尔派的论战，不仅对青年黑格尔派哲学及黑格尔哲学进行了清算，同时第一次提出了生产方式的概念，并指出历史的发源地不在天上的云雾中，而在尘世的粗糙的物质生产中。《德意志意识形态》则第一次比较系统地阐述了马克思主义"历史唯物主义"的基本思想，从而摆脱了唯心主义文化史观的影响，实现了对文化的历史唯物主义理解。

　　总之，马克思恩格斯创立唯物主义历史观的过程也就是对这种唯心主义文化史观的颠覆、清算和矫正的过程，这个过程同时也就是马克思主义文化理论的创立过程。马克思主义文化理论以唯物史观为指导，科学地阐述了文化的本质及文化在社会历史当中的地位，揭示了

---

① 《马克思恩格斯选集》第 2 卷，人民出版社 2012 年版，第 2 页。
② 《马克思恩格斯文集》第 1 卷，人民出版社 2009 年版，第 196 页。

文化发展的规律性，对文化的意识形态性、民族性、世界性等问题都进行了直接的阐述，为我们理解文化现象奠定了坚实的理论基础。

二　列宁——经济文化落后国家社会主义文化建设道路的开辟者

俄国十月革命的胜利，诞生了世界上第一个社会主义国家，从此开创了社会主义文化建设的新时期。然而，现实的社会主义并没有按照马克思恩格斯所设想的那样在资本主义发达国家里建立。相反，它首先是在一个经济文化比较落后的俄国建立起来。因此，如何在一个经济文化比较落后的国家建设社会主义文化成为一个摆在俄国面前必须加以面对和解决的难题。列宁领导俄国共产党进行了不懈的探索，并取得了巨大成就，从而丰富和发展了马克思主义文化理论。

第一，高度重视文化建设，把文化建设作为社会主义建设的重要组成部分。列宁十分深刻地把握了文化革命与政治变革、经济变革的辩证关系。他领导俄国共产党从俄国国情出发成功地完成了一场政治和社会变革，建立了工农政权和苏维埃制度，从而为文化革命奠定了必要的政治前提。同时，列宁又清楚地认识到，在完成了政治变革、社会变革后必须把重心转到文化变革上来。他说："从前我们是把重心放在而且也应该放在政治斗争、革命、夺取政权等等方面，而现在重心改变了，转到和平的'文化'组织工作上去了。""我们现在的工作重心的确在于文化主义。"① 因为在俄国这样一个经济文化比较落后的国家里，文化建设的任务尤为迫切，它直接关系到苏维埃政权的巩固，影响到经济建设的顺利开展。列宁指出，在一个文盲充斥的国家，没有丰富的知识、技术和文化，是不能建立共产主义社会的。因此，苏维埃政权必须取得全部科学、技术、知识和艺术。正因为如此，列宁十分重视发展教育事业，提高人民文化水平，重视发展现代科学技术，繁荣社会主义文学艺术，注重共产主义道德建设，培养和造就新人。列宁甚至提出"无产阶级文化＝共产主义"这样的公式。

第二，强调继承和吸收一切人类优秀的文化遗产，特别是资本主

---

① 《列宁选集》第4卷，人民出版社2012年版，第773页。

义时代所创造的文化成果。列宁认为，苏维埃俄国的无产阶级虽然已经建立了自己的政权，具备了实现社会主义的政治条件，但经济文化还十分落后，还不具备建设社会主义的文化条件。因此，无产阶级文化建设必须继承一切优秀传统文化，特别强调要善于并敢于继承和借鉴资本主义时代所创造的文化成果。列宁指出，"资本主义把文化给予少数人。而我们必须用这个文化来建设社会主义。我们没有别的材料。我们要立刻用资本主义昨天留下来可供我们今天用的那些材料来建设社会主义"，"仅靠摧毁资本主义，还不能填饱肚子。必须取得资本主义遗留下来的全部文化，并且用它来建设社会主义"。① 在列宁看来，对没有经过资本主义高度文明发展阶段而建立起社会主义政权的俄国而言，更要善于利用资本主义遗留下来的全部文化来建设社会主义，而不是像无产阶级文化派所说的那样采取"拒绝一切文化遗产，创造纯粹的无产阶级文化"的方式，那样做不仅不符合苏俄经济文化现实状况，也违背了历史发展的辩证法。当然这种继承和借鉴是有所选择和批判的，正如列宁所述："应当明确地认识到，只有确切地了解人类全部发展过程所创造的文化，只有对这种文化加以改造，才能建设无产阶级的文化，没有这种认识，我们就不能完成这项任务。"②

第三，深刻阐述经济文化比较落后的国家社会主义文化建设任务的长期性和艰巨性。列宁充分认识到经济文化比较落后的俄国社会主义文化建设任务的长期性和艰巨性，列宁指出，无论在纯粹文化方面或物质方面，对于我们来说，都是异常困难的。从纯粹文化方面来看，因为我们是文盲，"要把俄国从一个愚昧的文盲国家很快变成人人识字的国家是不可能的"③。从物质方面来看，要成为有文化的人，"就要有相当发达的物质生产资料的生产，要有相当的物质基础"④。这些都决定了文化建设的任务是一个渐进的过程。列宁提醒人们，文

① 《列宁全集》第 36 卷，人民出版社 1985 年版，第 48 页。
② 《列宁选集》第 4 卷，人民出版社 1995 年版，第 285 页。
③ 同上书，第 294 页。
④ 同上书，第 774 页。

化建设的任务并不像政治任务和军事任务那样有可能在几个星期或几个月就可以迅速得到解决。文化建设要在这样短的时间内取得胜利是不可能的，它需要一个较长的时期。"我们应该使自己适应这个较长的时期，据此规划我们的工作，发扬坚忍不拔、不屈不挠、始终如一的精神。"① 并且提醒大家要牢牢记住，"在文化问题上，急躁冒进是最有害的"②。

三　毛泽东——受压迫民族和国家民族文化建设道路的探寻者

近代以来，西方殖民者不断对外进行侵略扩张，许多亚非拉国家因此沦为了西方列强的殖民地半殖民地。西方殖民者的入侵给亚非拉国家和民族带来了无比深重的灾难。第一次世界大战结束后，殖民地半殖民地国家的民族解放运动风起云涌，它们纷纷起来反抗西方殖民者的统治和压迫，争取实现民族的独立和解放。那么，在争取民族独立和解放过程中，究竟如何对待自己的民族传统文化，如何对待西方资本主义先进文化，如何选择民族文化的发展方向和道路，成为亚非拉国家共同面临的现实课题。近代以来，西方列强的侵略也使中国逐步沦为一个半殖民地半封建社会的国家，毛泽东文化民族性思想就是要解决"在中国这样一个半殖民地半封建社会的国度里，如何建立中华民族的新文化"的问题。毛泽东继承马克思列宁主义文化理论，始终坚持用历史唯物主义来指导文化认识和文化建设，在现代化与民族化的双重悖论中开辟了中国民族文化的发展道路，进一步丰富和发展了马克思主义文化理论。

首先，毛泽东文化民族性思想进一步凸显了文化在人类社会当中的重要地位。我们知道，文化是一种社会现象，因此认识文化现象必须以唯物史观为指导。历史唯物主义采用社会存在与社会意识、生产力和生产关系，经济基础和上层建筑的辩证关系来说明社会的基本结构和矛盾运动。因此，他们对于文化的理解也主要是在这一分析框架

---

① 《列宁选集》第 4 卷，人民出版社 1995 年版，第 591 页。
② 同上书，第 784 页。

中进行。很显然，马克思恩格斯并没有直接把社会三分为政治、经济和文化三部分。毛泽东根据马克思恩格斯关于社会基本结构和基本矛盾的思想系统论证了三者之间的关系：经济是基础，政治是经济的集中体现，文化是政治和经济的反映并反作用于政治和经济。把文化与经济、政治相并列，进一步凸显了文化在社会当中的重要地位。在毛泽东看来，民族的独立同样包括政治、经济和文化三方面的内容，中国要实现民族的独立需要在文化上坚持自身的民族性和独立性，一个民族在文化上丧失了自身的独立性，就难以支撑其经济和政治上的独立。

其次，毛泽东文化民族性思想充分彰显了文化的民族主体性。马克思恩格斯在阐述他们的新历史观时，对于民族文化问题曾经有过一些零星的论述。1840年，恩格斯在《现代文学生活》一文中就指出："我毕竟是一个德国人，我不能屏弃自己总要追本溯源的那种德国人的天性。"① 1843—1844年，恩格斯在对英国状况进行认真的研究后认为，"英国人的民族特性在本质上和德国人、法国人的民族特性都不相同"②。在《共产党宣言》中，针对有些人责备共产党要取消祖国，取消民族，马克思恩格斯强调，"工人没有祖国"，但是工人"本身还是民族的"③。但总体而言，马克思恩格斯对于民族文化问题并没有进行过系统的专门的研究和讨论。在列宁那里，虽然他十分认同民族文化的存在，特别强调马克思主义的民族化，但在当时的历史背景下，民族文化问题显然也不是其强调的重点。相反，他从文化的阶级性出发，在否定意义上使用民族文化这一概念，揭露了"民族文化"口号的虚伪性，并提出"民主主义的和全世界工人运动的国际文化"的口号与之抗衡。列宁之后，斯大林出于支持被压迫民族斗争的需要，对"民族文化"口号作了新的阐释，从而使列宁否定意义上的民族文化概念获得了肯定性内涵。毛泽东在领导中国人民的民族

---

① 《马克思恩格斯全集》第2卷，人民出版社2005年版，第129页。
② 《马克思恩格斯文集》第1卷，人民出版社2009年版，第91页。
③ 《马克思恩格斯文集》第2卷，人民出版社2009年版，第50页。

解放事业过程中，特别强调文化的民族性问题，指出中国文化发展一定要有自己的民族特色，强调要维护中华民族的独立和尊严，要提高民族的自尊心和自信心，正确把握民族的实际和特点，在对待外来文化问题上，强调一定要坚持以我为主、为我所用、消化吸收，反对任何形式的教条主义（无论是"洋教条"还是"马教条"），主张的是"拿来主义"，也就是说，要根据自己的需要有所选择和鉴别。总之，毛泽东第一次正面且系统地阐述了文化的民族性问题，充分彰显了文化的民族主体性。

最后，毛泽东文化民族性思想深化了马克思列宁主义关于文化的继承性思想的认识。马克思恩格斯所创立的唯物史观深刻地揭示了人类社会历史发展的辩证运动过程，这个过程就是一个否定之否定的过程，即所谓的"扬弃"的过程，也就是说人类历史发展进程中不同的历史时期之间既存在本质的区别，又存在内在的联系。列宁正是运用这种唯物史观来指导社会主义文化建设，强调要批判地继承历史文化遗产，提出"无产阶级文化并不是从天上掉下来"的著名论断。毛泽东在继承前人的基础上，进一步推进了这一思想的发展。毛泽东明确提出，民族传统文化当中既有精华部分也有糟粕内容，我们要取其精华，去其糟粕。那么，什么是精华，什么是糟粕，如何来区分精华还是糟粕？毛泽东根据列宁的"两种文化"和"两种遗产"的思想提出，糟粕主要是指封建主义的东西，它是民族传统文化中腐朽和反动的部分。所谓"精华"，主要是指传统文化中的民主性、革命性、人民性内容，是各个时代劳动人民所创造的那些优秀的文化。毛泽东指出，中国有几千年的封建时代的文化，但并非全是封建主义的东西，要把封建主义的东西与非封建主义、反封建主义、人民的东西区分开来，而且还要区分处于上升时期和处于没落时期的封建主义文化。反封建主义的文化也不是全部可以无批判地利用的，因为封建时代的民间作品，也多少都还带有若干封建统治阶级的影响。也就是说，一定要采取历史主义的分析方法，进行具体的分析，绝不能无批判地兼收并蓄。毛泽东还十分注重从形式与内容两个方面来实现对传统文化的继承和创新。在内容上，毛泽东强调对于封建文化当中的旧内容要实行更新或作新的解读和发挥，在形式上则要善于利于民族形式或民间形式，这样才能做到喜闻乐见。总之，毛泽东抛弃了近代以来的"体用之争"，立足于当代实践，主张对民族传统文化进行辩证的分析，在此基础上实现对传统文化的批判、继承和创新。

综上所述，我们不难看出，马克思主义文化理论是毛泽东文化民族性思想的理论基础，而毛泽东文化民族性思想又是在新的历史时期进一步丰富和发展了马克思列宁主义文化理论。

第二节　毛泽东思想的重要组成部分

毛泽东思想是马克思列宁主义在中国的运用和发展，是被实践证明了的关于中国革命和建设的正确的理论原则和经验总结。邓小平同志曾经指出："毛泽东思想不是在个别的方面，而是在许多领域发展了马克思列宁主义。毛泽东思想是个体系，是发展了的马克思主义。所以我建议，除了做好毛泽东著作的整理出版工作之外，做理论工作的同志，要花相当多的功夫，从各个领域阐明毛泽东思想的体系。"[①]毛泽东思想作为一个完整的科学理论体系，它包含了新民主主义革命理论、社会主义革命和社会主义建设理论、革命军队建设和军事战略的理论、政策和策略的理论、思想政治工作和文化工作的理论、党的建设理论等，涵盖了政治、经济、文化、军事、外交、统一战线、党的建设等各个领域，而且每一个领域的思想又有许多分支内容，不同领域的思想之间彼此密切联系，相互渗透。毛泽东文化民族性思想就是以毛泽东为代表的中国共产党人在中国革命和建设实践中运用马克思主义基本原理来指导、分析和解答中国文化发展问题的产物，它深刻地揭示了文化与民族间的密切联系，充分展示了文化的民族特性和民族的文化本质或文化身份，它既是毛泽东文化思想的重要构成部分，又涉及毛泽东民族思想一些基本内容，并贯穿于毛泽东的经济思想、政治思想、军事思想等各个领域。因而，毫无疑问它必然成为毛

---

① 《邓小平文选》第 2 卷，人民出版社 1994 年版，第 43—44 页。

泽东思想的重要组成部分。

一　毛泽东文化民族性思想是毛泽东文化思想的精华

毛泽东不仅是中国近现代史上一位伟大的无产阶级革命家、政治家，也是一位影响中国、享誉世界的文化巨人。毛泽东一生与"文化"结下了不解之缘，毕生关注着中国的文化发展和中国人民的文化事业，始终把建设中华民族的新文化作为自己一生的使命和责任。从青年时代开始，毛泽东就通过成立"新民学会"，主编《湘江评论》，创办"文化书社"等多种途径和方式积极致力于揭露和批判中国传统文化的弊病，致力于学习和传播各种新思想和新文化。新民主主义革命时期，毛泽东明确指出，我们中国共产党人，多年来，不但为中国的政治革命和经济革命而奋斗，而且为中国的文化革命而奋斗，我们的目标就是要"把一个被旧文化统治因而愚昧落后的中国，变为一个被新文化统治因而文明先进的中国"①。新中国成立后，在毛泽东的领导下，我们在开展大规模的社会主义经济建设的同时，也掀起了社会主义文化建设的高潮。毛泽东十分重视教育、科学技术、文学艺术等各项文化事业的发展，并提出了把科学文化建设作为中国四个现代化的任务之一。毛泽东一生之所以如此重视文化问题，这与其对文化革命与政治革命密切联系的认识是分不开的，以至于毛泽东晚年所发动的那场本质上是以阶级斗争为纲的"政治大革命"，仍以"文化"冠名，称之为"文化大革命"。

在中国革命和建设的实践中，毛泽东把马克思主义的基本原理与中国具体实际相结合，形成了一套比较系统的文化理论，成为毛泽东思想体系的重要组成部分。对于毛泽东文化思想体系，我们把它概括为以下四个层面的内容。第一，文化本质论。毛泽东首先运用历史唯物主义基本原理，对文化进行了科学的界定。他说，一定的文化是一定的政治和经济的反映，又给予伟大影响和作用于一定社会的政治和经济。这一界定不仅有利于我们清楚地认识文化在整个社会生活中的

---

① 《毛泽东选集》第2卷，人民出版社1991年版，第663页。

地位和作用，而且也为我们理解不同历史时期的文化的性质奠定理论基础。依据这一定义，毛泽东指出，自周秦以来的中国文化，是反映封建社会的政治、经济的封建文化，自近代以来，由于资本主义的侵略和中国资本主义因素的生成，中国逐渐形成了半殖民地半封建的文化。毛泽东进一步明确，新民主主义革命时期我们的文化发展方向和目标就是建立反映新民主主义政治和经济的新民主主义文化即人民大众反帝反封建的文化。第二，文化辩证论。毛泽东抓住文化发展中诸多矛盾关系，运用马克思主义的辩证思维方法进行了辩证的分析，从而比较全面地揭示了中国文化发展的基本规律。这些矛盾关系包括了文化的内容与形式、传统文化与现代文化、中国文化与西方文化、马克思主义与中国传统文化、汉族文化与少数民族文化、民众与知识分子、爱国主义与国际主义等。第三，文化创新论。毛泽东不遗余力地批判文化上的教条主义，强调继承和借鉴的最终落脚点还在于创造自己的文化。毛泽东不仅指出了文化创新的立足点和重要源泉，而且提出了文化创新的基本原则与方法。第四，文化政策论。毛泽东在科学地把握文化的本质和发展规律的基础上，提出了发展文化的许多具体政策，这些政策包括："双百"方针、"二为"方向、"团结、教育、改造"的知识分子方针，建立文化的统一战线等。

文化民族性思想在毛泽东整个文化思想体系当中占有重要的位置，是贯穿于毛泽东文化思想的一条中心线索。从总体上来讲，毛泽东文化思想就是要解决中国文化向什么方向发展、如何发展的问题。毛泽东认为，中国文化发展的方向和目标就是要建立中华民族的新文化，这种新文化既是一种先进的文化，同时它又必须是中华民族的。正因为如此，毛泽东特别强调要正确处理好文化的新民主主义内容、社会主义内容与民族形式的关系，强调马克思主义必须中国化，要有中国作风和中国气派；对待中西文化关系上，强调要学习西方文化，为我所用，要批判地继承中国优秀文化传统，也就是要做到"洋为中用，古为今用"；在对待民众与知识分子关系问题上，认为民族的文化主体是广大人民群众，因此我们的文化必须是为大众所喜闻乐见，知识分子必须与工农大众打成一片，文化创作必须坚持"二为"方向；在对待汉族文化与少数民族文化关系问题上，强调要坚持民族平等，大力保护和发展少数民族文化。从以上分析中我们不难看出，文化民族性思想的确是毛泽东文化思想体系的重要构成部分，离开了文化民族性内容，毛泽东文化思想体系也就失去了灵魂。

二　毛泽东文化民族性思想是毛泽东民族思想的构成内容

人类社会发展史上，有过许多不同类型的共同体。人类社会最早的共同体形式是血缘共同体，如氏族、家族、部落。随着人类社会的发展还出现了经济共同体、政治共同体和民族共同体等类型。作为一个民族共同体，它可能具有多重规定性，但文化无疑是民族共同体内最显著、最持久、最稳定的联系。因而，文化是民族共同体的最重要的规定性，文化是民族的标志，是一民族与他民族相区分的重要方面。毛泽东的文化民族性思想不仅强调了文化的民族特性，而且揭示了民族的文化本质，突出了文化对于民族的生存与发展的重要性。毛泽东文化民族性思想告诉我们，民族间是存在各种差异的，而这种差异最深刻、最持久、最鲜明地反映在文化层面上。因此，毛泽东常常从文化的角度来理解和解答民族或民族关系问题。例如，毛泽东民族思想当中的一个基本原则就是民族平等原则，毛泽东的文化民族性思想与这一原则是完全一致的。毛泽东认为，每个民族都为世界文化发展做出了自己的贡献，不同的民族都有根据自己的特点发展自己民族文化的权利和自由，反对民族歧视主义和政策，并且确信没有文化上的平等与相互尊重就谈不上真正的民族平等。因此，毛泽东积极支持第三世界国家和人民发展自己的民族文化，倡导不同民族间的文化交流，高度重视帮助少数民族发展自己的民族文化，保护少数民族语言文字及各种文化遗产，尊重少数民族的风俗习惯、宗教信仰等。可以说，上述思想既是毛泽东民族思想在文化上的具体体现，也是文化思想在民族关系中的反映。

三　毛泽东文化民族性思想充分体现了毛泽东思想活的灵魂

我们之所以说毛泽东文化民族性思想是毛泽东思想的重要组成部

分，还在于毛泽东文化民族性思想充分体现了毛泽东思想活的灵魂。首先，毛泽东文化民族性思想充分体现了毛泽东实事求是的思想。实事求是，就是要一切从实际出发，理论联系实际，在实践中检验和发展真理。对于这个实际，我们必须进行系统的历史的理解。所谓系统的理解，就是要从经济、政治和文化及其相互关系当中来理解，今日中国之文化是今日中国之经济与政治的反映，不存在完全游离于经济、政治之外的文化。所谓历史的理解，就是指今日中国之实际是昨日中国历史发展的结果，我们不能割断这种历史的联系。毛泽东文化民族性思想就是要求我们把马克思主义基本原理与中国的具体实际即中国的政治、经济、文化特点相结合，既要以马克思主义为指导，又要坚持走民族化道路，坚决反对各种脱离中国民族实际的教条主义。其次，毛泽东文化民族性思想充分体现了毛泽东的群众路线思想。如前所述，毛泽东文化民族性思想有一个鲜明的特点就是把文化的民族化与文化的大众化相统一。在毛泽东看来，所谓大众就是指全民族中90%以上的工农劳苦民众。马克思主义的民族化，具体来讲，就是把马克思主义与广大人民群众的实践相结合，用马克思主义武装群众，同时在群众实践中发展马克思主义。因而我们必须解决马克思主义如何走入人民大众的问题，离开人民群众的民族化只会流于空谈。最后，毛泽东文化民族性思想还体现了毛泽东独立自主的思想。毛泽东文化民族性思想始终坚持文化的主体性原则，以我为主，为我所用，坚决反对帝国主义压迫，主张中华民族的尊严和独立。毛泽东文化民族性思想就是要通过学习西方文化，促进中国文化的发展；就是要通过弘扬中华优秀传统文化，增强中华民族的自尊心和自信心。无论从手段还是从目的来看，毛泽东文化民族性思想都比较好地坚持了独立自主的思想和原则。

此外，毛泽东文化民族性思想可以说是贯穿于毛泽东的经济思想、政治思想、军事思想、外交思想、伦理思想、教育思想等各个领域，在这些领域中都有不同程度的体现，毛泽东思想本身就是马克思主义民族化的产物。

第三节　有力地推动了马克思主义中国化进程

马克思主义中国化的整个发展进程与中国共产党人对于文化的民族性自觉程度密切相连。抗日战争时期，以毛泽东为主要代表的中国共产党人对于文化的民族性有了普遍的高度自觉，这种普遍自觉是马克思主义中国化命题提出的重要推动因素之一。从此以后，中国共产党更加重视继承中华民族优秀的文化传统，把马克思主义与中国传统文化相结合作为马克思主义中国化的重要内容之一，这种结合一方面进一步推动了马克思主义中国化进程，另一方面也促进了中国传统文化的现代转型。

一　文化民族性体认与马克思主义中国化发展历程

对于中国共产党人来讲，在其诞生后的较长一段时间里，在对待民族传统文化的问题上一直都存在着认识的局限，更不用说能够正确处理马克思主义与中国传统文化的关系，自觉地把两者相结合来推进马克思主义中国化发展。1922 年中共二大认为，加给中国人民"最大痛苦的是资本帝国主义和军阀官僚的封建势力"，提出党的最高纲领是实现社会主义、共产主义，而当前阶段的纲领就是打倒军阀，推翻国际帝国主义的压迫。因此，"早期的中国共产党人既是一个国际主义者，也是政治上的民族主义者"。"但在文化问题上，他们却并不简单地认同于民族主义的目标。"[1] 他们一方面十分清楚地看到"不去尽帝国主义的一切势力，东方民族之文化的发展永无伸张之日"，但同时又特别强调"宗法社会及封建制度的思想不破，则于帝国主义的侵略无法抗拒"[2]，也就是说，在他们的思维逻辑当中，文化上的主要任务还在于彻底地反封建，而非批判资本主义文化，这种

---

[1]　刘辉：《中国共产党人的文化自觉——新民主主义文化思想再研究》，中共党史出版社 2008 年版，第 134 页。

[2]　《瞿秋白选集》，人民出版社 1985 年版，第 18 页。

思维逻辑与他们此期高扬文化的时代性，弱化甚至忽视文化的民族性思想是一致的。陈独秀虽然也谈文化的民族性，阐述了东西民族文化差异，但在他看来，民族性只不过是从属于时代性，"其实人类之文化是整个的，只有时间上进化迟速，没有空间上的地域异同"①。所以，他把中国传统文化比作一堆"粪秽"，把研究国学看作在粪秽中寻找毒药和香水。② 瞿秋白也明确指出：东西方文化的差异，"是时间上的迟速，而非性质上的差别"③。也就是说，他们都把中国传统文化置于西方文化、特别是马克思主义的对立面，应该予以彻底的批判。中国共产党早期代表人物当中，在对待民族传统文化上李大钊和毛泽东两人的思想更显合理一些，他们在某种程度上都肯定了中国文化的价值，并主张融合中西文化。但是，对于中国文化的这种肯定注定也只能流于抽象的形式。因为他们对于中国文化价值的这种肯定丝毫没有影响他们对于以孔子儒学为代表的中国文化传统的生命力和现代价值的总体判断，加之缺乏辩证法这一有力武器来对传统文化进行科学分析，因此对于中国文化价值的肯定和利用在当时的历史背景下并不能很好地落到实处。事实上，在当时的革命形势下，他们所关心的是如何将马克思主义的唯物史观应用于中国今日政治经济情形，探索一条适合中国国情的革命道路，民族文化很自然地溢出了他们的视野，充其量也只是从属于前者。他们通过对中国经济政治状况的阶级分析，发现中国农民在中国革命当中的重要性，经过土地革命时期的革命实践和进一步探索，终于寻找到一条不同于俄国的适合于中国国情的革命道路，形成了工农武装割据思想和农村包围城市的道路理论。因此，从大革命时期到土地革命时期是马克思主义中国化发展的重要阶段。但从总体来看，这一时期以毛泽东为主要代表的中国共产党人对于民族文化的认识尚没有达到一种高度自觉的程度，更没有深刻地认识到汲取中国文化传统对于马克思主义中国化的重要意义。

---

① 任建树、张统模、吴信忠编：《陈独秀著作选》第2卷，上海人民出版社1993年版，第602页。

② 《陈独秀文章选编》（中），生活·读书·新知三联书店1984年版，第404页。

③ 《瞿秋白选集》，人民出版社1985年版，第9页。

全面抗战爆发前后，随着民族危机的日益深重，中国共产党开始高扬爱国主义旗帜，积极致力于建立抗日民族统一战线。政治形势的变化，迫切需要一场文化上的运动与之相适应，建立起文化上的统一战线。然而，当时的现实情况则是："中国思想文化界处于一种遭殖民文化压迫、受反动文化破坏、被复古思潮侵蚀的境地。"① 为了配合建立抗日统一战线的政治形势，为了唤醒全民族的抗战意识，一批共产主义理论家和左翼知识分子发起了一场文化救亡运动即新启蒙运动。这场新启蒙运动虽然历时不长，但意义重大。其中一个重要的方面就是，新启蒙运动提出要重估中国文化，从而一改"五四"新文化运动时期对于中国传统文化的激烈批判态度，体现了新启蒙运动代表人物对于文化民族性的强烈体认和对于民族文化的高度自觉。何干之就提出："现在是我们重新估量中国文化，估量西洋文化，深入研究，深入批评的时代了。"② 张申府也认为，"这个新启蒙运动应该是一个真正的新文化运动，所要造的文化，不应该只是毁弃中国传统文化，而接受外来西洋文化"。"不可因为国际而忽略民族，也不可因为民族而忽略国际。"③ 应该是"选拔旧文化中的具有民族意识的要素，发展它"。④ 他们批判过去的新文化运动外国味太重，强调要使外来文化适合中国的气候和营养条件。为此，他们还提出了马克思主义哲学中国化的任务。1936 年，陈唯实在《通俗辩证法讲话》一书中，率先提出了"辩证法之实用化和中国化"的主张。陈伯达随后也提出"使唯物辩证法在中国问题中具体化起来，更充实起来"。⑤ 1938 年 4 月，艾思奇在《哲学的现状和任务》当中，明确提出"现在需要来一个哲学研究的中国化、现实化运动"。⑥ 应该说，上述这些思想为"马克思主义中国化"历史任务的最终提出做了重要铺垫。

---

① 郑师渠：《中国共产党文化思想史研究》，中共中央党校出版社 2007 年版，第 77 页。

② 《何干之文集》第 2 卷，北京出版社 1994 年版，第 139 页。

③ 张申府：《五四纪念与新启蒙运动》，《认识月刊》创刊号 1937 年 6 月。

④ 《柳湜文集》，三联书店 1987 年版，第 721 页。

⑤ 陈伯达：《哲学的国防动员》，《读书生活》1936 年第 9 期。

⑥ 《艾思奇文集》第 1 卷，人民出版社 1981 年版，第 387 页。

1938 年 10 月，在中共六届六中全会的政治报告中，毛泽东首先阐述了他对待民族文化的基本观点。他说："我们这个民族有数千年的历史，有它的特点，有它的珍贵品。对于这些，我们还是小学生"。"我们是马克思主义的历史主义者，我们不应当割断历史。从孔夫子到孙中山，我们应当给以总结，承继这一份珍贵的遗产。""共产党员是国际主义的马克思主义者，但是马克思主义必须和我国的具体特点相结合并通过一定的民族形式才能实现。"在此基础上，毛泽东明确提出了"马克思主义中国化"的历史任务。他说："使马克思主义在中国具体化，使之在其每一表现中带有着必须有的中国的特性，即是说，按照中国的特点去应用它，成为全党亟待了解和解决的问题。"毛泽东这里所提出的马克思主义中国化实际上包括了两个方面的内容，即将马克思主义同中国革命的具体实际和中国的民族文化相结合。毛泽东指出，"把国际主义的内容和民族形式分离开来，是一点也不懂国际主义的人们的做法"。因此，马克思主义中国化命题的明确提出不仅是毛泽东对于中国革命两次胜利和两次失败的经验教训总结的结果，同时也是此期中国共产党人民族文化自觉的产物。至此，以毛泽东为代表的中国共产党人已经十分清晰地认识到吸取中国文化传统对于马克思主义中国化的重要意义。总之，抗日战争时期以毛泽东为代表的中国共产党人的文化民族性意识得到普遍觉醒，这种觉醒直接促进了中国共产党人自觉地将马克思主义与中国文化传统的相结合，从而极大地促进了马克思主义中国化进程。

新中国成立后，毛泽东对文化民族性问题的思考与对中国社会主义建设道路的探索本身就是相融与交织在一起，当毛泽东对文化的民族性作进一步思考时内含着对于中国社会主义建设道路的反思，蕴含着毛泽东对于马克思主义与中国建设实际和中国文化第二次结合的新一轮探索。例如，1956 年毛泽东同音乐工作者的谈话，表面上看好像只是在谈文艺的民族性问题，但实际上却蕴含着毛泽东探索一条不同于苏联模式的社会主义建设道路的深思。在谈话中，毛泽东就多次重复：一定要有民族形式和民族特点，"政治上如此，艺术上也如此"。当然，中华人民共和国成立后毛泽东对于中国传统文化的认识也曾一度出现偏差，马克思主义中国化进程也因此受到严重影响。

二　文化民族性自觉是推进马克思主义中国化的重要前提

马克思主义中国化，如果简单地来讲，就是指将马克思主义基本原理与中国具体实际相结合。如果要具体地分析，我们就可以发现其中所包含的丰富内涵。首先，我们应该把马克思主义中国化置于马克思主义发展史当中来进行认识。马克思主义作为一种为实践所证明的科学理论，具有普遍的指导意义，因此它必将走向世界各个国家和民族。马克思主义不是僵化的教条，它也只有与各个国家和民族的具体实际相结合才能获得发展，显示出自己强劲的生命力。从马克思主义发展史的角度，将马克思主义中国化视为马克思主义世界化（或民族化）的一个构成部分，有助于开阔我们的认识视野，使我们能够以一种更加理性的态度对待马克思主义中国化，也就是说，既看到马克思主义中国化是中国共产党人的一个伟大创造，又要看到马克思主义中国化是马克思主义发展进程中一种十分正常的现象。其次，马克思主义中国化是一个双向互动的过程。马克思主义中国化是一个用马克思主义一般性理论来指导中国的具体性实践以解决中国问题的过程，按毛泽东的话来讲，就是要用马克思列宁主义之"矢"去射中国革命之"的"。同时，马克思主义中国化又是将中国实践经验上升为理论，形成中国化马克思主义的过程。最后，马克思主义基本原理与中国具体实际相结合中的这个实际应该作系统的、历史的理解。这个实际既是指中国社会的政治和经济方面的实际，也包括文化的实际。文化的实际恰恰又是政治和经济实际的反映，而又具有相对独立的发展规律，不了解、不理解中国传统文化就不可能真正把握中国实际和特点。因此，马克思主义与中国传统文化相结合是马克思主义中国化的题中应有之义，"马克思主义的中国化是一个含有文化特点的用语"①。

既然马克思主义与中国传统文化相结合是马克思主义中国化的题中应有之义，那么深入研究两种文化的民族特点、把握两种文化的内在

---

① 陈葆华等：《国外毛泽东思想研究评述》，陕西人民出版社 1993 年版，第 331 页。

精神实质，寻找两种文化的结合点及其实现这种结合的具体路径，这成为实现和推进马克思主义中国化的关键。反之，如果无视中国传统文化的存在，就不可能实现马克思主义的中国化，因为中国传统文化是马克思主义中国化的文化土壤，马克思主义只有植根于中国民族文化的土壤之中才能得以生长和繁荣，离开中国民族文化的马克思主义中国化既是不完全的中国化，同时也难以在中国真正扎根。毛泽东文化民族性思想正确处理了马克思主义与中国传统文化的关系，在强调用马克思主义先进文化来批判和改造中国传统文化的同时，又特别重视从中国传统文化中汲取智慧和养料，并赋予马克思主义以中国化的民族形式。正如学者所指出的，毛泽东"不仅从中国精英文化传统中吸取智慧，而且从中国民间文化传统中吸取力量，把中国文化的两种传统与马克思主义相融合，使马克思主义能够在一个以农民为主体的尚未完全近代化的东方大国形成自己的独特的形态。……毛泽东思想，从思想来源上说就是马克思主义与中国文化的两种传统相结合的结晶"。① 毛泽东思想也正是马克思主义中国化的第一个重大理论成果。

　　总之，中国传统文化不仅为马克思主义提供了思想养料，而且赋予其以民族形式。历史实践已经充分证明，对于中国民族文化的自觉程度和准确把握程度对马克思主义中国化都将产生极大的影响。我们今天，要推进马克思主义中国化进一步向前发展，就必须不断深入研究马克思主义和中国传统文化的共性与个性，为此我们特别需要一批既懂马克思主义又懂中国传统文化的综合型、复合型人才，尽量克服马克思主义与中国传统文化相结合过程中出现"变形"和"失真"问题。

第四节　极大地促进了中华民族文化的发展和繁荣

　　鸦片战争以来，中华民族所面临的是一场全面的民族危机，其中

---

① 何萍、李维武：《马克思主义中国化探论》，人民出版社 2002 年版，第 58 页。

也包括了文化的危机。帝国主义用坚船利炮，打开了中国闭关锁国的大门，同时也打破了中国人长期以来所形成的华夏中心主义陈旧思想。在中西文化的激烈碰撞中，我们清醒地发现我们落后了。先进的中国人很自然地走上反思中国自身文化，批判传统文化，放眼世界，学习西方先进文化的道路，这一总体走向发展到"五四"新文化运动时期已经达到一个顶峰。首先，新文化运动阵营内部发生分化。"五四"新文化运动把这种批判与学习引向了文化的最深层次，一部分人由此进一步向前走，发展到全盘否定中国传统文化的道路，我们称之为"全盘西化派"。其次，近代以来对于西学的追逐以及对于中学的反思与批判，对部分中国人的民族文化心理产生强烈的冲击，由此出现一股反向回流思潮即重新体认和高度评价中国传统文化的"东方文化派"。历史充分证明："全盘西化派"与"东方文化派"的文化主张都存在严重的弊端，都无法实现中华民族文化的复兴。以毛泽东为代表的中国共产党人的文化思想及其实践则成功地解决了中国传统文化与现代文化、中国文化与西方文化的矛盾，解决了马克思主义的中国化和中国传统文化的现代化问题，实现了中国文化发展既要现代化又要民族化的目标，从而使中华民族文化踏上复兴之路。

一　"全盘西化派"的文化主张及其得失

鸦片战争以来的中国屡遭西方列强欺凌，它使近代中国无数仁人志士陷入没有停歇的深深反思当中。从林则徐、魏源睁眼看世界，提出"师夷长技以制夷"的思想发端，到洋务派主张"中学为体、西学为用"，学习西方的军事和科学技术，兴办洋务，可视为第一阶段，这次反思主要是从文化的表层即器物层面进行。甲午海战北洋舰队的全军覆没宣布了洋务运动的破产。以康梁为代表的资产阶级维新派和以孙中山为代表的资产阶级革命派逐渐认识到只学习西方技术而不从事本国政治改革，实为"遗其体而求其用"，"遗其精义而袭其皮毛"，从而把这一反思深化到制度层面。然而，轰轰烈烈的辛亥革命虽然推翻长达几千年的封建帝制但并没有使中国境况有所改观，这使人们陷入更加绝望与茫然之中。一些先进知识分子于是发觉以往所有努力之所以成效甚微，根本原因在于中国国民劣根性，因此，"欲图根本之救亡"，须改造中国的国民性，于是新文化运动孕育而生，它把近代以来中国人的自我反思深化到民族文化的心理层面。对于近代以来中国人的上述反思理路，梁启超曾做过一次很好的总结。他说：近五十年来，中国人渐渐知道自己的不足了。第一期先从器物上感觉不足，于是福建船政学堂、上海制造局等等渐次设起来了；第二期，是从制度上感觉不足，所以拿变法维新做一面大旗，在社会上开始运动；第三期，便是从文化根本上感觉不足，革命成功将近十年，所希望的件件落空，渐渐地有点废然思返，觉得社会文化是整套的，要拿旧心理适用新制度，决计不可能，渐渐要求全人格的觉醒。①

应该说，近代以来中国先进分子对于"中国向何处去"的探索是艰辛而十分有价值的，反映了国人对于中国问题及其出路的认识在不断深化。然而，在学习西方、批判传统的过程中，也很容易产生一种民族虚无主义的思想。事实上，到19世纪末，"醉心欧化"倾向就已初露端倪。一些人"尊西士为圣神，崇欧人为贵种"②，认为中国事事不如西方，是因人种不如人，因此，主张变种易俗，"唯泰西者是效"。"五四"新文化运动对中国传统文化进行了最猛烈的批判，给人以振聋发聩的效果，有着重要的启蒙作用。"五四"新文化运动也存在着历史的局限，那就是十分强调文化的时代性，而弱化文化的民族性，在思想方法上也存在着矫枉过正的倾向。当然，这种局限在当时的历史条件下是难以避免的。"五四"新文化运动的进一步发展，内部阵营开始发生分化，"全盘西化派"就是其中之一，其重要代表人物有胡适、陈序经等。胡适就认为，"只有一条生路，就是我们自己要认错。我们必须承认我们自己百事不如人，不但物质机械上不如人，不但政治制度不如人，并且道德不如人，知识不如人，文学不如人，音乐不如人，艺术不如人，身体不如人。……肯认错了，方才肯

---

① 梁启超：《五十年中国进化概论》，《梁任公近著》（下卷），商务印书馆1922年版，第237—239页。

② 《论中国对外思想的变迁》，《警钟日报》1904年6月21日。

死心踏地的去学人家。……不要怕丧失我们自己的民族文化"①。

"全盘西化派"对于封建文化进行了最激烈的批判和斗争，促进国人的思想解放运动，在这一点上有其积极意义。正是在这一意义上，马克思主义者往往将西化派视为反封建的同盟。但是，"全盘西化"派主张其理论缺陷及现实后果是显而易见的。"全盘西化"派主张从思维方式上来看，犯了一种形式主义的错误，缺乏辩证思维。他们把文化的发展看作是铁板一块，所谓好，就是一切皆好；所谓坏，就是一切皆坏，因此要学习西方只有全盘学习。"全盘西化"派主张无视文化的自身发展规律，盲目地将一种文化全盘移植到另一种文化当中，他们不知道西方文化本身并不是一个抽象的东西，同样具有自身民族性。"全盘西化"派主张无视民族文化的独立性，必然导致民族文化虚无主义，导致民族自卑心理不断滋生，只会进一步加重民族文化的危机。总之，"全盘西化派"片面强调文化的时代性，而否认文化的民族性，这种思想主张必然无法使中华文化走向发展和繁荣。事实证明，在半殖民地半封建社会的中国，没有民族的独立就没有文化的独立，没有文化的独立也就没有民族的独立，两者紧密相依。因此，幻想通过走资本主义道路甚至全盘资本主义化以使中国走上复兴道路，在现实的中国是根本行不通的。

二　"东方文化派"的文化主张及其得失

近代以来，学习西方，效法西方成为中国思想界在文化发展道路选择上的主要趋向。但是，中国人在批判中学，学习西学过程中始终伴随着理性与情感的矛盾。王国维曾用"爱所不信，信所不爱"来说明近代以来中国人在文化选择上的这种矛盾心理。因此，在向西方学习过程中，特别是当传统文化在人们心目中的价值地位日渐衰退时，他们倍感痛惜，文化民族主义情绪常常袭上心头。早在戊戌时期，康有为、梁启超一方面宣传西学，另一方面又提出欲立孔教与基督教抗衡。在康有为看来，西学可以强国，而基督教足以亡国，基督

---

① 《胡适全集》第 4 卷，安徽教育出版社 2003 年版，第 667—668 页。

教在中国的发展将导致中国文化的危机，于是提出"保教"口号。到 20 世纪初，以邓实、章太炎等为代表的晚清国粹派则明确提出保存国粹，复兴固有文化的主张。他们与康有为的区别就在于，舍"保教"，倡"存学"，明确以复兴中国文化为己任。

欧战后，"东方文化派"开始异军突起。所谓"东方文化派"其实并无明确的界定，"它是其时持论激进的年轻的马克思主义者用以泛指欧战后力主反思西化并以复兴中国固有文化为己任的一派人，意存调侃与贬斥"①，主要代表人物有：梁启超、张君劢、梁漱溟以及以吴宓、梅光迪等为代表的学衡派等。欧战的爆发改变了西方人对于东西文化的认识，它使许多西方人对自己的文化产生怀疑，丧失信心。斯宾格勒所著《西方的没落》就指出，欧战表明西方的"浮士德文化"正走向死亡。与此同时，他们把目光投向东方文化，试图从东方文化中寻找解救西方文明的药方，许多大学者如罗素、杜威等也都先后访华。总之，欧战使许多有识之士对东西方文化重新加以审视和反思，他们开始以一种平等的心态研究和借鉴东方文化，从而开启了东西文化对话的新时代。欧战的爆发以及战后西方文化观念的上述变动，使具有强烈的文化民族主义心理的"东方文化派"代表们激动不已。1920 年，梁启超发表了其战后旅欧见闻随感《欧游心影录》，他用自己那一贯淋漓畅快而富有感情的笔调，生动地描绘了战后欧洲凄楚悲凉的情景，宣告西方"科学万能论"已经破产。同年，梁漱溟也出版了著名的《东西文化及其哲学》，提出了他关于世界文化发展的"三路向"说，并宣称不久的将来文化将从第一路向转入第二路向，也就是说，中国文化复兴的时代即将到来。总体来看，"东方文化派"的基本主张就是通过调和中西来复兴中国文化，并强调以中国文化助益世界。

"东方文化派"始终坚守文化的民族性，强烈反对"醉心欧化"倾向，强调中国固有文化自身的价值，以复兴中国文化为己任，这

---

① 郑师渠：《思潮与学派——中国近代思想文化研究》，北京师范大学出版社 2005 年版，第 51 页。

些对于增强国人的自信心，克服民族自卑心理都具有积极的意义。"东方文化派"还从理论上论证了中西文化实为两大独立的文化体系，是两种不同类型的文化，这就对文化一元进化发展观予以回击，从而肯定了中国文化在世界文化体系中的独立地位和存在价值。杜亚泉在《静的文明与动的文明》一文中，就把中西文化概括为"主静"和"主动"两种文化类型。梁启超认为文化包含人类物质和精神两方面的业种、业果，中国文化重精神，西方文化重物质，宣扬以中国传统文化来拯救西方精神文明危机。梁漱溟认为，文化的不同是由于意欲之所向不同决定的，人的意欲大体上有三种路向，从而形成了文化的三种类型。即以意欲向前要求为根本精神的西方文化，以意欲自为调和持中为根本精神的中国文化以及以意欲反身向后要求为根本精神的印度文化。"东方文化派"虽重传统，却与封建顽固派不同，东方文化派代表人物绝大多数都是学贯中西，并不拒绝接受西方文化，而是主张调和中西，复兴中国文化，实为现代意义的文化保守主义者。

　　然而，"东方文化派"并不能够真正完成复兴中国文化的历史使命。"东方文化派"在竭力维护中国文化的民族性的同时，很大程度上又否认文化的时代性差异，把文化的时代性消解在民族性差异当中，这就严重地制约了他们的视野。他们虽然主张调和中西文化，但却带有很强的保守性和民族自恋情结，以至于欧战后世界文化出现新的发展动向时，他们的虚骄心理不断滋长。梁启超在《欧洲心影灵》中就高呼："我们对于人类全体的幸福，该负四分之一的责任。……我们可爱的青年啊！立正！开步走！大海对岸那边有几万万人，愁着物质文明破产，哀哀欲绝的喊救命，等着你来超拔他哩。"[1] 梁漱溟更断言全世界都要走孔子的路，中国文化的复兴就是中国文化的世界化。正因为如此，他们对于战后社会主义革命新纪元的到来和马克思主义在中国的传播不仅没有感悟，甚至极力持批判态度，认为马克思主义不适合中国国情，反对俄国式的"过激革命"，我们只要从延安

---

[1]　梁启超：《饮冰室合集》专集之二十三，中华书局1989年版，第37—38页。

时期毛泽东同梁漱溟的争论就可以清楚地看到这一点。

三　毛泽东文化民族性思想对于中华文化发展的独特贡献

　　毛泽东文化民族性思想对近代以来中西文化论争进行了科学的总结，它不仅为中国文化的发展指明了方向和道路，而且极大地改变了中国人的精神风貌，振奋了中国人的民族精神，繁荣了中国各项文化事业，为中国文化发展注入了不竭的生机与活力。

　　首先，毛泽东文化民族性思想正确地处理了文化的时代性与民族性的关系，为中国文化发展指明了方向。在文化发展问题上存在两种基本理论主张或倾向。第一种是文化"进化论"或称为文化进化主义。这种观点认为文化是一元的而且是呈单线进化的发展模式，因此处在不同阶段的文化有先进与落后、高级与低级之分，而不同民族的文化必然处在不同的发展阶段之中。这种观点看到了文化发展的统一性和时代性，却否认了文化发展的多样性和民族性，全盘西化论者把中国的现代化等于西方化就属于这一种观点。第二种是文化多元论和文化相对主义。这种观点则认为不同的民族在历史发展过程中创造了各具特色的文化，每种文化都有其存在的价值，不同的文化之间是平等的，并不存在绝对的先进和落后、高级与低级的分别。这种观点肯定了文化的多样性和民族性，却否认了文化的时代性，"东方文化派"明显地属于这一种观点。受"五四"新文化运动影响，中国共产党早期在文化的时代性与民族性问题上也存在着认识的偏差，主要表现在只强调文化的时代性，而弱化文化的民族性。到抗日战争时期，以毛泽东为代表的中国共产党人开始自觉地处理文化的时代性与民族性关系问题。一方面，他们继承了"五四"新文化运动时期的民主精神和科学精神，并在马克思主义的基础上加以改造，他们始终坚持以马克思主义为指导，从而保证了中国文化发展的先进性。正如毛泽东所指出，"自从中国人学会了马克思列宁主义以后，中国人在精神上就由被动转入主动。从这时起，近代世界历史上那种看不起中国人，看不起中国文化的时代应当完结了。这种中国人民的文化，就其精神方面来说，已经超过了整个资本主义的世界"①。另一方面，他们又十分强调文化的主体性和民族性原则，强调马克思主义必须与中国实际特点、与中国传统文化相结合，从而最终产生了马克思主义中国化的重要理论成果——毛泽东思想。毛泽东思想是马克思主义与中国传统文化相结合的典范，是时代精神与民族精神的有机融合，它为民族自尊心和自信心受到严重挫伤的中国人重新找到了文化意义上的那种深沉的"民族自我"，为陷入文化迷失中的中国人指明了前进的方向。

其次，毛泽东文化民族性思想把发展中华民族文化与谋求近代社会革命相结合，为中国文化的发展找到了现实的道路。回顾历史，我们会发现，从辛亥革命到新文化运动再到新民主主义革命，历史其实走过了这样一个否定之否定的过程。首先是辛亥革命昭示人们，仅有政治形式的革命还不足以把中国从落后、愚昧的状态中解放出来，尚不能完成民族与民主革命的重任，还必须有人自身的现代化，于是有了新文化运动的兴起。新文化运动的战士们摇动民主与科学两面大旗，大声呐喊，试图通过对封建思想发动最猛烈的批判来完成改造国民性的历史使命，将芸芸众生从专制与愚昧之中解放出来，成为创造新时代所需要的新国民。然而，新文化运动显然也没有如其所愿。于是，历史的车轮进一步推进到新民主主义革命，以马克思主义武装起来的中国共产党人再一次走向政治革命，只不过有所不同的是，它承继了新文化运动的精神，把文化革命进一步引向深入，走进大众，将文化变革与政治革命有机地结合起来，从而比较成功地推进了中国文化从传统到现代的转型。

1927年，毛泽东在《湖南农民运动考察报告》中就指出，所有一切封建的宗法的思想和制度，都是随着农民权利的升涨而动摇。地主的政治权利破坏完了的地方，农民对家族、神道、男女关系这三点便开始进攻了。但是，完全推翻这三项，还要待农民的经济斗争全部胜利之后。因此，毛泽东认为"目前我们对农民应该领导他们极力做

---

① 《毛泽东选集》第4卷，人民出版社1991年版，第1516页。

政治斗争，期于彻底推翻地主权力。并随即开始经济斗争，期于根本解决贫农的土地及其他经济问题"。[①] 家族主义、迷信观念和不正确男女关系之破坏，乃是政治斗争和经济斗争胜利以后自然而然的结果。中央苏区文化正是中国共产党建设中华民族新文化理论与思路的首次实践，并取得了显著的成效，积累了丰富的经验。抗日战争时期，中国共产党进一步把抗战救国与建设中华民族新文化相结合。一方面，强调新文化要为抗战救国服务，正式提出了民族的、科学的、大众的新民主主义文化纲领，因为只有民族的、民主的、科学的、大众的新文化才能够保证抗日战争的胜利，才能保证我们完成反帝反封建的任务。另一方面，中国共产党又是在抗战救国的斗争和实践中来建立中华民族的新文化。民族的、民主的、科学的、大众的文化绝不是通过口头上的说教就能够建立起来，只有在反帝反封建的革命实践中，通过变革经济制度和政治制度以及进行文化建设实践才能够真正树立起来。正是政治革命与文化革命的这种结合使延安文化出现一片繁荣的景象，不仅在文艺创作、史学、马克思主义理论的研究、边区教育等方面取得了丰富的成果，而且延安军民的思想观念也得到巨大的解放，精神面貌焕然一新，延安文化与精神像一块磁石一样吸引着无数热血青年，使他们克服各种困难奔赴延安，延安文化成为全国瞩目的大亮点。新中国成立后，我们正式建立起社会主义制度，完成了一次真正意义上的制度革命和社会变革，与此同时，中国人的文化精神同样也发生了一次深刻变革，文化建设因此而迎来了又一次新的建设高潮。

最后，毛泽东文化民族性思想把民族化与大众化相联系，为中国文化发展注入了无限生机和活力。旧民主主义革命时期，思想的启蒙往往收效甚微，除了上述所讲的没有很好地把文化革命和政治革命有机结合外，还有一个重要原因，那就没有正确处理好知识分子与人民大众的关系。知识分子常常以启蒙者的身份高高在上，在启蒙的方式上也与广大人民群众的接受水平存在差距。青年毛泽东也曾认为"小

[①] 《毛泽东选集》第1卷，人民出版社1991年版，第33页。

人累君子"，"君子当以慈悲之心以救小人"。但当毛泽东接受马克思主义之后，这种观念发生了巨大的改变。一方面，毛泽东仍然高度重视知识分子在革命和建设中的地位和作用。毛泽东在许多论著中对知识分子问题都有过重要阐述，他所起草的《大量吸收知识分子》的决定，是中共中央作出并发布的第一个关于知识分子政策的专门决定。毛泽东认为，知识分子是中国民主革命运动中，首先觉悟的成分，中国共产党从诞生起，就是同青年学生、知识分子结合在一起，革命力量的组织和革命事业的建设，离开革命的知识分子的参加，是不能成功的。另一方面，毛泽东又始终坚持群众的观点和群众的路线，从这一立场出发，强调对知识分子进行团结、教育和改造，主张共产党员和知识分子都要虚心向群众学习，与人民群众打成一片，强调文艺创造应该深入群众，应该为人民群众服务，因为人民群众才是历史的创造者，人民的生产和生活实践才是文化发展的最深层次的源泉。总之，毛泽东从历史唯物主义基本原理出发，正确处理了文化的阶级性与民族性的关系，从而为中华民族文化的发展注入了无限生机和活力。

第六章　毛泽东文化民族性思想的
　　　　当代价值

　　毛泽东文化民族性思想虽然产生于革命战争年代，主要解决的是当时作为一个半殖民地半封建社会的中国如何重建民族文化，创建中华民族新文化的问题。然而，毛泽东文化民族性思想深刻地揭示了受压迫民族和国家民族文化建设过程中的诸多矛盾，科学地解答了民族文化建设中的一些规律性问题，它所得出的许多重要观点和结论至今仍然没有过时，也不会过时。站在 21 世纪的今天，全球化浪潮不断席卷全球，对世界文化产生了广泛而深远的影响，特别是对于广大发展中国家民族文化的生存与发展形成巨大挑战，对社会主义中国的文化建设构成巨大冲击。毛泽东文化民族性思想在新的历史时代再次焕发出无限生机，展示出蓬勃的生命力，它必将为我们今天解答全球化背景下民族文化的生存与发展问题提供丰富的思想资源，对新时期中国特色社会主义文化建设提供重要的启示与借鉴。

第一节　继承与发展——从民族文化重建走向
　　　　民族文化复兴

　　实现中华民族的伟大复兴是近代以来无数仁人志士终生奋斗的目标，也是所有中华儿女的世纪性梦想。中华民族的伟大复兴，当然包括了民族文化的复兴，民族文化的复兴既是中华民族复兴的重要组成部分，也是中华民族复兴的重要精神支撑。当然，实现民族文化复兴的基本前提和首要基础是完成民族文化的重建。如何重建和复兴中华文化，起码涉及两个基本问题的解决：第一，我们到底要建立什么样的新文化，即新文化的发展方向和发展目标的问题。第二，我们如何建立这种新文化，即建立新文化的道路、途径和方法的问题。

为此，以毛泽东为主要代表的中国共产党人进行了长期而艰辛的探索。围绕着新文化的发展方向和发展目标问题，毛泽东经历了从接受资产阶级新文化即所谓的"新学"（与封建旧文化即所谓的"旧学"相对），到接受马克思主义，并把社会主义文化作为新文化的发展方向和发展目标的转变过程。我们只要从以下两则材料就可以清楚地反映毛泽东的这种思想转变。在经过多年"新学"的文化洗礼之后，1920 年，毛泽东提出"新学"并非真正的新文化，指出"不但湖南，全中国一样尚没有新文化。全世界一样尚没有新文化。一枝新文化小花，发现在北冰洋的俄罗斯"。[①] 另一则材料是毛泽东在《新民主主义论》中所讲到的，他说："这种资产阶级思想只能上阵打几个回合，就被外国帝国主义和中国封建主义的复古思想的反动同盟所打退了，被这个思想上的反动同盟军稍稍一反攻，所谓新学，就偃旗息鼓，宣告退却了，打了灵魂，而只剩下躯壳了。旧的资产阶级民主主义文化，在帝国主义时代，已经腐化，已经无力了，它的失败是必然的。"[②] 然而，由于中国社会的特殊性，中国革命的第一步是要完成反帝反封建的任务，建立一个新民主主义社会，然后才是实现从新民主主义社会向社会主义的过渡。因此，我们的新文化首先是一种新民主主义的文化，然后才是社会主义的新文化。但无论新民主主义文化，还是社会主义新文化，它们首先必须是中华民族的，植根于中华民族的土壤。从内容上来看，它是适合中国国情（这个国情既包括当今的中国，也包括历史的中国），反映中国具体实际（这个实际既包括经济和政治方面，也包括文化方面）。从形式来看，它必须具有我们民族的形式和风格，要为广大人民群众所喜闻乐见。概言之，毛泽

---

① 《毛泽东早期文稿》，湖南人民出版社 2008 年版，第 449 页。
② 《毛泽东选集》第 2 卷，人民出版社 1991 年版，第 697 页。

东所确立的新文化，其发展方向是社会主义的，但又是中华民族的，既要现代化又要民族化，这就是我们所要建立的中华民族新文化；围绕着如何建立这种新文化，毛泽东在与各种形式的教条主义作斗争的过程中，最终确立了马克思主义的中国化道路，并把马克思主义的中国化与中国传统文化的现代化有机结合起来，从而既保证了中国文化的先进性发展方向，又保证了中国文化的民族化发展方向。毛泽东认为，全盘西化也好，党内教条主义也好，都是犯了形式主义的错误，只不过是方向不同，一个往右一个往左罢了。为了进一步捍卫马克思主义中国化道路，毛泽东与党内教条主义进行了长期不懈的艰苦斗争。正如 1943 年 5 月 26 日《中共中央关于共产国际执委主席团提议解散共产国际的决定》所指出："中国共产党近年来所进行的反对主观主义、宗派主义、党八股的整风运动就是要使得马克思列宁主义这一革命科学更进一步地和中国革命实践、中国历史、中国文化深相结合起来。"①

　　正是在探索"建立什么样的新文化，怎样建立这种新文化"的过程中，以毛泽东为代表的中国共产党人触及文化民族性问题的回答。毛泽东文化民族性思想科学地解答了文化民族性形成的根源，说明了文化民族性存在的客观必然性，阐发了文化民族性的基本内涵、表现方式和重要性，并回答了维护和发展文化民族性的基本途径和方法。毛泽东文化民族性思想坚守了文化的民族独立性和主体性原则，包含了丰富的辩证法思想。毛泽东文化民族性思想比较成功地解决了在一个半殖民地半封建社会的中国民族文化的生存与发展问题，解答了中国近代以来文化转型过程中既要现代化又要民族化的矛盾问题，从而在现代化与民族化的双重悖论中开辟了中国民族文化发展的新道路，为中华文化乃至中华民族的复兴做出了重要贡献，毛泽东文化民族性思想是被实践所证明了的指导我国民族文化建设和发展的科学指南。

――――――――――

① 《中共中央文件选集》第 14 册，中共中央党校出版社 1992 年版，第 41 页。

一　中国特色社会主义文化建设中的民族性自觉

继毛泽东之后，中国共产党历代领导人在探索中国特色社会主义文化建设道路的征途中，不仅继承了毛泽东的文化民族性思想，而且适应时代的发展要求，不断丰富和发展了这一思想，在中国特色社会主义建设的伟大实践中对于中国特色社会主义文化的民族性问题有了新的体认，达到新的自觉。

长达十年之久的"文化大革命"不仅给中国经济带来了巨大损失，而且给中国文化带来了严重破坏。"文化大革命"结束后，邓小平以非凡的政治勇气，开展文化领域的拨乱反正，恢复和发展了毛泽东时期所确立的发展民族文化的基本方针，为社会主义文化的繁荣与发展奠定了坚实的基础；以深刻的思想洞见，强调加强社会主义精神文明建设，极大地提高了全民族的文化综合素质，为中国文化的发展探索出一条新的道路；以世界性的眼光，大力开展对外文化交流，构建开放型文化新范式，使中华文化在不断吸收借鉴人类优秀文明成果的过程中日益走向世界。

第一，拨乱反正，恢复和发展毛泽东时期所确立的发展民族文化的基本方针。"文化大革命"结束后，邓小平便开始了全面的拨乱反正。在文化领域，邓小平首先恢复和发展了毛泽东时期所提出的繁荣民族文化的一些基本方针。（1）邓小平从科学技术是第一生产力这一论断出发，着手落实知识分子政策，重申知识分子是社会主义的劳动者，是工人阶级的一部分。邓小平指出："我们要实现现代化，关键是科学技术要能上去。发展科学技术，不抓教育不行。靠空讲不能实现现代化，必须有知识，有人才。"①（2）邓小平坚持和发展了毛泽东时期所提出的繁荣文化的"双百"方针和"二为"方向。邓小平明确指出："我们要继续坚持毛泽东同志提出的文艺为最广大的人民群众、首先为工农兵服务的方向，坚持百花齐放、推陈出新、洋为中用、古为今用的方针，在艺术创作上提倡不同形式和风格的自由发

---

① 《邓小平文选》第2卷，人民出版社1994年版，第40页。

展，在艺术理论上提倡不同观点和学派的自由讨论。"① 在"二为"方向上，邓小平还突破了"文艺为工农兵服务""为政治服务"的局限，发展了文艺为人民服务的思想，提出了"文艺为人民服务、为社会主义服务"的方向。邓小平指出："文艺创作必须充分表现我们人民的优秀品质，赞美人民在革命和建设中、在同各种敌人和各种困难的斗争中所取得的伟大胜利。"②

第二，加强社会主义精神文明建设，提高全民族文化综合素质。邓小平关于社会主义精神文明建设的思想是邓小平文化思想的最集中体现和最突出贡献，它比较系统地回答了社会主义精神文明建设的重要战略地位、指导方针、基本内容和根本任务等问题，体现了中国共产党人高度的文化自觉，为中国特色社会主义文化建设探索出一条新的道路，成为指导中国特色社会主义文化建设的重要指南。邓小平指出："我们要在建设高度物质文明的同时，提高全民族的科学文化水平，发展高尚的丰富多彩的文化生活，建设高度的社会主义精神文明。"③ 并且强调物质文明建设和精神文明建设，必须两手都要抓，两手都要硬。社会主义精神文明建设的内容十分广泛和丰富，它不仅包括教育、科学、文化，也包括理想信念、思想道德、民族精神、时代精神等方面和内容的教育，社会主义精神文明建设是中国特色社会主义建设在文化上的体现和要求，具有鲜明的民族性。

第三，大力开展对外文化交流，吸收世界各民族的有益文化成果。邓小平指出，经济上实行对外开放方针，对外文化交流也要长期发展。"科学技术是人类共同创造的财富。任何一个民族、一个国家，都需要学习别的民族、别的国家的长处，学习人家的先进科学技术。我们不仅因为今天科学技术落后，需要努力向外国学习，即使我们的科学技术赶上了世界先进水平，也还要学习人家的长处。"④ "所有文艺工作者，都应当认真钻研、吸收、融化和发展古今中外艺术技巧中

---

① 《邓小平文选》第 2 卷，人民出版社 1994 年版，第 210 页。
② 同上书，第 209 页。
③ 同上书，第 208 页。
④ 同上书，第 91 页。

一切好的东西，创造出具有民族风格和时代特色的完美的艺术形式。"① 当然，这种学习与吸收并不是毫无分析、毫无鉴别、毫无批判的，而是必须坚决抵制资产阶级腐朽思想文化的侵蚀，在学习过程中，还必须发扬爱国主义精神，提高民族自尊心和民族自信心，"绝不允许把我们学习资本主义社会的某些技术和某些管理的经验，变成了崇拜资本主义外国，受资本主义腐蚀，丧失社会主义中国的民族自豪感和民族自信心"②。

继邓小平之后，以江泽民同志为核心的党的第三代中央领导集体不仅直接提出了"有中国特色社会主义文化"的概念、建设任务、基本纲领等，③ 实现了从邓小平物质文明建设与精神文明建设两分法的话语体系向中国特色社会主义政治、经济、文化三分法的话语体系转换，④ 而且提出了"三个代表"重要思想，并以之统领社会主义文化建设，提出了先进文化建设思想。在有中国特色社会主义文化的建设过程当中，江泽民继承中国共产党前两代领导人的传统，高度重视弘扬民族优秀传统文化，强调维护和发展中国特色社会主义文化的民族性。党的十五大报告第一次把"继承历史文化优秀传统"纳入社会主义初级阶段文化建设纲领当中，第一次把"民族性"概括到建设有中国特色的社会主义文化的内涵之中，即建设有中国特色的社会主义文化是"民族的科学的大众的社会主义文化"。⑤ 不难发现，这一表述与毛泽东对于新民主主义文化的表述是完全一致的。具体来讲，江泽民对于维护和发展中国特色社会主义文化的民族性的贡献主要体现在以下几个方面。（1）阐述了新的时代背景下发展民族文化

① 《邓小平文选》第 2 卷，人民出版社 1994 年版，第 212 页。

② 同上书，第 262 页。

③ 党的十六大将"有中国特色社会主义文化"的提法改为"中国特色社会主义文化"。

④ 江泽民在党的十五大报告中阐述了社会主义精神文化建设与有中国特色社会主义文化建设的一致性，他说："有中国特色社会主义的文化，就其主要内容来说，同改革开放以来我们一贯倡导的社会主义精神文明是一致的。文化相对于经济、政治而言。精神文明相对于物质文明而言。"《江泽民文选》第 2 卷，人民出版社 2006 年版，第 32 页。

⑤ 同上书，第 18 页。

的重要性。江泽民指出:"我们能不能继承和发扬中华民族的优秀传统文化,吸收世界各国的优秀文化成果建设有中国特色社会主义文化,这是事关中华民族振兴的大事。"① 一个民族"如果不深深地植根于自己的土地,从自己人民的需要出发,坚持继承和发展自己的民族艺术,在文化领域丧失独立性,最终就会成为外国特别是西方文化的附庸,这是非常危险的"②。一个国家的独立不仅体现在政治和经济上,"思想文化上也要独立"③。(2)阐述继承民族优秀传统文化与建设中国先进文化的关系。江泽民指出,建设社会主义先进文化,必须继承和发扬民族优秀传统文化和人类优秀文化成果。2002年4月28日,江泽民在考察中国人民大学时指出,"希望大家既立足中国又面向世界,努力继承和弘扬中华民族的优秀文化,积极学习借鉴各国人民创造的有益文化成果。中华文化博大精深,为人类文明进步作出了不朽的贡献,我们应结合时代精神加以继承和发展。同时,我们要拓展眼光,积极汲取人类文明的一切优秀成果。只有这样,我们才能更好地建设有中国特色社会主义文化"④。(3)充分肯定中国共产党人在继承和弘扬民族传统文化当中的地位和作用。江泽民明确指出,"中国共产党是马克思主义真理的坚定实践者,也是中华民族优秀思想的真正继承者"⑤。江泽民站在新的历史方位上,与时俱进,继承中国传统文化当中的重德传统,提出"以德治国"的方针;继承中国传统文化当中的民本思想,提出"三个代表"重要思想。(4)强调世界文化的多样性和开放性。江泽民指出"世界是丰富多彩的。……应充分尊重不同民族、不同宗教、不

① 《十四大以来重要文献选编》(中),人民出版社1997年版,第1678页。
② 江泽民:《弘扬民族艺术 振奋民族精神——1994年12月27日纪念梅兰芳、周信芳诞辰100周年时在中南海怀仁堂举行的座谈会上的讲话》,《人民日报》1995年5月23日。
③ 《十四大以来重要文献选编》(下),人民出版社1999年版,第2152页。
④ 《大力促进哲学社会科学事业发展繁荣——江泽民同志考察中国人民大学讲话摘登》,《中国高等教育》2002年第10期。
⑤ 《江泽民文选》第1卷,人民出版社2006年版,第620页。

同文明的多样性。世界发展的活力恰恰在于这种多样性的共存"。①
保护经济发展模式、文化和价值观念的多样性，世界文明才能生机
盎然地发展。世界文化不仅是多样的，而且是开放的，因此应该加
强文化的交流。江泽民强调，"我国文化的发展，不能离开人类文明
的共同成果。要坚持以我为主、为我所用的原则，开展多种形式的
对外文化交流，博采各国文化之长，向世界展示中国文化建设的成
就。坚决抵制各种腐朽思想文化的侵蚀"②。（5）高度重视民族精神
教育和培育。江泽民指出，"民族精神是一个民族赖以生存和发展的
精神支撑。一个民族，没有振奋的精神和高尚的品质，不可能自立
于世界民族之林"，"面对世界范围各种思想文化的相互激荡，必须
把弘扬和培育民族精神作为文化建设极为重要的任务，纳入国民教
育全过程，纳入精神文明建设全过程，使全体人民始终保持昂扬向
上的精神状态"③。1994年，中共中央还印发了《爱国主义教育实施
纲要》，强调要把爱国主义教育贯穿于各项思想政治教育之中，作为
社会主义精神文明建设的基础性工程。

　　党的十六大以来，以胡锦涛为总书记的党中央从全面建设小康
社会的战略总体布局出发，把文化建设摆在更加突出的战略地位，
提出要兴起社会主义文化建设的新高潮，推动社会主义文化的大发
展和大繁荣，发挥文化引领风尚、教育人民、服务社会、推动发展
的作用。我们可以看到，十六大以来党的文化思想的创新节奏和步
伐不断加快，提出了"八荣八耻"观、社会主义核心价值体系建设、
和谐文化建设、中华民族共有精神家园建设、提升国家文化软实力、
建设社会主义文化强国等重要思想，从而丰富和发展了中国特色社会
主义文化建设理论，对于在新的历史起点上进一步增强中华民族的凝
聚力和创造力，增强我们国家的综合国力，丰富广大人民群众的精神
文化生活发挥了重要的作用。胡锦涛关于中国特色社会主义文化建设

---

① 《江泽民文选》第3卷，人民出版社2006年版，第110页。
② 《江泽民文选》第2卷，人民出版社2006年版，第35页。
③ 《江泽民文选》第3卷，人民出版社2006年版，第559—560页。

的思想，同样也包含着丰富的民族性内涵。（1）高扬民族精神，把民族精神作为社会主义核心价值体系建设的重要组成部分。2003 年 4月 28 日，胡锦涛总书记在中央政治局第四次集体学习时指出，"中华民族是具有伟大民族精神的民族。千百年来，中华民族之所以能够经历磨难而不衰，饱尝艰辛而不屈，千锤百炼而愈加坚强，靠的就是这种威力无比的民族精神，靠的就是各民族人民的团结奋斗"。面对非典疫情、南方雪灾、汶川地震等灾难，胡锦涛特别强调，"越是困难的时候，越是要大力弘扬民族精神，越是要大力增强中华民族的民族凝聚力"。以胡锦涛为总书记的党中央在新的历史时期总结、提炼并积极弘扬了抗震救灾精神、北京奥运精神、载人航天精神，这些精神已经成为新时期激励和团结全国各族人民的重要精神支柱。（2）提出了具有鲜明的中国作风和中国气派的"和谐文化"建设思想和战略。建设"和谐文化"既是当前我国和谐社会建设的客观现实要求，也是对中国传统和谐思想的继承和发展，它立足于中国国情，又渊源于中华五千年文明智慧，具有鲜明的民族特色。（3）提出弘扬中华文化，建设中华民族共有精神家园的任务。中华民族共有精神家园的提出，是对毛泽东、邓小平、江泽民三代领导人弘扬民族优秀传统文化思想的进一步深化和发展。胡锦涛在党的十七大报告中指出："中华文化是中华民族生生不息、团结奋进的不竭动力。要全面认识祖国传统文化，取其精华，去其糟粕，使之与当代社会相适应、与现代文明相协调，保持民族性，体现时代性。加强中华优秀文化传统教育，运用现代科技手段开发利用民族文化丰富资源。加强对各民族文化的挖掘和保护，重视文物和非物质文化遗产保护，做好文化典籍整理工作。"①（4）提出构建各种文明相容并蓄的和谐世界的主张。2005 年9 月 15 日，在联合国成立 60 周年首脑会议上，胡锦涛发表题为《努力建设持久和平、共同繁荣的和谐世界》的讲话，首次提出了构建"和谐世界"的倡议，主张坚持包容开放，加强不同文明的对话和交

---

① 胡锦涛：《高举中国特色社会主义伟大旗帜　为夺取全面建设小康社会新胜利而奋斗》，人民出版社 2007 年版，第 35—36 页。

流，维护文明的多样性和发展模式的多样化，协力构建各种文明相容并蓄的和谐世界。

党的十八大以来，以习近平同志为核心的党中央从坚持和发展中国特色社会主义全局出发，提出全面建成小康社会、全面深化改革、全面依法治国、全面从严治党的"四个全面"战略布局，吹响了实现中华民族伟大复兴中国梦的进军号角。中国梦是有文化内涵的梦，文化既是中国梦的重要构成内容，又是支撑中国梦的灵魂。文化可以救国，文化可以兴国，文化可以强国。正是站在实现中华民族伟大复兴中国梦的战略高度，以习近平同志为核心的党中央更加高度重视文化建设，充分发挥文化在推进"四个全面"战略、实现中华民族伟大复兴中国梦中的助推作用和支撑作用，正如习近平同志所指出："一个国家、一个民族的强盛，总是以文化兴盛为支撑的，中华民族伟大复兴需要以中华文化发展繁荣为条件。"① 文化民族性的自觉往往最直接地体现在对于民族文化传统及其时代价值的自觉认知上，党的十八大以来，习近平站在民族复兴的新征程、新起点上，不仅对中国传统文化作了系统的阐述和高度的评价，而且深刻地阐发了民族传统文化在社会主义核心价值观培育、国家文化软实力提升、治国理政等诸多方面的重要作用，深刻地阐发了中华文化与中国特色社会主义的内在关系，充分彰显了中国特色社会主义文化的民族性与时代性。

第一，习近平深入地把握了中国传统文化的精髓与要义。习近平是我党历史上对中国传统文化有深入了解、有深厚功底的领导人之一，对传统文化的高度重视源自其对于中国传统文化的深刻洞见和深入把握。例如，习近平在中共中央政治局第十三次集体学习时将中国传统文化精神提炼为"讲仁爱、重民本、守诚信、崇正义、尚和合、求大同"，这可以说比较好地抓住了中国传统文化的精神实质和民族特性。在2014年国际儒学大会上的讲话中，习近平指出中国优秀传统文化中蕴藏着解决当代人类面临的难题的重要启示，随后他列举出

---

① 习近平：《认真贯彻党的十八届三中全会精神　汇聚起全面深化改革的强大正能量》，《人民日报》2013年11月29日第1版。

道法自然、天人合一的思想，天下为公、大同世界的思想，自强不息、厚德载物的思想，以民为本、安民富民乐民的思想等 15 种古代优秀思想，在此基础上进一步将中国优秀传统文化进行了一个基本分类，即包括了哲学思想、人文精神、教化思想、道德理念等，这一分类可以说为我们解答"从传统文化中究竟汲取什么？"这一问题提供了理论依据和重要参考。在中共中央政治局第十八次集体学习时，习近平又对中国古代治国理政思想与经验进行了概括，包括民惟邦本、政得其民，礼法合治、德主刑辅，为政之要莫先于得人、治国先治吏，为政以德、正己修身，居安思危、改易更化等。正因为他对于中国传统文化如此谙熟，所以能够在治国理政当中引经据典、信手拈来。

第二，习近平系统地阐述了中国传统文化与中国特色社会主义的内在关系。习近平强调中华优秀传统文化是中华民族的"根"与"魂"，中华优秀传统文化是中国特色社会主义植根的文化沃土。"独特的文化传统，独特的历史命运，独特的基本国情，注定了我们必然要走适合自己特点的发展道路。"① 此外，他还强调，培育社会主义核心价值观必须立足中华优秀传统文化，运用传统文化涵养社会主义核心价值观；增强中国特色社会主义文化自信必须建立在 5000 多年文明传承基础上；一个国家的治理体系和治理能力与这个国家的历史传承和文化传统密切相关，中国优秀传统文化可以为治国理政提供有益启示。以上这些，一方面充分凸显了中国传统文化在中国特色社会主义建设中的重要意义与价值，另一方面也清楚地展现了中国特色社会主义文化的浓厚民族性。

第三，习近平还从方法论的角度解答了如何实现中国传统文化的传承与发展的问题。习近平强调中国共产党人一定要以科学的态度对待传统文化，要坚持马克思主义的方法，取其精华，去其糟粕，坚决反对全盘接受或抛弃的绝对主义态度。习近平在毛泽东提出的批判继

---

① 《胸怀大局把握大势着眼大事　努力把宣传思想工作做得更好》，《人民日报》2013年 8 月 21 日第 1 版。

承法的基础上进一步提出了传统文化的创造性转化与创新性发展的方法论原则。所谓创造性转化，"就是要按照时代特点和要求，对那些至今仍然有借鉴价值的内涵和陈旧的表现形式加以改造，赋予其新的时代内涵和现代表达形式，激活其生命力"①。所谓创新性发展，"就是要按照时代的新进步新进展，对中华优秀传统文化的内涵加以补充、拓展、完善，增强其影响力和感召力"②。通过"两创"传承好民族文化，发展好民族文化，中国特色社会主义文化的民族性绝非只是强调一味地继承，更需要立足于当代实践创造民族新文化。

　　以上我们通过梳理毛泽东之后中国共产党几代领导人关于中国特色社会主义文化建设的思想发展线索，我们可以发现，毛泽东文化民族性思想已经渗透和贯彻到中国特色社会主义文化建设的各个时期、各个阶段和各个方面，成为当代中国文化建设的重要指南。中国特色社会主义文化的民族性突出地体现在对于中国传统文化的继承与发展上，但又不仅限于此，它还深深地植根于当代中国特色社会主义建设的实践之中，具有鲜明的中国作风与中国气派。改革开放以来，中国共产党人在中国特色社会主义建设实践中所形成的中国特色社会主义理论体系，本身就是文化民族性思想的重要代表作，它"既体现了马克思列宁主义的基本原理，又包含了中华民族的优秀思想和中国共产党人的实践经验"。③与此同时，我们也可以看到，正是中国共产党历代领导人的不懈努力，使中华文化逐步踏上复兴之路。

二　时代变迁与民族文化建设面临的新课题

　　半殖民地半封建社会的中国，由于帝国主义的入侵引发了包括中华文化在内的全面性民族危机，如何在一个半殖民地半封建社会的旧中国重建中华民族新文化成为当时文化领域面临的重大课题。时过境迁，今天中华民族已昂首阔步迈向民族复兴之路，民族复兴呼唤文化

---

　　①　中共中央宣传部：《习近平总书记系列重要讲话读本》，学习出版社、人民出版社2016年版，第203页。

　　②　同上。

　　③　《十五大以来重要文献选编》（下），人民出版社2003年版，第1900页。

强国建设。然而，经济全球化的国际环境和全面深化改革的国内环境都将对民族文化形成新的巨大挑战，如何在新的时代环境和背景下更好地建设民族文化从而为中华民族伟大复兴提供文化支撑成为当下文化建设所面临的新课题。

（一）大国崛起呼唤文化复兴

2006 年，中央电视台经济频道播出了 12 集电视纪录片《大国崛起》（*The Rise of the Great Nations*），该纪录片记录了葡萄牙、西班牙、荷兰、法国、英国、德国、俄国、日本、美国九个世界级大国相继崛起的过程，并对大国崛起的规律进行了一定的总结，其中就包括"文化在大国崛起中具有重要作用"这一结论，诚如该片解说词所说："大国之谜依然是一个难解的题目，各国的学者提供的答案也是众说纷纭。一个有意思的现象是，上百位接受采访的国内外专家在谈论这个话题时，都十分看重思想文化的影响力在大国崛起中的作用。"英国首相丘吉尔也坦言，"我宁愿失去一个印度，也不肯失去一个莎士比亚"，丘吉尔的言语指出了作为欧洲文艺复兴时期重要代表人物的莎士比亚的作品对于英国思想解放，提升英国人文精神，推动英国变革与发展所发挥的重要作用。事实上，莎士比亚的影响力还不止于英国，可以说整个西欧国家的兴起，无不是以 14—16 世纪的文艺复兴和 17—18 世纪的启蒙运动为先导的。纵观大国兴衰历史，我们会发现，谁创造了领先世界的先进文化，谁就能走在世界的前列，谁就能够不断引领世界发展，谁就能成为世界性强国。反之，就必然走向衰退，淡出世界历史舞台，中国从古代的辉煌到近代的落后挨打、英国从曾经的所谓"日不落帝国"到沦为"二流"国家，世界历史在不断地书写和证明着这样一条颠扑不破的规律。

拿破仑曾经把中国比喻成东方睡狮，认为它一旦醒来，必将会震惊世界。新中国成立 60 多年来，尤其是改革开放近 40 年来，中国的飞速发展正在印证着拿破仑的预言。

如今，中国的崛起正日益引起世界的关注，有西方战略学家认为，"中国崛起成为一个大国，将是 21 世纪国际关系中最为确定的发展趋势之一"。2015 年，美国《时代周刊》文章指出，属于"中国的十年"已经开始，中国崛起势不可当。中国的崛起必然呼唤文化的复兴，特别是当今时代文化在一个国家和社会发展中的地位和作用越来越得以凸显的背景下，更加需要重视文化的建设与发展。那么，文化在中国崛起和民族复兴中发挥什么样的作用？习近平在其《文化是灵魂》一文中曾经指出："文化的力量，或者我们称之为构成综合竞争力的文化软实力，总是'润物细无声'地融入经济力量、政治力量、社会力量之中，成为经济发展的'助推器'、政治文明的'导航灯'、社会和谐的'黏合剂'。"① 习近平这一段话不仅道出了文化所具有的广泛的影响力，而且说出了文化发挥作用的独特方式。

第一，文化具有推动经济发展的作用。当今时代，文化与经济日益交融，文化的经济功能明显增强，经济的文化含量不断提高，文化已成为经济社会发展的重要支撑和推动力量。文化与经济的交融最直接、最集中地体现在蓬勃兴起的文化产业上。在发达国家，文化产业带来了产业结构的转型升级，拉动了经济增长，促进了经济增长和发展方式的转变，已经成为国民经济的支柱产业，成为提升它们综合国力的重要因素。据最新统计，西方发达国家的文化产业在整个国内生产总值所占的比例平均在 10% 左右，美国是世界上头号文化产业强国，文化产业比重占到国内生产总值的 25%，仅次于军事工业，位居第二，其在世界文化产业市场中所占份额则高达43%。而中国的文化产业占国内生产总值的比例不到 4%，占世界文化产业市场份额不足 3%。由此可以看出，中美文化产业发展上还存在着巨大差距。

第二，文化具有引领社会进步的作用。一个国家、一个社会要不断向前发展，必须有思想家的出现，因为他们能够站在时代的前沿，批判现实不合理性，推进社会变革，引领社会发展。换句话说，社会发展的关键在于是否有先进思想和文化的出现。戏剧家莎士比亚的作品提升了英国的人文精神，科学家牛顿的力学定律开启了英国工业革命的大门，经济学家亚当·斯密的《国富论》为英国提供了一个新

———————————

① 习近平：《之江新语》，浙江人民出版社 2013 年版，第 149 页。

的经济秩序，哥白尼的《天体运行论》使科学从神学中解放出来，马克思主义理论的诞生把世界历史从资本主义时代推进到社会主义新时代。为了确保文化的先进性，我们一方面必须始终坚持以社会主义先进文化作为指导；另一方面需要培养开放的民族心态，海纳百川，兼容并蓄。只有勇于和善于学习外来先进文化，才能使自己的民族文化不断补充新鲜的血液和养分。

第三，文化具有凝聚社会力量的作用。不同的人之间之所以发生冲突，无外乎两个根本性原因，或因为切身利益发生冲突，或因为文化观念发生冲突，而文化观念的冲突根本上讲就是价值观的冲突，因为文化的灵魂和核心就是价值观，正所谓"道不同不相为谋"，唯有志同道合，方能齐心协力，形成凝聚力。社会总是由不同人群构成的，若干个体结合在一起，构成了大大小小的集体或群体，比如一个企业、一所学校、一支军队乃至一个国家。在这些大大小小的人群当中，不同的人之间在价值观念上有一致之处，有趋同的地方，但也难免有相互冲突的地方，这就需要通过文化的建设与价值观的培育来凝聚人心与力量。企业需要打造自己的企业文化，军队需要塑造自己的军魂，国家需要传承自己的民族精神。总之，一个社会的凝聚力的形成有赖于文化的认同，文化的认同从根本上在于价值观的认同，只有形成了共同的价值观，全社会成员才有共同的价值目标，才有共同的价值标准，才有行为上的指南，从而才会形成强大的社会凝聚力；否则必将是一盘散沙，这也正是为什么我们要在全社会大力倡导培育和践行社会主义核心价值观的重要原因之一。

第四，文化具有提升国家形象的作用。中国的崛起日益引起世界的广泛关注，中国的崛起也引起了世界上一些国家，特别是西方发达资本主义国家的不安，为此它们不断制造中国威胁论等舆论，通过各种方式诋毁和损害中国国家形象，造成世界对中国的诸多误解，产生对中国的各种抵制甚至敌视情绪。改革开放以来中国经济的快速发展，一跃成为世界第二大经济实体。与此同时，中国的文化输出与交流远不及经济的开放，世界还没来得及真正认识和了解中国就发现一个强大的中国站立于世人面前，必然也会产生一种恐惧和不安心理，正如余秋雨先生所做的形象比喻：中国像一个巨人，他身材高大，走了很远的路过来，但是没有人知道他的性格脾气，于是人们会产生恐惧。文化是提升国家形象的重要渠道和窗口，加强对外文化交流，不仅要坚持"引进来"，更要强调"走出去"，讲好"中国故事"，传播好"中国声音"，塑造好"中国形象"，让世界人民在文化交流中增进对中国的了解，增强对中国的信任，认识到中国崛起始终坚持走中国和平发展道路，认识到中国人民自古以来就有爱好和平的优良传统，认识到中国是一个负责任的大国。总之，要让世界各国人民相信中国的崛起不仅不会给世界带来威胁，相反它将有利于世界的和平与发展。

第五，文化具有提高国民素质的作用。国民素质是现代化的基石，良好的国民素质是大国崛起的重要的必备条件。国民素质是一个综合的概念，它包括了身体素质、心理素质、思想道德素质、科学文化素质等多个方面。毋庸置疑，人创造了文化，但文化反过来又塑造了人。文化具有重要的教化功能，它能够潜移默化地、润物细无声地影响着每个人和每代人，科学的理论可以武装人，正确的舆论可以引导人，高尚的精神可以塑造人，优秀的作品可以鼓舞人。优秀的文化可以规范人的行为，丰富人的精神世界，充实人的精神家园，促进人的全面发展。新中国成立以来，中国人的整体国民素质已经得到了极大的提高，但是也仍然面临诸多问题，使之成为中国崛起和民族复兴的深层次阻碍因素。

（二）经济全球化对中华民族文化的冲击

全球化是世界历史发展到 20 世纪末期日益凸显的新现象，全球化是一个动态的过程，从最抽象意义上来说，就是指世界各国相互联系的加强，彼此依存度的增加，逐步形成一个有机整体的过程。尽管目前对于全球化还没有一个统一的、公认的界定，学术界对于全球化问题也存在着诸多争议，但有一点却是不争的事实，那就是随着生产力的发展、科学技术的进步，世界经济活动已越出一国、一地区边界，日益成为紧密联系的一个有机整体即所谓的经济全球化。经济决定着政治与文化，因此经济全球化必然会对政治、文化等领域产生广泛而深远的影响。伴随经济全球化浪潮席卷全球，世界各国、各民族之间的文化交流、交融、交锋成为一道亮丽的文化景观。在全球化时代，令许多国家和民族忧虑和不安的并不是文化之间的交流与碰撞本身，关键的问题在于彼此在这种全球化中的地位的不同。在全球化浪潮中，发达资本主义国家一直处于主导、主宰地位，决定了它们必然是最大的赢家、受益者。因此，迄今为止的全球化在某种意义上仍然体现为强势文化不断吞噬弱势文化，一元文化日趋挤压多元文化的生存空间，对广大的发展中国家民族文化安全构成了巨大的威胁。

众所周知，资本主义就是一种遵循资本运行逻辑而建立和发展起来的社会形态，无论是经济、政治还是其文化，无不打上了鲜明的"资本"色彩。资本的本性就是无限地追求增殖，因此扩张性是资本的最重要特点。资本最原始、最粗暴的扩张方式就是通过军事的方式进行领土掠夺和殖民征服，其结果是资本主义（帝国主义）殖民体系的建立。到19世纪末20世纪初，世界领土基本被帝国主义列强瓜分殆尽，整个世界被划分为实施殖民统治的帝国主义国家和处在殖民地半殖民地附属状态的受压迫国家。为了重新瓜分世界，帝国主义国家之间的矛盾逐渐激化，不断挑起新的战争，所以列宁深刻指出：帝国主义是现代战争的根源。然而，第二次世界大战结束后，广大的亚、非、拉地区民族解放运动风起云涌，纷纷摆脱帝国主义殖民统治，走上独立道路，帝国主义旧殖民体系土崩瓦解。为了进一步控制已经实现独立的广大发展中国家，维持它们的殖民统治，西方发达资本主义国家开始采取更加隐蔽的、间接的殖民侵略方式，这种方式被称为"新殖民主义"。新殖民主义在文化上表现为以高科技为手段，以消费主义为特征，以大批量生产的文化工业品为载体，通过大众传媒向广大的发展中国家传播西方文化，从而达到文化和意识形态控制的目的，这种文化殖民主义又被称为"文化帝国主义"，就是以文化方式对其他国家进行侵蚀，从根本上消灭他国之文化自主性，淡化其民族意识。这种文化殖民扩张现如今借助于经济全球化的东风愈演愈烈。中国一方面作为世界上最大的发展中国家，另一方面又是世界上最大的社会主义国家，这种双重角色与身份决定了中国必然成为西方发达资本主义国家文化输出和渗透的重点对象，以实现它们的双重目的即兼有文化殖民与意识形态斗争的目的。由此看来，今天中华民族文化所面临的挑战并不亚于鸦片战争以来中华文化面临的危机，只不过今天中国的国际地位和影响力的不断提高致使中华文化能够比较从容和自信地参与和融入全球化之中，博采众长，为我所用。

文化帝国主义的文化渗透与扩张的主要特点表现在四个方面。第一，文化帝国主义的文化渗透与扩张是以发达资本主义国家拥有的强大的经济、资本实力为后盾。第二，借助于各种文化传媒，如互联网、电视、广播、电影等，不断传播西方资本主义文化和价值观念。正如赫伯特·席勒（Herbert I. Schiller）指出："电影、广播电视节目、书籍、新闻报道等随处可见的文化产品或服务，它们所提供的并不仅仅是消息和娱乐，同时也是传播社会价值和政治观点的工具；最终，它们会对全社会的精神结构产生深刻影响。"① 这种发生在全球性信息网络时代，发达国家与发展中国家不平等的信息传播或者说信息单向从发达国家流向发展中国家，从而出现发达国家直接或间接地对发展中国家媒介系统的控制，理论界称之为"媒介帝国主义"。第三，在理论层面上，从"西方中心论"出发，解构他国文化的合理性和价值性，论证现代化等于"西方化"，赋予自己的文化价值观念以普遍性和绝对性，将西方那一套文化和价值体系加以普世化，使广大的发展中国家迷信之、向往之、追随之。第四，通过文化产品生产，借助于经济全球化时代开放的、自由的世界市场，获得最合法化外衣，穿越了民族与国家的森严壁垒，实现畅通无阻的文化输出与扩张。

以美国为代表的西方发达资本主义国家借助经济全球化浪潮进行文化扩张与渗透严重地威胁到中国文化安全，主要表现在以下两个方面。第一，导致文化的民族性认同危机，民族认同感下降。中国优秀传统文化是由中华民族祖祖辈辈所创造的，为中华民族世世代代所继

---

① Herbert I. Schiller, Who Knows: Information in the age of the Fortune 500. Norwood, New Jersey: Ablex Publishing Corporation, 1981, p. 5.

承和发展的，具有鲜明民族特色、历史悠久、内涵博大精深的优秀文化。中国传统文化是中华民族的身份象征，是民族认同的基础，是中华民族的精神血脉。西方发达资本主义国家的文化扩张与渗透消解了中华文化的存在价值，摧毁了中国人的价值信仰，吞噬着中国人的文化自信。民族虚无主义的抬头，消费主义的横行，个人主义的泛滥等文化现象都应该引起国人的高度重视。第二，引发了文化的国家认同危机。毋庸置疑，中国文化并不等于中国传统文化，从时间维度来看，中国文化既包括中国传统文化，也包括近代中国文化，更不能忽视当代中国文化。在现阶段，中国文化就是指延续了中国古代文化传统和近代文化传统，植根于当代中国实践的中国特色社会主义文化，它是支撑社会主义中国的国家意识形态。在全球化时代，以美国为代表的西方资本主义国家对中国的文化渗透与扩张带有明显的意识形态色彩，它绝非只是简单的文化输出。意识形态安全是文化安全的重要构成部分，是支撑民族国家的文化基石。正如有人所指出的，假设有一天中国人民开始接受西方那一套价值形态的时候就是成功地实现对中国和平演变之时。随着中国的崛起和发展，西方国家不断制造"中国威胁论""中国崩溃论""中国责任论"，毁损中国国家形象，攻击马克思主义、社会主义。

值得一提的是，与鸦片战争以来近代中西文化激烈碰撞与冲突相比，今天的人们，无论是精英界还是社会大众对于这种外来文化的传播似乎缺乏高度的警觉性。从知识分子精英来看，我们哲学社会科学领域的许多学者与专家严重缺乏理论自信，习惯于甚至热衷于用西方理论学说解释中国发展，分析中国现象，缺乏独立探索与理论创新精神，中国的发展优势依然没有很好地转化为自己的学科与学术话语优势，正如习近平总书记在哲学社会科学工作座谈会上的讲话中所指出的，有些人认为马克思主义没有学术上的学理性和系统性，马克思主义在一些学科中出现了"失语"、在教材中出现了"失踪"、在论坛上出现了"失声"，我们的哲学社会科学只是跟在别人后面亦步亦趋，缺乏主体性和创新性；从一般社会大众来看，人们更是缺乏意识形态的自觉认识与警惕心理，觉得一切都是如此自然，所感受到的是全球化给我们带来的丰富文化产品和丰盛文化大餐。诚如前面所言，今天西方国家的文化渗透已不再是以领土占领为直接目的，它是借助市场化方式，通过文化产品的形式提供我们乐在其中的消费，变得如此温情脉脉。总之，在全球化时代，我们要积极融入世界，分享世界文明成果，但切不可丧失了文化交流过程中的主体性、批判性和辨识能力，诚如日本学者永井享所指出的："一个国家、一个民族在亲自选择并吸引其他国家文明之时——如果缺乏自身选择的能力，则反而使其失掉自己民族固有的东西。"[①]

（三）全面深化改革对中国特色社会主义文化建设的挑战

改革开放是在新的历史条件下中国共产党领导全国人民进行的一场新的伟大革命，改革开放是发展中国特色社会主义，实现中华民族伟大复兴的必由之路。从党的十一届三中全会拉开改革开放大幕，开启改革开放的伟大历史进程至今已有将近四十年历史，对于改革开放以来的历史阶段的划分问题，学术界从不同视角和标准出发，形成不同的历史分期。原中共中央党校常务副校长郑必坚提出"五阶段论"：1978—1982 年的头 4 年为拨乱反正和改革开放起步阶段；1982—1992 年乃是开始全面改革，确立中国特色社会主义根本道路、基本路线并大胆探索改革目标的 10 年；1992—2002 年是实现改革开放新的历史性突破，着力构建社会主义市场经济体制基本框架的 10 年；2002—2012 年是开始全面建设小康社会的 10 年；党的十八大以来是进入全面深化改革的新阶段。[②] 原中共中央党史研究室副主任章百家则提出了"四阶段说"：从 1978 年 12 月到 1982 年 9 月党的十二大前夕为开展全面拨乱反正启动改革开放时期；从 1982 年党的十二大到 1991 年年底为改革开放的全面展开时期；从 1992 年邓小平"南方谈话"和党的十四大召开到 20 世纪末为改革开放系统推进、重点突破的阶段；第四个阶段是 2000 年至今，我国

---

① ［日］永井享：《新日本论》，日本三笠书房 1937 年版，第 246 页。

② 郑必坚：《改革开放是决定当代中国命运关键一招——答上海市中国特色社会主义理论体系研究中心研究员韦彦义问》，《解放日报》2014 年 8 月 21 日第 1 版。

改革发展进入关键阶段，这个阶段尚未完成，仍在进行之中。① 伴随着中国改革的不断推进，中国社会利益关系发生了深刻调整。从所有制结构来看，改革开放之前片面追求"一大二公三纯四平"，强调公有化的程度和公有化的纯度。改革开放以来，我们逐步打破了一味从生产关系角度理解社会主义、构建社会主义的模式，强调社会主义的优越性必须体现在解放和发展生产力上，能够不断消灭贫穷，不断提高人民生活水平上，为此逐步实行了以公有制为主体、多种经济成分并存的所有制结构，鼓励、支持、引导非公有制经济发展；从分配制度来看，过去我们把社会主义的公平性理解为平均主义，严重损害了劳动者的积极性。改革开放后，我们逐步打破平均主义的思想枷锁，建立了以按劳分配为主体、多种分配方式并存的分配制度；从经济体制来看，与"一大二公三纯四平"相对应，我们实行的是计划经济体制。改革开放以来，我们打破了把计划与社会主义画上等号的错误理解，提出计划与市场都不过是资源配置方式，不属于社会制度属性范畴，明确提出了建立社会主义市场经济体制是我国经济体制改革的目标。

通过改革开放历史阶段的考察，我们可以看出中国改革开放的推进过程是一个日渐深化的过程，同时它也告诉我们改革开放必然会对中国带来全方位的变革，产生广泛而深远的影响，特别是 20 世纪 90 年代社会主义市场经济体制改革目标确立以来，随着经济体制改革的深入推进，我国的社会利益关系和社会结构、阶层结构都发生了翻天覆地的变化，这必然反映到思想文化领域，带来观念上的巨大变化。第一，价值认同危机，精神世界空虚。改革开放以来，党和国家从中国国情与实际出发，着眼于解放和发展生产力，对生产关系进行了调整和改革，允许非公有制经济的存在，发展商品经济与市场经济，更加关注人民群众的物质生活水平的提高。在这种背景下，人们的积极性得到充分调动，与此同时原本被压抑的利益需求也全部迸发出来，利己主义、拜金主义、享乐主义、个人主义开始蔓延，人们在享受生

---

① 章百家：《积极开展改革开放史研究》，《中共党史研究》2009 年第 1 期。

产力发展所带来的丰富的物质产品的同时，精神世界却变得更加空虚。加之市场经济的不健全，各项配套制度建设的不完善，社会上经常出现各种不道德行为，出现所谓的"道德滑坡"现象，而价值观念的多元化还导致价值标准的模糊化，引发价值认同的危机。第二，意识形态认同危机。利益结构的深刻调整促使人们对社会主义意识形态的认同出现分化，意识形态开始走向多样化，特别是东欧剧变的发生，使作为主流的社会主义意识形态和价值观念遭遇巨大冲击，引发意识形态认同危机。当今社会上出现的民主社会主义、历史虚无主义、新自由主义等各种社会思潮，其险恶用心就是要颠覆中国共产党的领导，颠覆社会主义政权，其背后代表了一部分人心中的利益要求和政治诉求。第三，传统文化延续危机。在社会转型过程中，中国优秀传统文化的继承和发展也同样面临危机。在现代化过程中，人们总是以一种形而上的思维方式看待传统文化，似乎以马克思主义为指导思想就是意味着抛弃了中国传统文化，似乎要现代化就不要传统，把传统当作我们前进的束缚、羁绊。对于传统文化我们究竟继承什么，怎么继承仍然是一个在实践中未能很好地解决的问题，以至于许多人提出中国社会转型过程中出现所谓的文化断裂现象。思想文化上出现的这些新情况、新问题已对中国特色社会主义文化建设形成巨大挑战。

党的十八大以来，以习近平同志为核心的党中央接过改革开放的历史接力棒，带领全国各族人民坚定不移地将改革开放推向前进，提出"改革开放只有进行时没有完成时"，向世人表达了新一届党中央深化改革的坚定决心。然而，当前我国发展已经进入关键时期，改革已进入攻坚期和深水区，许多深层次矛盾日益凸显，改革将触及更深层次的矛盾，利益关系将变得愈加复杂，利益结构将面临更加深刻的调整。在这样的时代背景下，思想文化领域必将出现新的骚动，国民的心理和价值观也将出现一些新的动向，这些都将对文化建设带来新的挑战。当前，摆在文化理论研究者和文化战线工作者面前的一个重要任务，就是如何在这样一种喧嚣与骚动的时代，用社会主义核心价值观引领社会、凝聚力量、凝聚共识，不断增强民族文化的自信心，提升人们对于中国特色社会主义文化的认同感，为实现伟大复兴中国梦提供价值支撑和精神动力。

第二节　启示与借鉴——全球化背景下中国特色社会主义文化建设

直面时代课题，理性观察现实，从毛泽东文化民族性思想中寻找启迪，我们发现要在全球化背景下维护民族文化安全，促进民族文化健康发展，就必须做到以下几点：维护世界文化多样性，促进不同文化平等对话与交流；坚持弘扬中华文化，建设中华民族共有精神家园；坚定不移地走中国特色社会主义道路，建设中华民族新文化；不断提升国家文化软实力，增强中华文化国际影响力。

一　维护世界文化多样性，促进不同文化平等对话与交流

在毛泽东看来，文化的多样性与文化的民族性是相伴而行的，没有文化的民族性，就没有世界文化的多样性，正因为有了文化的民族性存在，才使得世界文化变得丰富多彩。反过来说，只有尊重和维护世界文化的多样性，促进不同文化平等对话与交流，才能够促进和巩固文化的民族性，文化的多样性是文化的民族性存在的保障。维护世界文化多样性，促进不同文化平等对话与交流，在经济全球化时代显得越来越重要。

（一）全球化挑战世界文化的多样性

从人类文化发展史来看，世界上不同的民族在自己漫长的历史发展过程中创造了各具特色的文化，文化的多样性是世界文化发展的一个基本特点。德国历史哲学家奥斯瓦尔德·斯宾格勒（Oswald Spengler）曾把世界文化分为巴比伦文化、埃及文化、伊斯兰文化、雅典文化、玛雅文化、印度文化、中国文化、西欧文化八种类型。斯宾格勒认为，"每一种文化都以原始的力量从它的土生土壤中勃兴起来，都在它的整个生活期中坚实地和那土生土壤联系着；每一种文化都把自己的影像印在它的材料、即它的人类身上；每一种文化各有自己的

观念，自己的情欲，自己的生活、愿望和感情，自己的死亡"①。英国历史学家阿诺尔德·约瑟·汤因比（Arnold Joseph Toynbee）也认为，世界文明可分为流产的文明、发展的文明、停滞的文明、衰弱的文明以及解体或消亡的文明五大类型，并指出人类历史上曾产生过巴比伦社会、东正教社会、古代希腊社会等 20 多个文明社会。德国著名哲学家卡尔·雅斯贝尔斯（Karl Theodor Jaspers）在《历史的起源与目标》中还提出了著名的"轴心时代"的理论。他认为，公元前800 年至公元前 200 年是人类文明的"轴心时代"，在这一时期，各个文明都出现了自己伟大的精神导师，如古希腊的苏格拉底、柏拉图和亚里士多德，以色列的犹太教的先知们，古印度的释迦牟尼，中国的孔子和老子，他们共同的特点是实现了对原始文化的超越和突破，但这种超越和突破的程度在这些地区是不同的，这种不同直接决定了这些地区后来各不相同的文化发展路径，决定了今天西方、印度、中国、伊斯兰不同的文化形态，而那些没有实现超越突破的古文明，如巴比伦文化、埃及文化，虽规模宏大，但都难以摆脱灭绝的命运，成为文化的化石。应该说，上述理论学说都揭示了历史上人类文明的多元或多样性存在的事实。

然而，当历史步入 20 世纪后半叶，特别是 20 世纪的最后二十年时，世界文化因经济全球化的快速发展出现了许多新的特点。20 世纪后半叶，随着科学技术的加速发展，国际分工的不断深化，跨国经营和国际贸易规模的不断扩大，一个真正意义上的全球化时代已经来临。② 经济的全球化必然带来世界文化的新变化，经济全球化大大地促进了不同民族文化之间的相互学习和交流，与此同时，不同民族文化之间由于民族性的存在相互间的摩擦和碰撞也更加激烈。那么，全球化时代世界文化将朝着什么样的方向发展？未来世界文化将是一幅什么样的景观？许多西方学者从西方中心主义立场出发，给出了他们

---

① ［德］奥斯瓦尔德·斯宾格勒：《西方的没落》，齐世荣译，商务印书馆 1963 年版，第 39 页。

② 1992 年 10 月 24 日，联合国前秘书长加利在联合国的致辞中认为"第一个真正的全球化时代已经到来"。

的答案。1992 年，弗朗西斯·福山（Francis Fukuyama）在《历史的终结及最后之人》中认为，随着冷战的结束，人类历史将终结于西方的自由民主价值观和市场经济模式在全球的普及，他还预言，21 世纪第三世界国家都将朝着这个方向发展，世界将走向大同。美国前商务部高级官员戴维·罗特科普夫（David Rothkopf）也认为："如果世界趋向一种共同语言，它应该是英语；如果世界趋向共同的电信、安全和质量标准，那应该是美国的标准；如果世界正在由电视、广播和音乐联系在一起，那节目同样也应该是美国的；如果共同的价值观正在形成，它应该是符合美国人愿望的价值观。"① 与 "历史终结论"认为世界文化将走向一体化、同质化发展不同，美国学者塞缪尔·P. 亨廷顿（Samuel P. Huntington）则明确承认世界文明的差异性存在，并把世界文明分为八大文明，而且认为未来世界的冲突将发生在不同文明之间，特别是西方文明与其他文明之集合之间，西方文明与非西方文明的冲突是在所难免的，"文化冲突论"的最终归宿就是研究如何对付和围剿非西方文明。因此，无论是 "历史终结论" "普世价值论" 还是 "文明冲突论"，它们本质上都是一种站在西方中心主义立场上的文化霸权主义理论学说，它们共同论证了这样一个基本结论，即世界文化从根本上是无法多样共存、和谐共处的。亨廷顿的文明冲突论 "为人类未来勾勒了一幅充满冲突、争斗以致战争的图景。其潜在逻辑是，世界文化和文明多样性所需要的和平共存的土壤根本不存在，弱势文化和文明只能接受被淘汰的命运"。② "历史终结论" 则说得更为直接，世界文化和文明的多样性是一个完全不需要讨论的问题，帝国即单边主义的文化和文明已经一统天下，历史到此终结。

经济全球化本不一定带来文化的同质化，正因为如此，学术界对于 "文化全球化" 这一提法历来存在着争议。其实，准确来说全球化时代真正对文化多样性构成危险与挑战的是来自西方的文化霸权主

---

① David Rothkopf, In Praise of Cultural Imperialism, Foreign Policy, No. 107, Summer 1997, p. 45.

② 李慎明：《让玫瑰花和紫罗兰散发不同的芳香——尊重和维护世界文化与文明的多样性》，《求是》2006 年第 2 期。

义。如上所述，许多西方学者已从西方中心主义立场出发为文化霸权主义作了理论上的论证。在现实当中，以美国为代表的西方发达资本主义国家借助经济全球化浪潮，凭借着自身在经济、科技以及信息技术等方面的优势地位，在资本无限追求增殖目的的驱使下，不断向广大发展中国家倾销其文化产品。据有关资料显示："目前，四大西方主流通讯社——美联社、合众国际社、路透社、法新社每天发出的新闻量占整个世界新闻发稿量的五分之四。传播于世界各地的新闻，90%以上是由美国等西方国家所垄断。西方 50 家媒体跨国公司占据了世界 95% 的传媒市场。美国控制了全球 75% 的电视节目的生产和制作，许多第三世界国家的电视节目有 60%—80% 的栏目来自美国。美国电影产量仅占全球影片总量的 6.7%，却占领了全球 50% 以上的总放映时间。"① 众所周知，任何文化产品的背后都承载着某种价值观念，我们在消费其文化产品的同时，不知不觉中也在接受其文化的影响，西方发达资本主义国家正是借助于文化产品的输出，实现文化价值的扩张，对落后国家与民族文化的生存与发展构成了严重威胁。为了确保这种文化输出与渗透的畅通无阻，为了使其触角能够伸到世界的每个角落，美国率先提出将文化产品纳入《关税及贸易总协定》，实现文化产品贸易自由化，换言之，任何国家不应该进行任何保护或设限，只能按照市场规则在全球范围内竞争，这样就有利于它更好地占领世界文化市场。在这里，文化霸权主义的野心暴露无遗，文化帝国主义的用心昭然若揭。总之，以美国为首的西方发达资本主义国家借助经济全球化浪潮大肆推进文化霸权主义，从而对世界文化的多样性发展造成巨大破坏，对世界上许多国家的民族文化安全构成严重威胁。联合国前秘书长加利在南京大学接受名誉博士学位时发表过题为《多语化与文化的多样性》的演讲，就表达了这样一种忧虑。他说："也许大家并不都知道，每两个星期就会有一种语言从世界上消失。随着这一语言的消失，与之相交的传统、创造、思想、历史和

---

① 胡惠林：《中国国家文化安全报告》，山西人民出版社 2005 年版，第 33—34 页。

文化也都不复存在。"① 据专家预测，如果按目前的消失速度，在未来100年间，世界上现存的6700多种语言将有一半消失，另有2000多种语言的生存也将面临极其严重的威胁。②

（二）建立包容、尊重、和谐共生的国际文化新秩序

全球化背景下，一些西方国家借助于经济全球化浪潮大肆推行文化霸权主义导致世界文化多样性面临严重威胁。文化多样性一旦丧失，不仅对文化本身，而且对整个人类发展都将带来严重的后果。经济学家斯蒂芬·玛格林（Stephen Marglin）就认为："文化多样性可能是人类这一物种继续生存下去的关键。"③ 马克思在批判普鲁士政府的书报检查令时也指出："你们赞美大自然令人赏心悦目的千姿百态和无穷无尽的丰富宝藏，你们并不要求玫瑰花散发出和紫罗兰一样的芳香，但你们为什么却要求世界上最丰富的东西——精神只能有一种存在形式呢？"④ 面对文化霸权主义的文化扩张，保护文化的多样性，维护文化的民族性已势在必行。20世纪90年代，法国率先提出了"文化例外"（cultural exception）原则，以文化产品不同于一般商品具有独特性为由，反对将视听影视作为文化产品列入《关税及贸易总协定》，实现完全市场化和贸易自由化。随后，"文化例外"这一概念为欧盟所认同，并提出了"文化例外"的六条标准。在1993年乌拉圭回合谈判中，法国与欧共体其他国家一同拒绝了美国"关于取消对美国影视产品配额限制的自由贸易"要求。⑤正如联合国教科文组织法国国家委员会成员贝尔纳·古奈（Bernard Gournay）在《反思文化例外论》一书中指出，对于"文化特例"这个词语，人们有很多误解，后来更愿意用"文化多样性"一词来

---

① 许钧：《语言·翻译·文化的多样》，《文汇读书周报》2002年6月28日。

② 李慎明：《让玫瑰花和紫罗兰散发不同的芳香——尊重和维护世界文化与文明的多样性》，《求是》2006年第2期。

③ 联合国教科文组织编：《世界文化报告：文化的多样性、冲突与多元共存》，关世杰等译，北京大学出版社2002年版，第159页。

④ 《马克思恩格斯全集》第1卷，人民出版社1995年版，第111页。

⑤ 于炳贵、郝良华：《中国国家文化安全研究》，山东人民出版社2007年版，第188页。

代替它。① 进入 21 世纪，在联合国教科文组织的积极推动下，维护文化多样性取得了突破性进展，在 2001 年举办的联合国教科文组织第 31 届大会和 2005 年举办的第 33 届大会上，分别通过了《世界文化多样性宣言》和《文化多样性公约》。《世界文化多样性宣言》指出，缓解各文化和文明间冲突的最有效方式，是文化间的平等沟通与对话，强调尊重文化多样性、宽容、对话及合作是国际和平与安全的最佳保障之一。

　　承认、尊重和维护世界文化的多样性，呼吁不同文明之间的平等对话，促进人类文明的共同发展是中国政府的一贯主张。中国政府在倡导和促进世界文化多样性发展过程中做出了重要的贡献。联合国教科文组织代表米拉格罗斯·科拉尔在"第三届全球化论坛——世界文化多样性"之成果即《杭州声明》通过后说，人类在开始文明对话的时候，中国起到了非常重要的作用。事实上，以毛泽东为代表的中国共产党人就积极主张维护世界的多样性，对内积极实行百花齐放、百家争鸣方针，对外强调尊重不同民族文化及其传统，主张相互学习，求同存异。毛泽东之后的中国共产党历代领导人继承了毛泽东关于文化民族性与多样性的主张，并不断赋予其新的时代内涵。江泽民指出："世界是丰富多彩的。如同宇宙间不能只有一种色彩一样，世界上也不能只有一种文明、一种社会制度、一种发展模式、一种价值观念。各个国家、各个民族都为人类文明的发展做出了贡献。应该充分尊重不同民族、不同宗教、不同文明的多样性。应本着平等、民主的精神，推动各种文明相互交流、相互借鉴，以求共同进步。"② 2005 年 9 月 15 日，胡锦涛在联合国成立 60 周年首脑会议上发表题为《努力建设持久和平、共同繁荣的和谐世界》的重要讲话，指出："文明的多样性是人类社会的基本特征，也是人类文明进步的重要动力"；"应该以平等开放的精神，维

---

① ［法］贝尔纳·古奈：《反思文化例外论》，李颖译，社会科学文献出版社 2010 年版，第 4 页。

② 《江泽民文选》第 3 卷，人民出版社 2006 年版，第 110 页。

护文明的多样性"。① 他在美国耶鲁大学的一次演讲中，还把世界和多样性的关系生动地描绘为"旋律"与"音符"、"画卷"与"色彩"的关系，"一个音符无法表达出优美的旋律，一种颜色难以描绘出多彩的画卷"②。2014 年，习近平总书记在位于巴黎的联合国教科文组织总部发表演讲时也指出，文明是多彩的、平等的、包容的，"文明因交流而多彩，文明因互鉴而丰富。文明交流互鉴，是推动人类文明进步和世界和平发展的重要动力"③。

总之，文化霸权主义本质上是西方殖民主义在当今时代文化领域的一种延续和新的表现形式，文化霸权主义又是西方发达资本主义国家经济上的霸权主义、政治上的强权主义在世界文化领域的直接反映。因此，为了更好地保护世界文化的多样性，除了要努力建立起公正、合理的国际政治秩序，建立平等互利、共同繁荣的国际经济新秩序之外，还十分有必要建立起一种尊重文明多样性的国际文化新秩序。这种"国际文化秩序不是孤立于国际经济秩序和国际政治秩序存在的，而是国际经济和政治秩序的逻辑延伸"。④ 这种国际文化新秩序的基本准则就是相互尊重、和谐相处，相互包容、和而不同，相互借鉴、共同繁荣。唯有如此，民族文化才能在全球化的今天得以健康发展。

二　坚持弘扬中华文化，建设中华民族共有精神家园

江泽民同志指出："一个民族只有在努力发展经济的同时，保持和发扬自己的民族文化特色，才能真正自立于世界民族之林。"⑤ 要始终保持中华文化的鲜明个性和独立品格，就需要我们继承和发扬中华民族的优秀传统文化，并使之在全社会、全民族获得广泛的认同。

---

① 胡锦涛：《努力建设持久和平、共同繁荣的和谐世界———在联合国成立 60 周年首脑会议上的讲话》，《人民日报》2005 年 9 月 16 日第 1 版。

② 胡锦涛：《在美国耶鲁大学的演讲》，《人民日报》2006 年 4 月 23 日第 1 版。

③ 《习近平在联合国教科文组织总部发表演讲》，《人民日报》2014 年 3 月 28 日第 1 版。

④ 韩源、张艳：《论国际文化新秩序》，《当代世界与社会主义》2010 年第 5 期。

⑤ 《江泽民论社会主义精神文明建设》，中央文献出版社 1999 年版，第 321 页。

弘扬中华文化，建设中华民族共有精神家园是巩固和发展文化民族性的重要途径。弘扬中华文化主要是从纵向角度强调民族优秀传统文化的传承问题，建设中华民族共有精神家园则侧重于从横向角度强调文化的民族认同问题。以毛泽东为代表的中国共产党人既是中华文化的积极弘扬者，也是中华民族共有精神家园的真正建设者。他们在弘扬中华文化的过程中，为中华民族重新寻找到失落已久的精神家园，他们在重建民族共有精神家园的同时，使中华民族优秀文化得到进一步的巩固和发展。

（一）坚持弘扬中华文化

要维护和发展中华文化的民族性，首要的任务就是要坚持不懈地弘扬中华文化，使之得以不断地传承和发展。弘扬中华文化并不是要回到过去，复古守旧，而是要在全面认识民族传统文化的基础上，取其精华，去其糟粕，使之与当代社会相适应，与现代文明相协调，既要保持民族性，又要体现时代性，做到毛泽东所讲的民族性与时代性的统一。今天，要弘扬中华文化，需要我们"加强中华优秀文化传统教育，运用现代科技手段开发利用民族文化丰厚资源，加强对各民族文化的挖掘和保护，重视文物和非物质文化遗产保护，做好文化典籍整理工作"。① 在弘扬中华文化的过程中，最棘手的事情就在于分清弘扬什么，弄清怎么弘扬。正确区分和厘清"孔夫子"与"孔家店"、"传统文化"与"文化传统"这两组概念对于我们解决弘扬什么，怎么弘扬的问题有一定的启示意义。

第一，"孔夫子"与"孔家店"。"五四"新文化运动时期，新文化运动的健将们摇动着"民主"和"科学"两面大旗，高呼"打倒孔家店"的口号。在 20 世纪 30 年代的新启蒙运动中，新启蒙者张申府却别具心裁地提出了"打倒孔家店，救出孔夫子"的主张，也就是说，不能把"孔夫子"与"孔家店"完全混同。事实上，作为新文化运动的重要代表人物的陈独秀也明确说过，"反对孔教，并不是

---

① 胡锦涛：《高举中国特色社会主义伟大旗帜　为夺取全面建设小康社会新胜利而奋斗》，人民出版社 2007 年版，第 35—36 页。

反对孔子个人，也不是说他在古代社会无价值"①。李大钊也指出，"孔子于其生存时代之社会，确足为其社会之中枢，确足为其时代之圣哲，其说亦确足以代表其社会其时代之道德"，"余之抨击孔子，非抨击孔子之本身，乃抨击孔子为历代君主所雕塑之偶像的权威也；非抨击孔子，乃抨击专制政治之灵魂也"。② 毛泽东也曾强调"孔孟有一部分真理，全部否定是非历史的看法"，③ 他还称赞鲁迅是现代的圣人，而孔子是古代的圣人。这就告诉我们，在弘扬中华文化过程中，要注意区分传统文化与儒家文化，注意区分孔夫子与孔家店。传统文化并不完全等同于儒家文化，儒家文化并不完全等同于孔子学说，就是对于孔子学说本身我们仍然要进行具体的分析。孔子学说当中包含着丰富的智慧成果，虽然有些部分也不可避免地打上了时代的烙印。例如，孔子学说提倡"父慈子孝弟恭友信"，这与维护封建王朝统治的"三纲五常"之说是不能相混同的，我们不能因为要反对封建道德而惧怕言说"忠孝仁义"，而将它一棍子打死，正确的做法是将这些传统道德作出符合时代要求的新的解释。在这方面，毛泽东堪称楷模。在忠孝观问题上，毛泽东就作了很好的发挥，他说："对国家尽忠，对民族尽孝，我们赞成，这是古代封建道德，我们要改变它，发扬它。就是要特别忠于大多数人民，孝于大多数人民，而不是忠孝于少数人。对大多数有益处的，叫做仁；对大多数人利益有关的事情，处理得当，叫义。对农民的土地问题，工人的吃饭问题，处理得当，就是真正的行义者。"④

第二，"传统文化"与"文化传统"。弘扬中华文化，还需要我们注意区分清"传统文化"与"文化传统"这两个经常混用在一起的概念。"传统文化"可全称为"传统的文化"，其落脚点在文化，与之相对的概念是"当代文化"，"其内容当为历代存在过的种种物质的、制度的和精神的文化实体和文化意识。例如说民族服饰、生活

---

① 《孔教研究》，《每周评论》第20号。
② 《李大钊文集》（上），人民出版社1984年版，第263—264页。
③ 《毛泽东文集》第3卷，人民出版社1996年版，第84页。
④ 转引自陈晋《毛泽东的文化性格》，中国青年出版社1991年版，第158页。

习俗、古典诗文、忠孝观念之类；也就是通常所谓的文化遗产"①。因此，传统文化表现为一种过去时态。优秀传统文化是一种宝贵的文化资源，对于传统文化，我们有一个对它进行开发、利用、挖掘、保护、整理，"取其精华、去其糟粕"，"推陈出新、革故鼎新"的问题。"文化传统"则与之不同。首先，它是一种无形的存在，已内化到一个民族的价值观念、风俗习惯、思维方式等当中，作为一种集体无意识形式不知不觉地支配和影响着民族成员的行为活动，而不需要我们特意去学习它。文化传统在我们吃喝住穿、婚丧嫁娶、饮食男女等日常生活领域表现得特别鲜明，正所谓"日用而不知"。其次，"文化传统"表现为一种现在时态。文化传统虽然产生于过去，但是仍然活在现在，是一种以文化积淀的方式在现实当中发挥作用的习惯和力量，历史上存在的文化（传统文化）长期积淀并流传下来，就转化为传统，对于中国这样一个有着悠久历史的文明古国，其文化传统尤其厚重。对于文化传统，准确地说并不存在继承不继承的问题，面对文化传统，我们要么是突破这种惯性力，要么是延续这种惯性力，对于那些消极的传统，我们要试图打破，而对于那些积极的传统，我们要努力加以延续。

因此，传统文化是一种历史资源，其中有精华也有糟粕。文化传统是一种现实存在，有优秀传统也有不良传统。弘扬中华文化应该包括开发、利用、挖掘、保护、整理中国优秀传统文化和承继中华民族的优秀文化传统两方面的内容，两个方面既相互区别，又密切联系。

（二）建设中华民族共有精神家园

人与动物最大的不同点就在于人不仅有物质上的需求而且有精神上的追求，因而人不仅需要有一个实实在在的物质家园，而且更需要一个能够解决我们心灵归宿、精神支柱和情感寄托的精神家园，"失去了这个家，一个人便失去了心灵意义和归宿之地，就会成为精神上的流浪者，就会陷入焦虑、痛苦、彷徨、忧愁的境地；一个民族就会

---

① 庞朴：《文化传统与传统文化》，转引自黄文艺《当代中国法律发展研究》，吉林大学出版社 2000 年版，第 167 页。

成为一盘散沙，就会四分五裂，就要落后、挨打"①。对人来说，精神世界较之于物质世界而言，有时候更为重要。精神世界的空虚往往无法用物质的东西来填补，只有通过精神本身来解决，甚至可以说用物质的东西来填补精神的空虚，只能使人越来越空虚。反过来说，物质家园的缺乏却可以通过精神家园来弥补和克服，孔子就高度赞扬其弟子颜回，"一箪食，一瓢饮，在陋巷，人不堪其忧，回也不改其乐"。其实，真正的贤者常不为物质生活所困、所累。

鸦片战争以来，帝国主义的侵略不仅侵占和破坏了我们生活的物质家园，使中国无数老百姓流离失所，而且严重地摧毁了我们的精神家园，使中华民族面临严重的精神危机。以毛泽东为代表的中国共产党人在抵抗帝国主义的侵略和压迫，保卫我们民族的生活家园的过程中，勇敢地承担起重建中华民族精神家园的历史使命。他们通过新民主主义文化建设，为中国社会建立起一种新的价值标准和价值理想，通过弘扬和培育民族精神，克服了许多人心中存在已久的民族自卑心理，重建起中国人民的民族自尊心和自信心。精神家园的重建不仅使中国人民找到了精神上的那份归宿感，而且极大地增强了中华民族的凝聚力和向心力，为新民主主义革命的胜利和社会主义建设的顺利开展提供了强大的精神动力。

民族共有精神家园是以共同的价值和价值观作为基础，而社会的价值观往往会随着社会关系的调整而发生巨大变化，因此民族共有精神家园也不可能是永恒不变的。党的十一届三中全会以来，中国社会开始进入新一轮变革时期，社会转型的步伐大大加快。随着经济体制改革的深入发展，对外开放大门一步步打开，人们的思想观念也正处在一场大变革、大调整时期，原来相对统一的价值观念日益分化，价值观念的冲突加剧，特别是一些人在疯狂地追求物质财富的过程中，精神世界变得日益空虚。因此，社会的变革与历史的变迁将建设中华民族共有精神家园的任务再一次提上日程。早在20世纪80年代初期，以邓小平为核心的第二代中央领导集体就开始敏锐地注意到改革

---

① 李翔海：《弘扬中华文化　建设精神家园》，《求是》2010年第6期。

过程中存在片面强调发展生产和经济而忽视思想建设的现象，提出了建设社会主义精神文明的任务。1980 年 12 月，邓小平在中央工作会议闭幕式上的讲话中就明确指出："我们要建设的社会主义国家，不但要有高度的物质文明，而且要有高度的精神文明。所谓精神文明，不但是指教育、科学、文化（这是完全必要的），而且是共产主义的思想、理想、信念、道德、纪律、革命的立场和原则，人与人的同志式关系，等等。"① 此后，社会主义精神文明建设在整个现代化建设总体布局中的地位不断得到提升，其内涵不断得到丰富，目标和任务也不断得以明确。进入 90 年代，以江泽民为核心的第三代中央领导集体进一步丰富和发展了社会主义精神文明建设的理论，强调精神文明重在建设，并把发展先进文化，建设中国特色社会主义文化和社会主义精神文明建设相统一起来。进入 21 世纪，以胡锦涛为核心的新一代中央领导集体则明确地提出"建设中华民族共有精神家园"的命题和历史任务。党的十八大以来，习近平总书记不仅将中国特色社会主义发展目标大众化、通俗化，提出了"中国梦"奋斗目标，成为构建中华民族共有精神家园的重要价值基础，而且高度重视弘扬中华优秀传统文化，积极培育社会主义核心价值观，把建设中华民族共有精神家园任务进一步付诸实践。从邓小平提出社会主义精神文明建设，到胡锦涛提出建设中华民族共有精神家园，再到习近平的理论深化与实践推进，中华民族逐渐构筑起属于自己的新的精神家园。

（三）弘扬中华文化与建设中华民族共有精神家园的内在统一性

弘扬中华文化与建设中华民族共有精神家园两者之间各有侧重，不能加以混同，合二为一。然而，这并不意味着两者之间是相互孤立的；相反，它们之间相互依存、互相促进、密不可分。离开弘扬中华文化来谈建设中华民族共有精神家园那是空谈，而真正意义上的弘扬中华文化就必然内在地要求建设中华民族共有精神家园。

首先，弘扬中华文化既是建设中华民族共有精神家园的前提和基础，又是建设中华民族共有精神家园的重要途径和手段。精神家园在

---

① 《邓小平文选》第 2 卷，人民出版社 1994 年版，第 367 页。

某种意义上又可称之为文化家园，它是一个民族在文化上的寄托和归宿。中华文化博大精深，源远流长，经过数千年的积淀和发展，已深深地融入每个中华儿女的精神血脉之中，成为维系全体中国人的精神纽带。因此，建设中华民族共有精神家园当然离不开中华文化这一根基和土壤，必然要植根于这片我们共同熟悉的文化沃土之上。一味抛弃传统文化，我们必然会陷入一种无根的状态；简单地将一种外来文化移植过来充当我们的精神家园也是违背文化自身发展规律的，历史证明这种做法从来就不能取得成功。外来健康文化作为一种重要的文化资源是我们建设民族共有精神家园的有益补充，但它绝不可以也无法替代本民族文化，民族传统文化作为一种文化基因具有很强的遗传性，中华民族传统文化当中的价值观念、思维方式、审美情绪、风俗习惯等对于当代中国人仍然有着持久的影响。所以，我们只有通过弘扬中华文化才有可能建设好中华民族共有精神家园。当然，建设中华民族共有精神家园并不能狭义地理解为只是弘扬中华文化，更不能把弘扬中华文化单纯地理解为简单地"恢复"过去的文化。中华民族共有精神家园既具有民族性，又具有时代性，是民族精神与时代精神的统一体，传统文化当中那些已经不适应当今时代发展的内容是无法支撑当代中国人的精神世界的。

其次，建设中华民族共有精神家园既是弘扬中华文化的目标和归宿，也是衡量弘扬中华文化成功与否的重要标准和尺度。中华文化是中华民族生生不息、团结奋斗的不竭动力。中华文化是否能够发挥出这种凝聚人心、团结力量的强大功效，关键要看它是否能够获得广泛的民族认同，成为全民族的重要精神支柱。也就是说，弘扬中华文化的目的和归宿还在于构建起中华民族共有精神家园，共有精神家园的建立，反过来也有助于巩固民族文化的优秀成果。因此，衡量我们是否有效地实现了对民族文化的弘扬，也就是要看我们是否有效地将它转化为了全民族的文化认同；否则，就不是真正意义上的弘扬。从这个意义上讲，"建设中华民族共有精神家园"命题和任务的提出可以说是对于弘扬中华文化内涵的认识的进一步深化。当然，我们也应该看到，构建中华民族共有精神家园有多种路径，弘扬中华文化并不是其唯一的途径，除了弘扬中华文化之外，我们还可以引进和吸收外来优秀文化成果，更重要的是要立足当代实践，建设当代中国新文化。

三　坚定不移走中国特色社会主义道路，建设中华民族新文化

胡锦涛同志在中国文联第八次、中国作协第七次全国代表大会上的讲话指出，"推进文化发展，基础在继承，关键在创新。继承和创新，是一个民族文化生生不息的两个重要轮子"[①]。不善于继承，没有创新的基础；不善于创新，缺乏继承的活力。五千年的中华文化之所以从未中断过，是因为我们的先人从没有间断对文化的传承，也从没有间断闪耀人类智慧的文化创新。正是在传承和创新中，造就了丰富多彩、博大精深、绵延不断的中华文化。因此，这就需要我们坚定不移地走中国特色社会主义道路，在中国特色社会主义实践中不断进行文化创新，不断开辟中华文化发展的新道路，为民族文化的发展注入新的活力，增添新的民族色彩，建设反映当代中国实际和特点的，并为当代中国人民所喜闻乐见的民族新文化，这是毛泽东文化民族性思想给予我们的又一重要启示。坚定不移地走中国特色社会主义道路，扎根于当代中国特色社会主义实践，建设中华民族新文化，是当今时代维护和发展中华文化民族性的根本途径。

（一）中国特色社会主义道路是发展中华文化民族性的根本保证

胡锦涛在党的十七大报告中指出："改革开放以来我们取得的一切成绩和进步的根本原因，归结起来就是：开辟了中国特色社会主义道路，形成了中国特色社会主义理论体系。"[②] 中国特色社会主义道路是中国共产党几代领导人带领全党全国各族人民历经艰辛所开创的一条适合中国国情的社会主义建设道路。新中国成立后，以毛泽东同志为核心的第一代中央领导集体在反思苏联社会主义建设经验和教训的基础上，率先提出"以苏为鉴"，探索一条适合中国国情的社会主

---

① 胡锦涛：《中国文联第八次、中国作协第七次代表大会上的讲话》，人民网 2006 年 11 月 10 日（http：//culture. people. com. cn/GB/22219/5026372. html）。

② 胡锦涛：《高举中国特色社会主义伟大旗帜　为夺取全面建设小康社会新胜利而奋斗》，人民出版社 2007 年版，第 11 页。

义建设道路的新课题，并领导全党和全国各族人民进行了艰苦卓绝的实践、努力和开创性的理论探索，积累了许多成功的经验，也有一些失败的教训。党的十一届三中全会以来，以邓小平同志为核心的第二代中央领导集体带领全党全国各族人民在改革开放和现代化建设实践中围绕着"什么是社会主义，怎么建设社会主义"这一主题在理论和实践上进行了一系列探索和总结，形成了邓小平理论，正式开辟了中国特色社会主义道路。从党的十三届四中全会到党的十六大，以江泽民同志为核心的党的第三代中央领导集体围绕着"建设一个什么样的党，怎样建设党"这一主题展开，在中国特色社会主义发展道路、发展阶段、发展战略、发展动力、依靠力量、领导力量等各个方面进一步发展了以邓小平为核心的第二代中央领导集体所开辟的中国特色社会主义道路。党的十六大以来，以胡锦涛同志为总书记的党中央在新的历史起点上，抓住"实现什么样的发展，怎样发展"这一主题进行了新的理论和实践探索，提出了科学发展观、构建和谐社会等一系列重大战略思想，使中国特色社会主义道路得到进一步的扩展。党的十七大报告在回顾、总结和反思改革开放三十来年伟大历程的基础上，首次对中国特色社会主义道路这一概念进行了科学的概括和界定。"中国特色社会主义道路，就是在中国共产党领导下，立足基本国情，以经济建设为中心，坚持四项基本原则，坚持改革开放，解放和发展社会生产力，巩固和完善社会主义制度，建设社会主义市场经济、社会主义民主政治、社会主义先进文化、社会主义和谐社会，建设富强民主文明和谐的社会主义现代化国家。"① 党的十八大以来，以习近平同志为核心的新一届中央领导集体将中国特色社会主义道路与实现中华民族伟大复兴中国梦相联系，强调实现中国梦必须坚定不移地走中国道路，在中国特色社会主义建设实践探索中先后提出了"四个全面"战略布局和"五大发展理念"，在理论上进一步丰富和发展了中国特色社会主义理论，在实践上进一步推进和开拓了中国特

---

① 胡锦涛：《高举中国特色社会主义伟大旗帜　为夺取全面建设小康社会新胜利而奋斗》，人民出版社 2007 年版，第 11 页。

色社会主义发展道路。回顾党的几代领导人对于中国特色社会主义道路的探索历程，我们得出一个基本结论即中国特色社会主义道路并不是一条封闭的僵化的道路，而是一条开放的发展着的道路，我们必须在社会主义建设实践中不断发展它，使中国特色社会主义道路越走越宽。

中国特色社会主义道路不仅坚持了科学社会主义的基本原则，更重要的是它始终立足于当代中国实际，具有鲜明的中国特色，它是当今时代维护和发展中华文化民族性的根本保证。与"中国特色"道路背道而驰的是各种脱离中国实际的教条主义，在当今中国，主要有三种形式的教条主义即马克思主义的教条主义，简称为"马教条"、"西教条"或"洋教条"、"古教条"或"儒教条"。[①] 每种教条主义都有其历史渊源，又有其当代表现形式。教条主义由于脱离中国实际，也就无法创作出真正反映我们民族实践和社会生活本质，满足人民群众文化需要的民族新文化。

教条主义的第一种形式是"马克思主义的教条主义"。此种教条主义的基本特征是不顾中国的国情和实际，无视时代的发展和变化，一味地固守马克思主义经典作家的"本本"，特别是某些具体的结论不放。这种教条主义的马克思主义表面上看起来似乎很"正宗"、很"正统"，在历史上也常常以"左"倾的形式和面目出现，实际上却只是用马克思主义经典作家基于特定历史时代和历史条件所得出的个别论断和具体结论来裁减变化了的现实社会，这样做恰恰违背了马克思主义的最基本原则即理论与实践相统一的原则。历史上王明的"左"倾教条主义、"文化大革命"结束后的"两个凡是"是典型的马克思主义的教条主义。这种教条主义在改革开放和现代化过程中仍然时常出现，并与"左"倾思潮相结合，具有很大的迷惑性。所以邓小平特别告诫全党既要警惕右，更要防止"左"。今天我们建设有中国特色社会主义，必须始终坚持解放思想、实事求是、与时俱进，

---

① 袁银传、郭强：《破除教条主义思维方式与彰显中国特色社会主义》，《思想理论教育》2009 年第 3 期。

坚决破除对马克思主义、对中国特色社会主义的传统的教条主义的理解，为中国特色社会主义发展扫清道路。

教条主义的第二种表现形式是"西教条"或"洋教条"。"西教条"或"洋教条"的主要特征是照抄照搬外国经济、政治、文化模式，迷信和崇拜西方社会思潮。此种教条主义产生于改革开放和社会主义现代化建设的新时期，同时与中国近代史上的"醉心欧化""唯泰西者是效""全盘西化"等思潮有着血脉渊源。如果说"马教条"经过多年的批判已经日渐式微，那么这种"洋教条"在我国意识形态领域和社会生活中却不断滋生暗长，大有泛滥之势。例如，近年来就有一些人对新自由主义、民主社会主义等西方社会思潮倍加推崇，他们把西方资本主义理论、制度和政策奉为圭臬，这种现象在我们人文社会科学研究领域表现得尤其突出，我们在介绍西方社会思潮，引进西方各门学科理论的同时，忽视了对中国自身问题的研究，往往以西方话语体系来解释中国的问题，甚至认为只有西方的思想理论才是科学的理论，才能够指导中国的社会变革。"洋教条""往往打着'反教条主义''解放思想'的幌子，把自己装扮成改革开放的'先锋'和理论创新的'旗手'，其实质则是试图利用人民渴望进一步改革开放的良好愿望和对教条主义的惧怕心理，以反对教条主义的合理性去否定马克思主义的合法性，以改革创新的正当性来确认资本主义在中国的合法性。"① 因而比起"马教条"更具有诱惑性和欺骗性。

教条主义的第三种表现形式是"古教条"或"儒教条"，其基本特征是"照抄照搬自己祖先的经验或者古代思想家的著作、语录和学说，习惯于从自己祖先或者古代权威'老祖宗'（如孔孟之道）那里寻找'济世良药'和现代化的精神动力"。② 他们把中国古代传统文化，特别是儒家文化当作医治西方工业化所带来的文明危机的灵丹妙药，把古代圣贤思想夸大为具有超越历史和国界的"普世价值"，企

---

① 龙秀雄：《建设中国特色社会主义必须旗帜鲜明地反对新教条主义》，人民网 2009年 11 月 24 日（http://theory.people.com.cn/GB/41038/10441408.html）。

② 袁银传、郭强：《破除教条主义思维方式与彰显中国特色社会主义》，《思想理论教育》2009 年第 3 期。

图从封建社会意识形态中寻求现实社会发展的根本道路。这种教条主义可以追溯到中国近代史上的文化保守主义思潮，20 世纪八九十年代，它又借助于时兴的国学热不断得到升温。这种教条主义与中国特色社会主义道路同样是相背离的，他们甚至还宣扬用儒家学说来儒化社会主义的中国，儒化中国共产党，因而同样具有很大的危害性。

无论何种形式的教条主义，它们都脱离了中国的实际，以之来指导中国的现代化建设，必然使中国的现代化建设遭受严重挫折，以之来指导中国的文化建设，必然导致中国文化民族性的重大破坏，教条主义是文化民族性的大敌。中国革命和建设实践的历史充分表明，我们什么时候坚持了"中国特色"这一道路，中华文化的民族独立性就得到巩固，中华文化的民族特色就能够得到彰显。反之，当我们偏离了"中国特色"这一道路，中华文化的民族独立性就会受到威胁，中华文化的民族特色就会受到损伤。

（二）中国特色社会主义实践是中华民族新文化的"源头活水"

任何一个民族其文化的发展都离不开继承、吸收和创新三个方面。所谓继承，就是继承本民族历史上的优秀文化成果。所谓吸收，就是指吸收世界上一切民族文化之有益成果。所谓创新，就是指立足于新的实践，创立反映时代生活的新文化。如果说民族传统文化与外来文化成果都只是民族文化的"流"，那么每个时代的社会生活即人民的生产和生活实践才是民族文化的"源"。必须分清民族文化的源与流，绝不能源流颠倒；否则要么就会走入复古主义的深渊，要么就会陷入全盘西化的泥潭，都无助于民族文化的健康发展。

在文化的源与流问题上，毛泽东曾经做过十分精辟的阐述。在延安文艺座谈会上的讲话中，毛泽东在谈及文艺的普及与提高问题时提出了文学艺术的源泉这一问题。他说："一切种类的文学艺术的源泉究竟是从何而来的呢？"毛泽东根据历史唯物主义关于社会存在决定社会意识的观点，强调了社会生活对文艺创作的决定作用。他说："人民生活中本来存在着文学艺术原料的矿藏，这是自然形态的东西，是粗糙的东西，但也是最生动、最丰富、最基本的东西；在这点上说，它们使一切文学艺术相形见绌，它们是一切文学艺术的取之不尽、用之不竭的唯一的源泉。这是唯一的源泉，因为只能有这样的源泉，此外不能有第二个源泉。"① 毛泽东还进一步否定了那种把书本上的文艺作品、古代的和外国的文艺作品当作源泉的错误观点。他说："过去的文艺作品不是源而是流，是古人和外国人根据他们彼时彼地所得到的人民生活中的文学艺术原料创造出来的东西。"② 显然，这一解释使得文化的"源流观"变得更加彻底，更加圆满。

毛泽东关于文化的源与流的阐述清楚地告诉我们，广大人民群众的社会生产和生活实践才是一切文化取之不尽、用之不竭的源泉，而且是唯一的源泉。因此，中华民族新文化必须植根于当代中国人的社会实践即中国特色社会主义的伟大实践之中，正如新民主主义文化只能植根于新民主主义实践，中国特色社会主义实践才是中华文化民族性的真正"源头活水"。

首先，中国特色社会主义实践为发展中华民族新文化提供了丰富的土壤。我们知道，人类是在改造自然和社会的实践中，才创造出自己特有的文化，离开了社会实践，文化就成为无源之水、无本之木，人们就不可能从事任何有价值的文化创造。今天，中国人民正在进行着一场伟大的社会主义建设实践即中国特色社会主义实践，广大人民群众作为中国特色社会主义建设的主体，他们分布在中国的各个民族和地域，奋战在中国特色社会主义建设的各行各业，他们生动的社会实践为我们今天发展民族新文化提供了丰富的土壤。广大人民群众在自己的生产和生活实践过程中，积累了丰富的实践经验和智慧成果，为我们在自然科学、社会科学等领域进行创新奠定了基础，为我们构建中国特色的学科体系、学术体系、话语体系奠定了基础。事实上，一些科学理论，一些有价值的文学艺术，都是直接源于人民群众的实践。例如，中国古代许多科技成就，都是在直接总结人民群众的农业、手工业生产实践和医疗实践经验基础上形成的。许多中外文学名著，也都是在民间口头文学和民间传统的基础上提炼创作而成的。广

---

① 《毛泽东选集》第 3 卷，人民出版社 1991 年版，第 860 页。
② 同上。

大人民群众在建设有中国特色社会主义伟大事业过程当中所涌现出的一批又一批先进人物、一个又一个先进事迹，广大人民群众在生产和生活实践当中，所遇到的各种酸甜苦辣、悲欢离合、爱恨情仇等，这些都为我们进行文艺创作提供了最生动、最原始的素材。正如邓小平所指出的："人民是文艺工作者的母亲。一切进步文艺工作者的艺术生命，就在于他们同人民之间的血肉联系。忘记、忽略或是割断这种联系，艺术生命就会枯竭。人民需要艺术，艺术更需要人民。自觉地在人民的生活中汲取题材、主题、情节、语言、诗情和画意，用人民创造历史的奋发精神来哺育自己，这就是我们社会主义文艺事业兴旺发达的根本道路。"[1] 总之，鲜活的实际、火热的生活和人民群众的生动实践，是文化发展和创新的丰富土壤和不竭源泉。我们必须深深植根于中国特色社会主义伟大实践，立足于社会主义初级阶段这个基本国情，注重反映我国人民在社会主义建设中的新创造，充分吸收我们党在领导社会主义建设过程中所积累的新经验，使文化创新更加符合当代中国的实际，更好地满足人民群众的精神文化生活需求。

其次，中国特色社会主义实践是推动中华民族文化发展的重要动力。中国特色社会主义建设事业是一项具有探索性的伟大事业，在中国特色社会主义建设实践过程中，我们总是会不断地遇到许多新情况，面临许多新问题，迫切地需要我们去解决，这就需要我们敢于直面现实，善于解决时代所提出的新课题。我们的自然科学和社会科学，特别是社会科学的研究要有问题意识，直面现实，努力探索和解答当代中国经济和社会发展过程中所遇到的重大问题，着力构建中国特色哲学社会科学，这种研究中国实际和解决中国问题的过程同时也就是文化创新的过程。例如，新的疾病的出现，就会推动中西医学的创新，促进医学知识不断丰富和完善。中国特色社会主义事业的不断发展，推动了中国特色社会主义理论体系的不断丰富和发展，中国特色社会主义事业的蓬勃发展为我国文艺事业繁荣发展注入了强大动力、开辟了广阔空间。中国特色社会主义实践还推动着文化在内容形

---

[1] 《邓小平文选》第 2 卷，人民出版社 1994 年版，第 211—212 页。

式、体制机制、传播手段等多方面的创新。中国特色社会主义实践永无止境，我们的文化创新也永无止境，我们必须紧跟实践的步伐，敏锐把握时代变革的脉搏，深刻体验社会前进的准确信号，注重从实践中汲取灵感，充分反映中国特色社会主义实践对文化创新的新要求。

在当代中国，建设中华民族新文化，就是建设中国特色社会主义文化。在当代中国，建设中国特色社会主义文化，就是维护和发展中华文化的民族性，它们三者是相统一的。当今时代，中华文化的民族性是借助于中国特色社会主义文化体现出来，存活于中国特色社会主义文化之中，民族性是中国特色社会主义文化的首要的基本特征。对于中国特色社会主义文化的民族性，我们同样需要从历史与现实两个维度来加以理解。"在历史维度上，中华民族有自己的文化传统，文化建设必须立足于中华民族的文化传统之上，在继承本民族优秀文化传统的基础上吸收和借鉴外国文化，并发展和创新本民族的文化。在这样的文化基础上形成的文化必然带有浓郁的中华民族特色。"① 这就是我们前面所强调的"弘扬中华文化，建设中华民族共有精神家园"的问题。"在现实维度上，社会主义文化的民族性还表现在，当今中国的改革开放和社会主义现代化建设事业，同样是具有中华民族特色的中国特色社会主义。这样的现实实践，必然形成具有鲜明时代特点和民族色彩的中国特色社会主义的文化形态。"② 这就是我们所强调的"走中国特色社会主义道路，建设中华民族新文化"的问题。总之，中国特色社会主义文化的民族性是渊源于中华五千年文明，植根于当代中国特色社会主义伟大实践。在当代中国，建设中国特色社会主义文化，就是维护和发展中华文化的民族性。

四 不断提升国家文化软实力，增强中华文化国际影响力

"文化软实力"不仅关涉到一个国家内部成员对于其自身文化的

---

① 夏建国："第九章 中国特色社会主义的文化建设"，载顾海良主编《中国特色社会主义理论体系研究》，中国人民大学出版社 2009 年版，第 377 页。

② 同上。

认同度与自信心，也关系到一个国家文化对于他国人民的亲和力与吸引力。在经济全球化时代，各种思想文化之间激烈交流、交融、交锋，特别是以美国为代表的西方资本主义国家借助经济全球化浪潮，大力推行文化霸权主义，极大地威胁到包括中国在内的第三世界国家和民族的文化主权或文化安全。因此，提升国家文化软实力，增强中华文化国际影响力，对于推动社会主义文化的大发展大繁荣，对于全球化时代维护我国民族文化安全，维护中华文化的民族性，增强民族文化自信，促进民族文化的发展具有重要的战略意义。

（一）"软实力"与"文化软实力"

讲到"文化软实力"，我们自然不得不首先提及"软实力"这一重要概念。"软实力"概念是 20 世纪 90 年代由美国哈佛大学肯尼迪政府学院院长、著名国际关系学者约瑟夫·奈（Joseph S. Nye）首次提出，在此之后，约瑟夫·奈不断著书立说，不遗余力地阐述其观点与思想，逐步形成了比较成熟和系统的、至今仍风靡全球的"软实力"理论，约瑟夫·奈因此也被尊称为"软实力之父"①。"软实力"概念的提出其直接诱因是发生在 20 世纪 80 年代的关于"美国是否衰落"的一场大辩论。1986 年，美国经济史学家罗斯托（Walt Whitman Rostow）提出"美国是否会步英国 1870 年以来的老路"的问题，此后引发了一场关于"美国是否衰落"的大辩论。1987 年，美国历史学家保罗·肯尼迪（Paul Kennedy）出版《大国的兴衰：1500—2000年的经济变迁与军事冲突》，明确持"衰落论"的观点。保罗·肯尼迪认为，大国之兴，兴于经济和科技发达，大国之衰，衰于过度侵略扩张所导致的经济和科技的衰退落后，保罗·肯尼迪十分重视和强调经济和科技的发展在大国兴衰中的基础作用。约瑟夫·奈则反对保

---

① 约瑟夫·奈提出"软实力"概念的主要代表作有：《软实力》（*Soft Power*，1990），《注定领导世界：美国权力性质的变迁》（*Bound to Lead：The Changing Nature of American Power*，1990）；约瑟夫·奈进一步阐释"软实力"理论的相关代表作有：《软实力的挑战》（*The Challenge of Soft Power*，1999）、《美国力量的悖论》（*The Paradox of American Power*，2001）和《软实力：国际政治中的制胜之道》（*Soft Power：The Means to Success in World Politics*，2004）等。

罗·肯尼迪的结论和立论观点，他第一次明确将国家的综合国力划分为硬实力和软实力，由此提出了软实力这一概念，他认为美国不仅在传统经济、军事、科技等硬实力方面，而且在文化、价值观、政策等软实力方面都具有优势，因此美国并不会走向衰退。在约瑟夫·奈看来，软实力并不单纯地是硬实力的反映，一个国家硬实力的增长并不一定必然带来软实力的增强；相反，很有可能带来软实力的损伤或削弱，从而严重影响一个国家的整体实力。为此，他不断以此告诫美国政府，并为其出谋划策，对美国外交政策产生了重要影响。

自提出"软实力"概念后，约瑟夫·奈在不同时期的著作中对"软实力"概念进行过多次界说。最初，他将"软实力"界定为一种与命令性使人遂我愿的实力相对的同化式的实力。在《软实力的挑战》中，他将"软实力"界定为"一种通过吸收而非强制的方式得到期望结果的能力"。① 在《软实力：国际政治中的制胜之道》中，他说"软实力是一种能力，它能通过吸引力而非威逼或利诱达到目的"。② 由此可见，"软实力"相对硬实力而言，是一种通过吸引而非强制或利诱方式影响他人以达己所愿的能力，主要表现在一个国家的文化、政治价值观、政治制度、外交政策等方面。显然，"软实力"这一概念的主体指向是国家即为"国家软实力"，由于软实力概念与理论的巨大影响力，在以后的引用和使用过程中不断衍生出多种主体，形成了企业软实力、区域软实力、城市软实力等概念。

从表面上看，我们讲的"文化软实力"概念是脱胎于约瑟夫·奈的"软实力"概念，因为约瑟夫·奈的"软实力"构成中最基础和最核心的部分就是文化。然而事实上，在中国，"文化软实力"首先是作为一种文化发展战略被加以提出来的，体现了中国共产党人对于文化在当今时代社会发展中的重要作用的敏锐观察和深刻把握，展现了中国共产党人建设社会主义文化强国，实现中华文化复兴的神圣使

---

① Joseph S. Nye, "The challenge of Soft Power", *Time*, Feburury 22, 1999, p. 21.

② Joseph S. Nye, *Soft Power: The Means To Success In World Politics*, New York: Public Affairs, 2004, p. 25.

命与历史担当。2006 年 11 月 10 日，在第八次文代会、第七次作代会开幕式讲话中，胡锦涛基于对国内外文化形势的分析和判断，首次将文化与国家软实力相联系，提出了"增强我国文化的国际竞争力，提升国家软实力"的重大课题。2007 年，党的十七大报告则第一次明确提出"文化软实力"这一概念，并把"提高国家文化软实力"作为推动社会主义文化大发展大繁荣的总体性战略。党的十八大以来，以习近平同志为核心的党中央将提升文化软实力进一步上升到实现中华民族伟大复兴的高度，对于如何提升国家文化软实力发表了一系列重要讲话，进行了精心的战略部署。

我们所说的"文化软实力"，与约瑟夫·奈的"软实力"概念强调"使他人随我的意志而行动"不同，主要着眼于自身文化建设，是一种属于综合国力一部分的"文化国力"，主要包括文化的内聚力、文化外引力、文化向导力、文化生产力。① 如果说约瑟夫·奈提出软实力概念和理论的出发点主要是要从战略高度反驳"美国衰落论"观点，把脉美国对外政策，解决美国如何持续地领导世界，维持其在全球的霸主地位的话，那么与之不同，我们党和政府提出文化软实力战略主要是为解决现代化建设过程中人民群众日益增长的精神文化需求和人们的精神家园的问题，解决中国现代化建设的精神动力和精神支柱的问题，解决全球化背景下我国民族文化的生存与发展的问题，以及如何更好地融入世界的问题。一句话，"提高国家文化软实力"，是新世纪新阶段中国共产党人所提出的一项旨在加强文化建设，繁荣社会主义文化，推动中华民族伟大复兴的重要战略，而不是为了称霸全球，同化他人，左右他人，搞文化渗透与扩张。

（二）提升国家文化软实力：中华文化复兴的必由之路

中华文化的复兴是全体中国人的百年梦想，是中国共产党人矢志不渝的奋斗目标，也是中华民族伟大复兴的重要标志。以毛泽东为主要代表的中国共产党人把新民主主义革命与中华文化复兴紧密联系起

---

① 沈壮海：《吸引力　影响力　文化软实力：中国特色社会主义文化建设》，武汉大学出版社 2014 年版，第 38—39 页。

来，领导全党和全国各族人民武装夺取政权，成立了新中国。新民主主义革命的胜利，社会主义基本制度的建立，为中华文化的复兴奠定了根本的政治前提和制度基础。正如毛泽东所指出："伟大的胜利的中国人民解放战争和人民大革命，已经复兴了并正在复兴着伟大的中国人民的文化。"① 应该说，在那样一个血雨腥风的革命与战争年代，只有枪杆子里才能出政权，也就是说，只有把军事硬实力放在首位，才有可能推翻帝国主义、封建主义和官僚资本主义的统治和压迫，从而才有可能为民族文化的发展开辟道路。

中华人民共和国成立后，我们面对的是一个满目疮痍、"一穷二白"的烂摊子。所谓"穷"就是指贫穷，所谓"白"就是文盲多。因此，党和政府很快把工作重心转移到经济建设上来，恢复生产，稳定物价，发展经济，基本上建立了独立的、比较完整的工业体系和国民经济体系。然而，由于受到"左"倾错误思想的干扰，我们的工作重心逐渐又偏离了经济建设的轨道，走入以阶级斗争为纲的错误路线当中。"文化大革命"结束后，以邓小平为核心的第二代中央领导集体，拨乱反正，重新确立了实事求是的思想路线，把工作重心从以阶级斗争为纲重新转移到以经济建设为中心的轨道上来。邓小平指出，贫穷不是社会主义，社会主义就是要消灭贫穷。而要消灭贫穷，只有以经济建设为中心，大力发展社会主义生产力，只有发展才是硬道理。此后，历代领导人始终坚持以经济建设这一中心不动摇，把经济硬实力作为综合国力的基础。正因为如此，改革开放三十多年来我国经济建设取得了突飞猛进的发展和举世瞩目的成就。胡锦涛在纪念党的十一届三中全会召开 30 周年大会上的讲话中就指出，1978—2007 年，我国国内生产总值由 3645 亿元增长到了 24.95 万亿元，年均实际增长 9.8%，是同期世界经济年均增长率的 3 倍多，我国经济总量上升为世界第四。进出口总额从 206 亿美元提高到 21737 亿美元、跃居世界第三，外汇储备跃居世界第一。全国城镇居民人均可支配收入由 343 元增加到 13786 元，实际增长 6.5 倍；农民人均纯收入

---

① 《毛泽东选集》第 4 卷，人民出版社 1991 年版，第 1516 页。

由 134 元增加到 4140 元，实际增长 6.3 倍。① 此后在 2008 年和 2010 年中，中国经济总量先后超过德国和日本，跃居世界第二。经济的高速增长和持续发展极大地增强了我国的经济硬实力，为中华文化的复兴奠定了坚实的物质基础。

进入 21 世纪，国内外形势和环境的变化把文化在经济社会发展中，以及在国际社会竞争中的地位和作用进一步凸显出来，提高国家文化软实力成为实现中华文化复兴的必然选择。从国内来看，改革开放三十多年来经济社会的发展对文化建设提出了新的要求，物质生活改善后的人民群众对精神文化生活也有了新的期待。特别是，随着改革开放的深入推进，一些深层次的矛盾日益显露出来，利益关系不断发生分化，利益格局也在进行着一场深刻的调整，反映到思想文化领域就表现为价值观念的多样化。由此看来，当今时代文化越来越成为民族凝聚力和创造力的重要源泉，丰富精神文化生活越来越成为我国人民的热切愿望。如何通过文化建设促进民族的文化认同以增强民族的凝聚力，如何加强文化建设以满足人民群众日益增长的精神文化需求，成为当前的重要现实课题。从国际上来看，随着世界多极化、经济全球化的深入发展和科学技术的日新月异，文化越来越成为综合国力竞争的重要因素，民族文化安全越来越成为各个国家和民族，特别是弱势国家和民族所焦虑的问题。正如胡锦涛所指出的：“当今时代，文化在综合国力竞争中的地位日益重要。谁占据了文化发展的制高点，谁就能够更好地在激烈的国际竞争中掌握主动权。人类文明进步的历史充分表明，没有先进文化的积极引领，没有人民精神世界的极大丰富，没有全民族创造精神的充分发挥，一个国家、一个民族不可能屹立于世界先进民族之林。”② 然而，现实的情况是：与经济的快速发展相比，我国文化发展还相对滞后；与我国的经济实力和国际地位相比，我国文化软实力还很不相称。从目前世界文化市场份额来

---

① 胡锦涛：《在纪念党的十一届三中全会召开 30 周年大会上的讲话》，新华网 2008 年 12 月 18 日（http://news. xinhuanet. com/newscenter/2008 - 12/18/content_ 10524481. htm）。

② 胡锦涛：《中国文联第八次、中国作协第七次代表大会上的讲话》，人民网 2006 年 11 月 10 日（http://culture. people. com. cn/GB/22219/5026372. html）。

看，美国占43%，欧盟占34%，亚太地区占19%；在亚太地区所占份额中，日本占10%，韩国占5%，中国和其他亚太国家仅占4%。[①]总之，文化软实力已经"成为经济发展的'助推器'、政治文明的'导航灯'、社会和谐的'黏合剂'"。[②] 文化软实力已经成为国家综合国力中的"最核心的、最高层的"部分。因此，只有不断加强文化自身建设，建设社会主义文化强国，提升我国文化软实力，才能够实现中华民族的真正复兴。

综上所述，中国文化的复兴之路走过了主要依靠军事硬实力，为民族文化复兴奠定根本的政治前提和制度基础，到主要依靠发展经济，增强经济硬实力，为民族文化复兴奠定坚实的物质基础的转变。当文化复兴的政治前提、制度基础和物质基础都已基本具备的情况下，对于文化自身建设的战略规划和全面部署必然提上议程，民族的独立、经济的发展都无法代替文化自身的建设和发展；相反，更加呼唤文化的发展，从而与之相协调、相促进。总之，提升国家文化软实力，增强中华文化的内聚力和国际影响力，是当今时代实现中华文化复兴的必然选择和必由之路。

（三）提升我国文化软实力的基本路径

提升国家文化软实力是一项十分复杂的系统工程，党的十八大以来习近平总书记关于文化软实力的一系列重要论述是我们探讨文化软实力提升的重要理论指南，学术界对于文化软实力及其提升的探索与研究成果是我们探讨文化软实力提升路径的重要参考。结合文化软实力的基本内涵、内在构成、基本特点及表现形式，我们认为要提升我国文化软实力必须在"立本""强根""铸魂"的基础上，不断提高我国文化的创新能力，增强民族文化的创造活力，解放和发展文化生产力，增强文化对外传播力。

第一，提升国家文化软实力必须以制度为本。这里所讲的制度，

---

①　蒋建国：《推进文化体制改革　提高国家文化软实力》，《人民日报》2010年11月22日第16版。

②　习近平：《之江新语》，浙江人民出版社2013年版，第149页。

主要是指中国特色社会主义制度，中国特色社会主义制度规定了我国文化软实力的基本性质及发展方向。提升国家文化软实力首先要通过制度的改革、建设与完善，展示中国特色社会主义制度的优越性、先进性、包容性，从而增强人们对于中国特色社会主义制度的认同度、自信心与亲和力。改革开放以来，中国经济社会的飞速发展充分彰显了中国特色社会主义制度的优越性和生命力，然而当前中国特色社会主义制度仍然面临着不健全、不完善的问题，存在制度漏洞、制度缺失、制度失灵、制度滞后等情况和现象，从而影响到社会主义优越性的实现，制约了人们积极性、主动性与创造性的发挥，甚至损害了社会主义制度的形象。因此，提升国家文化软实力，必须以制度建设为根本，不断深化制度改革，推进国家治理体系和治理能力现代化。

第二，提升国家文化软实力必须以传统为根。这里所讲的传统，就是指中国优秀传统文化。习近平指出，"中华优秀传统文化是中华民族的突出优势，是我们最深厚的文化软实力"[1]。一个民族的传统文化是一个民族的精神命脉、文化基因，是任何人都无法割断的，因而民族传统文化也是民族认同与国家认同的重要基础。习近平指出："抛弃传统，丢掉传统，就等于割断了自己的精神命脉。博大精深的中华优秀传统文化是我们在世界文化激荡中站稳脚跟的根基。"[2] 中国传统文化博大精深，当中包含着丰富的思想与智慧成果、优秀的道德传统，可以为我们治国理政提供丰富的养料，可以成为涵养社会主义核心价值观的重要源泉，具有跨越时空、跨越国度的魅力与价值。约瑟夫·奈就对中国传统文化所具有的吸引力深表认同，认为这是中国最大的软实力。因此，提升国家文化软实力必须抓住中国优秀传统文化这一根，实现传统文化的创造性转换和创新性发展，展示中华文化的独特魅力。

第三，提升国家文化软实力必须以价值为魂。这里所说的价值，

---

① 习近平：《习近平谈治国理政》，外文出版社 2014 年版，第 155 页。
② 习近平：《把培育和弘扬社会主义核心价值观 作为凝魂聚气强基固本的基础工程》，《人民日报》2014 年 2 月 26 日第 1 版。

是指社会主义核心价值观。习近平指出："核心价值观是文化软实力的灵魂、文化软实力建设的重点。这是决定文化性质和方向的最深层次要素。一个国家的文化软实力，从根本上说，取决于其核心价值观的生命力、凝聚力、感召力。"[①] 因此，要提升国家文化软实力，必须坚持价值主导战略，积极推进社会主义核心价值观的培育与践行，以社会主义核心价值观主导和引领多样文化的发展。事实上，文化软实力所拥有的内聚力和外引力两个方面的实现最终都是通过价值观的认同来发挥作用。西方国家采用形形色色的手段，通过各式各样的途径进行文化渗透与扩张，其根本目的就是要用它们的价值观来取代其他民族和国家的价值观。正如美国 2002 年度《国家安全战略报告》所明确指出的，在全世界推行、保卫美国式的价值观念与生活方式是美国国家安全战略的灵魂与核心。[②] 因此，离开了核心价值观的文化建设就失去了灵魂，只会流于花样工程，丧失其生命力与文化力。

第四，提升国家文化软实力必须以改革为剑。这里所说的改革，主要是指文化体制改革。文化体制是文化发展的制度基础与制度条件，只有不断深化文化体制改革，才能激发和调动全民族的文化创造积极性，增强全民族的文化创造活力，提高我国文化的创新能力，解放和发展文化生产力。改革开放以来，随着社会主义市场经济的发展和对外开放的扩大，文化赖以生存和发展的经济基础、体制环境和社会条件都发生了深刻变化。我国文化建设远远不能适应时代发展的要求，只有深化文化体制改革，解放和发展文化生产力，才能更好地提高我国文化的竞争力，才能为人民群众提供更多更好的文化产品和文化服务。深化文化体制改革必须正确区分和对待公益性文化事业和经营性文化产业。公益性文化事业是保障人民文化权益的主要途径，政府应该"增加投入、转换机制、增强活力、改善服务"，努力构建覆盖全社会的比较完善的公共文化服务系统。对于经营性文化产业则应该坚持以市场为导向，贯彻"创新主体、转换机制、面向市场、壮大

① 习近平：《习近平谈治国理政》，外文出版社 2014 年版，第 163 页。
② 张玉国：《国家利益与文化政策》，广东人民出版社 2005 年版，第 99 页。

实力"的方针，不断繁荣文化市场，增强国际竞争力。

第五，提升国家文化软实力必须以传播为器。这里所讲的传播，是指文化的传播方式、传播途径与传播手段等，也涉及传播的内容与主体。总之，就是要从文化传播学的视角探索文化传播的规律，以增强我国文化的传播力，提升国家文化的软实力。在当今这样一个文化多元化、信息网络化的时代，一种有生命力和吸引力的文化如果缺乏有效的传播，必然使其影响力大打折扣，可谓"酒香也怕巷子深"。因此，向国人，向世界讲好"中国故事"，传播好"中国声音"，塑造好"中国形象"，成为提升国家文化软实力的必然选择。改革开放以来，尽管中国在经济建设、政治建设、文化建设等各个方面取得了巨大成就，被世界称为"中国奇迹""中国模式""中国速度"，但是这种发展优势远没有有效地转化为话语优势，使得我们在文化传播过程中，尤其是对外传播过程中常常出现"失语"状态，"中国俨然一个行动的巨人、语言的矮子"①，这就亟须我们建立一套有效解释"中国现象"的话语体系。此外，信息化时代，要讲好"中国故事"，传播好"中国声音"，塑造"中国形象"，还必须抢占媒体制高点；否则只会沦落为"有口无处辩"的尴尬境地，特别是当中国日益踏上复兴之路之时，以美国为代表的西方国家从政要到学者再到媒体总是想方设法通过各种方式，制造形形色色的言论与舆论诋毁中国、丑化中国、妖魔化中国，他们时而"捧杀"中国，时而"棒杀"中国，中国在民族复兴路上频频遭遇西方世界"抹黑"。在这种情况下，我们更应该充分发挥好、利用好大众媒体特别是新兴媒体的功能与作用，为自己"洗白"，塑造中国良好的国家形象。

第三节　评价与反思——以大众化重建民族性理路的得与失

如前所述，文化的大众化与文化的民族化是辩证统一的关系。正

---

① 陈曙光：《中国话语与话语中国》，《教学与研究》2015 年第 10 期。

因为如此，我们在推进马克思主义大众化过程中必须将它植根于民族文化土壤之上；反过来，我们在民族新文化的重建过程中，又离不开文化的大众化，因为得不到大众认同、接受的文化是不可能真正扎根于中国，沉淀为民族的文化的。以毛泽东为代表的中国共产党人在重建民族新文化或重塑文化民族性的过程中开辟了一条以民族主体性重建文化民族性，以大众化标准建构文化民族性的新理路，以大众化重建民族性是毛泽东文化民族性思想的核心理路。

一　以文化大众化重建文化民族性理路及其深远影响

早期中国共产党人对于文化的民族性与文化的大众性认识都不够深入，而且更没有将两者联系起来。早期中国共产党人总体上并不十分重视文化的民族性问题，他们更多的是强调文化的时代性，他们孜孜以求，目的就是要探求一种新文化，以取代中国旧文化，即使像毛泽东、李大钊等少数中国共产党早期代表，虽然也注意到文化的民族性问题，但他们的关注点也还只是放置在中华文化与西方文化各具特色上，强调我们应当对传统文化有所继承不可全盘否定。换言之，此时的文化民族性讨论还并未深入文化的民族主体性层面，更没有触及文化的大众化问题。而当时中国共产党人对于文化大众化的追求所遵循的认识逻辑是革命需要唤醒民众，发动群众，这就离不开思想启蒙或者说需要理论武装群众，也并非基于或针对于维护和发展民族文化或文化民族性目的和需要而提出。由此可见，中国共产党对于民族的文化与大众的文化的认识和发展过程起初是处在平行线上的前进运动，两者之间并无多少交集，没有将两者有机联系起来，形成统一性的认识。

把民族的文化与大众的文化真正相结合起来主要还是在抗日战争时期。抗日战争时期，由于日本帝国主义大举侵华，大片国土沦丧，中国人民的民族自尊心和自信心受到沉重打击，民族精神受到重创，加之自鸦片战争以来，中国主流是学习西方，批判传统，从而也导致中国人民形成了"百事不如人"的自卑心理，导致民族自信心不足。然而，要赢得抗日战争的胜利，显然离不开中国人民的民族自信心、离不开中国人民的斗志与精神，这就需要重塑民族自信，这就需要重视民族传统文化，弘扬民族精神，特别是要处理好马克思主义这一外来文化与中国传统文化的关系问题，解决马克思主义的民族化问题。另外，抗日战争是一场全面战争，需要调动一切积极因素，建立最广泛的抗日民族统一战线，政治统一战线的建立呼唤文化统一战线的形成，文化大众化应运而生。此时，不论文化的民族化还是文化的大众化都将目光投向了一个共同主体即人民大众，其标志就是《新民主主义论》中对于中华民族新文化的集中阐述，在这里，"民族的"与"大众的"已不再彼此分离、相互独立，而成为一个有机的统一体。我们所要建立的民族新文化是植根于中国人民的实践基础上，为广大人民群众所喜闻乐见，为广大人民群众服务的文化。一切文化如果脱离人民群众实践，不为人民群众所接受，游离于人民群众之外，那就失去了民族的土壤，这样一种文化不仅不能成为民族的文化，而且必然丧失其生命力。

这种以民族主体性重建文化民族性，以大众化标准建构文化民族性的新理路对中国文化建设与发展产生了深远的影响，今天我们所要建设的中国特色社会主义文化，就是源于人民大众实践，又为人民大众服务的文化，是民族的科学的大众的社会主义文化，它始终坚持了文化的民族化和大众化方向。今天我们能否真正维护好中华文化的民族性，最根本的就取决于我们是否将文化建设的立足点和落脚点始终放置在人民群众身上，而不是脱离人民群众，人民群众既是民族新文化的创造主体，也应该是文化成果的真正享有者。这就是为什么那些真正反映人民群众革命与建设实践的文化作品总能够得到广大人民群众的认同、喜欢，能够经久不衰，成为民族文化的精品佳作的原因，因为它触动了民族的灵魂与人民的神经，激发了强烈的共鸣感。中国共产党领导全国各族人民坚持马克思主义为指导，把马克思主义与中国实际和文化传统相结合，在中国特色社会主义建设的伟大实践中创造了中国奇迹、中国速度、中国成就，这些必然反映到文化领域，不断沉淀，形成中国独具特色的社会主义文化景观，这才是当今时代中华文化民族性的真正体现，这才是当今时代中华文化民族性的深厚根基。总之，以大众化重建民族性理路实质上就是坚持人民群众是民族文化的主体性原则，在这个意义上讲，民族化就是大众化，民众的就是民族的，这一基本判断已成为中国文化建设的基本公理，影响深远，意义非凡。

二 以文化大众化重建文化民族性理路的历史教训

民族化等同于大众化，民众的就是民族的，民族特色的就是百姓喜闻乐见的，而所谓的大众、民众、百姓主要是指工农兵。这些观点都是有其特定的时代针对性与问题指向性，本身并不存在多少问题，然而如果我们在理解上过于简单化、机械化、片面化，就会出现认识上的偏差，主要有以下两种错误倾向。第一，将民族化等于大众化，将大众化混同于政治化，最后出现将民族化问题纳入阶级论的框架，①以大众化重建民族性演绎为以阶级性重建民族性，民族性重建处处打上了阶级性烙印。第二，将民族化等于大众化，将大众化理解为一味迎合百姓口味，大众化沦为庸俗化，导致民族化成为庸俗化的别称。应该说，上述两种错误偏向都将影响到民族文化的健康发展。显然，这里最为关键的问题就是要科学地、准确地理解和把握大众化的本质与内涵，把握大众化与政治化、大众化与庸俗化的关系与界限。

第一，正确处理好大众化与政治化关系，避免将大众化等同于政治化。毛泽东文化大众化思想的提出主要有以下现实针对性。首先，就是要打破文化为少数人所垄断，广大人民群众无法享有文化与教育的权利，无法成为文化的主体、主人和主角状况，从而确立新民主主义文化的性质和发展方向，以区别于旧文化。其次，就是要唤醒民众、宣传和动员民众，用先进的革命文化武装群众，以适应和服务于新民主主义革命形势发展需要。毛泽东文化大众化思想主要是为了解决两个基本问题即文化为什么人的问题以及如何实现的问题。毛泽东所说的人泛指劳苦大众，具体指占全人口百分之九十以上的工农兵。而如何实现主要涉及正确认识知识分子与劳苦大众关系问题，知识分

① 陶东风：《大众化与文化民族性的重建》，《文艺研究》2002 年第 3 期。

子要教育群众，首先就必须接受群众的再教育，与工农群众立场一致、情感打成一片，能够说群众的话，采取群众喜闻乐见的形式；否则就必然出现脱离群众的情况，无法实现文化大众化的目的，甚至是将文化引向错误的发展轨道上，偏离文化大众化的初衷与宗旨。综上所述，文化的大众化本身的确不存在价值立场上的中立，包含了鲜明的政治色彩。然而，文化有其政治立场，并不意味着处处以此作为评价标准而且作为唯一的评价标准，因为文化也有其自身特点和发展规律，有其自身的一些评价尺度，如果将文化的大众化简单归结为政治化，就必然会扼杀文化的生机与活力。20世纪50—70年代，受"左"倾错误思想影响，在文化实践当中我们就常常有意或无意地出现过分强调民族文化的阶级性向度，知识分子被贴上阶级的标签，被列入改造甚至批斗的对象，他们在文化传承与建设中的重要地位与作用被彻底否定。西方文化被打上资产阶级文化的烙印，被拒之门外，传统文化被贴上封建文化的标签，被排除在民族文化之列。对于民族文化的评价也出现简单地用人民性或阶级性的政治标准进行衡量，甚至采用简单粗暴方式解决思想文化问题。总之，文化的大众化内在地包括了文化的政治立场问题，但必须反对将文化泛政治化，反对文化唯政治论，从而违背文化自身发展规律。

第二，正确划分大众化与庸俗化的界限，避免以庸俗化代替大众化。毛泽东的文化大众化思想和文化民族化思想指向了一个共同的文化主体即工农兵。一方面，毛泽东强调知识分子包括文艺工作者以及理论宣传者等要融入群众，扎根群众，向群众学习，接受群众再教育，树立真正的群众史观，该过程被称为"大众化"过程。另一方面，广大人民群众也需要接受革命思想的启蒙与教育即需要先进的知识分子发挥好宣传和教育的功能与作用，该过程被称为"化大众"过程。显然在这里第一个"化"的对象是指知识分子、理论宣传者、工农干部等，内容主要侧重于群众立场、群众观点，而第二个"化"的对象则是指工农兵大众，内容主要侧重于革命理论、先进思想、科学知识等。由于广大劳苦大众文化知识水平、思想认识水平等方面的缺失与不足，因而在接受新思想、新理论、新知识时存在诸多的认知障碍。因此，毛泽东特别强调在"化大众"过程中，尤其要注重形式与方法，强调要改进文风，反对故弄玄虚、故作高深，在语言风格上要贴近群众，生动形象、通俗易懂，要利用秧歌等群众喜闻乐见的民间形式开展宣传教育工作。然而，在"化大众"的现实实践当中，不乏从通俗化走向庸俗化的现象。我们强调通俗绝不等于庸俗，两者之间有着本质的区别。所谓通俗是在把握事物本质的前提下，通过形式的转换与转化，使深刻的道理变得浅显易懂，文化通俗化是文化大众化的内在要求。所谓的庸俗则往往是偏离了事物本身的性质，走向浅薄和低级趣味化，文化庸俗化是文化品位的降低甚至是变味，是文化精神的空心化与流失，反而会导致社会信仰与价值的迷失，民主精神的颓废与堕落。特别是改革开放以来，随着商品经济的发展和市场经济体制的建立，文化走向商品化、市场化过程中，文化庸俗化、娱乐化现象愈加突出，尤其值得警惕和重视。文化大众化绝不是一味地迎合群众口味，特别是迎合社会上出现的一些低俗、媚俗口味，导致大众化对精英文化的消解与否定，导致大众化过程中文化价值的偏离与异化。事实上，文化大众化是要以提升群众的文化品位与审美标准为目标，用先进的文化引领大众，引领社会，正如江泽民所说，要以科学的理论武装人、以高尚的精神塑造人、以正确的舆论引导人、以优秀的作品鼓舞人。因此，只有厘清大众化与通俗化、庸俗化的关系与界限，才能确保文化大众化与民族化沿着健康的方向前行。

结束语　毛泽东文化民族性思想理解中的若干误区及澄清[*]

在对毛泽东文化民族性思想的理解当中，无论在历史上还是在今天的现实中，往往存在一些误解甚至有意歪曲毛泽东文化民族性思想的观点。对此，我们有必要作一定的澄清，以端正人们的认识。以下是关于毛泽东文化民族性思想认识当中三种有代表性的错误观点，这些观点涉及如何正确认识和处理文化的时代性与民族性、文化的阶级性与文化的民族性、文化民族性的内容与形式等问题。因此，我们从毛泽东文化民族性思想的基本精神出发进行简要的辩驳。这样做的同时，必然有助于我们进一步加深对毛泽东文化民族性思想的认识。

一　马克思主义传入中国并未导致中国传统文化的断裂或衰落

有一种观点认为，以毛泽东为代表的中国共产党人全盘否定中国传统文化，导致了"传统文化的断裂"，造成了"中国意识的危机"。持这种观点的人既包括国民党及其御用文人，也包括海内外少数学者（特别是新儒家代表人物）和一些普通群众。国民党及其御用文人的蓄意攻击，其意图当然是明显的，我们姑且不论。但就学者和大众而言，产生上述认识的原因可能有以下两个方面：（1）把马克思主义与中国传统文化截然对立起来。他们认为，马克思主义是一种外来文化，而非自己土生土长的"本土文化"，因此把一种外来文化引入过

---

　* 参见李群山、葛维春《马克思主义中国化进程中的文化论争与评析》，《江西社会科学》2013年第7期。

来作为中国的指导思想，必然会出现"水土不服"，也会导致中国传统文化的断裂和中国人精神家园的失落。例如，梁漱溟就认为，马克思主义主张的是"阶级斗争"，而中国传统文化的特点是"爱好和平与独守中庸"，两种文化之间是根本对立的，因此得出马克思主义不适合中国的结论。（2）他们只看到"文化大革命""破四旧"这种对中国传统文化进行全盘否定的极端例子，而没有从整体上看待和把握以毛泽东为代表的中国共产党人的文化思想与实践。

把马克思主义与中国传统文化截然对立起来显然是不科学的，这种观点实际上片面夸大了文化的民族性、文化的特殊性的一面，而否定了文化的时代性、文化的世界性、文化的共性的另一面，并用前者来否定后者。马克思主义是在近代欧洲思想文化的土壤中产生的，因此必然具有民族和地域性特征。但马克思主义作为人类文明发展大道上产生的一种文化成果，同时也包含着超越民族和地域限制的普遍性。多年来，就有不少学者积极探索和挖掘了马克思主义与中国传统文化之间的许多相通之处。以毛泽东为代表的中国共产党人并非没有注意到文化的民族性存在，相反，正是因为充分认识到它的客观存在，才提出了马克思主义与中国传统文化相结合的问题。一方面，用马克思主义先进文化来分析和批判中国传统文化，使之实现从传统向现代文化的创造性转换。在这个过程当中，毛泽东突出强调了批判继承、古为今用、推陈出新的科学原则与方法。另一方面，从中国的历史文化中汲取智慧成果来充实和丰富马克思主义，赋予马克思主义以民族的内容和形式。历史证明，马克思主义的传入，如同历史上佛教的传入一样，并没有因此而导致中国文化发展的断裂，反而为中国文化注入了新的活力，促进了中国文化的发展。正如陈先达先生所认为的："事实证明，不是中国共产党和马克思主义中断了中国传统文化，而是中国共产党和马克思主义挽救了中国传统文化，并为中华民族文化复兴开辟了道路。"① 因此，以马克思主义是一种外来文化为由，认为马克思主义传入中国，导致了中国传统文化的断裂和民族精神根

---

① 陈先达：《马克思主义和中国传统文化》，人民出版社 2015 年版，序言第 3 页。

基的缺失的观点，无论在理论上还在事实上，都是站不住脚的。

　　"文化大革命"时期，"左"倾错误发展到以阶级斗争为纲，表现在思想文化上，提出了"破四旧"的极端化口号，认为"无产阶级文化革命，是要彻底破除几千年来一切剥削阶级所造成的毒害人民的旧思想、旧文化、旧风俗、旧习惯，在广大人民群众中，创造和形成崭新的无产阶级的新思想、新文化、新风俗、新习惯"。①"文化大革命"盲目追求共产主义文化的纯洁性，过分强调文化的阶级性的同时，否定了文化的民族性和文化的继承性，把传统文化遗产一概斥之为封建糟粕，对传统文化进行了全盘的否定。实际上，这种做法恰恰是与毛泽东文化民族性思想精神背道而驰的。我们只要历史地、全面地考察一下中国共产党的发展历史，就会发现以毛泽东为代表的中国共产党人才是中国传统文化的真正继承者和弘扬者，他们不仅强调继承中国古代文化传统，而且高度重视继承近代中国文化传统，正如毛泽东所指出的："从孔夫子到孙中山，我们应当给以总结，承继这一份珍贵的遗产。"毛泽东十分善于从中国传统文化当中汲取智慧，毛泽东思想当中有不少内容就是直接来源于中国传统文化。例如：1945年4月，毛泽东在中共七大的口头政治报告中谈到对国民党的三条原则。"第一条，就是老子的哲学，叫做'不为天下先'。就是说，我们不打第一枪。第二条，就是《左传》上讲的'退避三舍'。……第三条，是《礼记》上讲的'礼尚往来'。来而不往非礼也，往而不来亦非礼也。就是说'人不犯我，我不犯人；人若犯我，我必犯人'。"②毛泽东进一步指出："他们（指国民党）不喜欢马克思主义，我们说：这是老子主义，是晋文公主义，是孔夫子主义。"③毛泽东不仅强调对于中国优秀传统文化的继承，而且特别重视在新的时代进行义化创新。毛泽东对于中国优秀传统文化的继承和创新就涉及哲学、政治、伦理、道德、军事、教育等各个方面。总之，以毛泽东为

---

　　①　郑师渠：《中国共产党文化思想史研究》，中共中央党校出版社2007年版，第324页。

　　②　《毛泽东文集》第3卷，人民出版社1996年版，第326页。

　　③　同上书，第389页。

代表的中国共产党人既是马克思主义中国化的优秀典范，也是中国传统文化的真正继承者，以"文化大革命"的错误而对中国共产党人进行全盘否定是不合理的，这样做恰恰是一种历史虚无主义的表现。

二 "马克思主义中国化"不等同于搞"民族主义"

我们知道，"马克思主义中国化"的命题是毛泽东在 1938 年 10 月中共六届六中全会上所作的报告《论新阶段》中首次提出来的。他说："成为伟大中华民族之一部分而与这个民族血肉相联的共产党员，离开中国特点来谈马克思主义，只是抽象的空洞的马克思主义。因此，马克思主义的中国化，使之在其每一表现中带着中国的特性，即是说，按照中国的特点去应用它，成为全党亟待了解并亟须解决的问题。"① "马克思主义中国化"命题实际上是在反对把马克思主义教条化、把共产国际决议和苏联经验神圣化的错误倾向（"王明路线"）的斗争中提出的，毛泽东指出，"过去的王明路线，实际上就是斯大林路线"②。延安整风运动批判王明路线，"实际上也是批判斯大林和第三国际在指导中国革命问题上的错误"③。因此，"马克思主义中国化"和随后提出来的"毛泽东思想"这两个具有强烈中国民族性的概念，显然是不受苏联欢迎的，而且还特别容易引起以苏联为首的各兄弟党的误会，认为我们是在与之分庭抗礼，是在搞民族主义。为了避免这些误解，中华人民共和国成立后出版的《毛泽东选集》第 2 卷就将"马克思主义中国化"改为"使马克思主义具体化"，毛泽东也多次建议不再使用"毛泽东思想"这一提法。尽管如此，20 世纪 60 年代中苏关系恶化，苏共在致中共中央的《答复信》（1960 年 11 月）中，还是把"马列主义中国化"说成是"搞民族主义"。在信中，他们提出"马列主义是一切国家都同样适用和可以采纳的国际主义学说。然而，中共的同志们，中国的报刊，竟广泛地使用'中国化的马克思主义'这个概念"。"刘少奇

---

① 《十七大以来重要文献选编》（上），中央文献出版社 2009 年版，第 241 页。
② 《毛泽东文集》第 7 卷，人民出版社 1999 年版，第 120 页。
③ 同上书，第 121 页。

同志在中共第七次全国代表大会的报告中，就说到马克思主义中国化，说毛泽东同志'成功地进行了马克思主义中国化的巨大工作'"①。

那么，什么是民族主义？民族主义是以民族情感为基础，以民族利益至上为原则的思想或运动。事实上，对于民族主义的概念界定以及对民族主义的评价问题一直以来都存在多种看法，褒贬不一，有人持肯定态度，有人持否定意见，有人则持中立立场。有些研究者认为，民族主义对于增进民族认同，增强民族自信，促进民族团结等都具有重要的作用，民族主义在殖民地半殖民地社会的国家实现民族独立与民族解放运动中发挥了积极的作用；与此同时，很多人又总是在贬义上使用这一个概念，把民族主义等同于极端主义、激进主义、狭隘主义、非理性主义等。例如，20世纪60年代的苏共以共产党人应当坚持国际主义原则为由，指责中国共产党主张马克思主义中国化就是搞民族主义。当今时代，许多西方国家也是在这一意义上不断指责中国，把中国人维护正常的民族利益说成是搞民族主义，认为中国人民族主义情绪呈现高涨之势，民族主义成为中国舆论的主旋律，甚至直接影响和左右着中国政府的外交政策。

中国共产党人多年来一直为实现民族的独立，建立崭新的民族国家而努力奋斗，从这个意义上讲，中国共产党人明确承认自己是坚定的民族主义者和十足的爱国主义者。然而，中国共产党人明确反对那种以民族利益为中心，只讲本民族利益，不顾甚至不惜侵犯其他民族利益的狭隘的民族主义的做法，而是始终把爱国主义、民族主义与国际主义统一起来。中国共产党人提出的马克思主义民族化、中国化本质上并没有否定马克思主义的基本立场和基本原理，而是坚持用马克思列宁主义普遍原理来指导民族的革命和建设实践。毛泽东在反驳苏共的指责时就强调："所谓马列主义中国化，就是马克思主义普遍真理跟中国革命具体实践的统一，一个普遍一个具体，两个东西的统一就叫中国化。"② 因此，并不能因为"马列主义是一切国家都同样适

---

① 鲁振祥：《"马克思主义中国化"解读史中若干问题考察》，《中国特色社会主义研究》2006年第1期。

② 同上。

用和可以采纳的国际主义学说",就不需要与民族具体实际相联系。
周恩来就明确提出要把民族化与民族主义区分开来,他说"民族化跟
民族主义是两回事","无产阶级国际主义,民族化和国际化是统一
的,互相结合的。我们要立足于中国民族的基础上,来想我们对国际
的贡献。这跟国际主义并不矛盾"。① 事实上,马克思主义越是中国
化、民族化,越是有利于马克思主义的发展,有利于国际共产主义运
动的发展。当然,周恩来也明确提出,提倡民族化,"要防止发生一
种民族主义情绪,发生一种民族主义错误,更不应该发生大国沙文主
义。我们自己提倡民族化,也要尊重人家的民族化"②。总之,马克
思主义中国化并没有违背无产阶级的国际主义原则,也没有否认马克
思主义的基本原理,认为共产党人是国际主义者,因而可以不顾民族
利益,认为共产党人是马克思主义者,因而可以无视民族实际,这些
观点都是极其荒唐、糊涂和可笑的。中国共产党人既坚持马克思主义
的民族化又坚持无产阶级的国际主义原则,两者之间并不冲突。

把"马列主义中国化"污蔑为"搞民族主义",是苏共长期以来
推行大国沙文主义做法的必然结果,实质上是苏共借"国际主义"
之名,行"大国沙文主义"之实,对与苏共意愿相违的兄弟党进行
无端的攻击。毛泽东曾经指出,斯大林与列宁不同,"列宁是把心给
别人,平等待人,而斯大林则站在别人的头上发号施令"③。邓小平
也强调,"我们一直反对苏共搞老子党和大国沙文主义那一套"④。
1948 年,斯大林领导的苏共就公开谴责南斯拉夫共产党的所谓亲资
反苏和民族主义倾向。斯大林领导下的苏共一直对中国的事情指手画
脚,甚至指责和怀疑中国是否是真正的革命,正如毛泽东所指出,
"斯大林在国际共产主义运动中,在对待兄弟党和兄弟国家的关系中,
犯了一些大国沙文主义的错误,不适当地干预某些兄弟党和兄弟国家
的内部事务,替各国党制定纲领、具体政策以至人事安排,用强制的

---

① 《周恩来文化文选》,中央文献出版社 1998 年版,第 288 页。
② 同上书,第 289 页。
③ 《毛泽东文集》第 7 卷,人民出版社 1999 年版,第 125 页。
④ 《邓小平文选》第 2 卷,人民出版社 1994 年版,第 319 页。

办法推行他的'左'的政策，因而引起了许多严重的后果"①。斯大林逝世后，赫鲁晓夫更是大搞大国沙文主义，"华沙条约早已成为赫鲁晓夫修正主义集团推行大国沙文主义和民族利己主义、控制和掠夺东欧各国人民的工具"②。因此，把"马列主义中国化"说成是"搞民族主义"，完全是苏共推行大国沙文主义做法的必然结果，恰恰反映了苏共自己已经背离了无产阶级的国际主义原则，成为一个狭隘的民族主义者。

三　"中国作风与中国气派"是文化的民族形式与民族内容的统一

毛泽东在谈到文化的民族性问题时有这样一系列重要表述："中国文化应有自己的形式，这就是民族形式。民族的形式，新民主主义的内容——这就是我们今天的新文化。""共产党员是国际主义的马克思主义者，但是马克思主义必须和我国的具体特点相结合并通过一定的民族形式才能实现。""把国际主义的内容和民族形式分离起来，是一点也不懂国际主义的人们的做法。""马列主义的基本原理在实践中的表现形式，各国应有所不同。在中国，马列主义的基本原理要和中国的实际相结合。十月革命就是俄国革命的民族形式。社会主义的内容，民族的形式，在政治方面是如此，在艺术方面也是如此。"周恩来在谈到新民主主义文化的政策问题时，则讲得更为直接。他说，新民主主义文化"简单地说来，就是民族的形式，科学的内容，大众的方向"③。由此，不少人得出结论，认为毛泽东所讲的文化民族性只是指文化形式的民族性，而不包括文化内容的民族性。

"民族的形式，新民主主义的内容""国际主义的内容和民族的形式""社会主义的内容，民族的形式"等，这种表述方式，仔细考察，实际上可以追溯到斯大林那里。斯大林在谈到无产阶级文化与民

---

① 《建国以来毛泽东文稿》第10册，中央文献出版社1996年版，第263页。
② 《建国以来毛泽东文稿》第12册，中央文献出版社1998年版，第565页。
③ 《周恩来选集》（上卷），人民出版社1980年版，第370页。

族文化的关系问题时，指出"无产阶级文化并不取消民族文化，而是赋予它内容。相反，民族文化也不取消无产阶级文化，而是赋予它形式"，"内容是无产阶级的，形式是民族的——这就是社会主义所要达到的全人类的文化"①。应该说，这种表述方式从某种程度上的确容易给人们产生一种错觉，似乎民族性只是指形式方面而不包括内容上的。为了纠正这种错觉，早在 1947 年，冯契先生就指出："普通讲中国气派，常只提到民族形式。其实，形式和内容决不能分成两截，而风格正存于内容与形式的统一。"② 然而，这种纠正并没有产生多大影响。

这里实际上涉及一个文化内容上的阶级性问题（一般认为，文化内容上存在明显的阶级性，而形式上则不存在阶级性），斯大林强调民族文化的无产阶级内容，毛泽东强调文化的国际主义内容、新民主主义内容、社会主义内容，其目的也都在于说明和强调我们的文化的阶级性，即我们的文化是无产阶级的文化，无产阶级的文化是具有国际性、统一性。而如果否认了这一点，就等于否认了无产阶级的国际主义原则，否认了国际联合的基础，否认了共同的指导思想。因此，无论斯大林还是毛泽东对于文化内容上的民族性差异问题在表述上都持谨慎态度，甚至有意地避而不谈。然而，毛泽东强调文化内容上的共同性，并不意味着他就否定了文化内容上的特殊性。毛泽东十分清楚文化的内容与形式之间的辩证关系，没有内容的民族性，也就没有形式的民族性。毛泽东强调继承民族优秀传统文化，显然不只是形式方面的，更重要的是还要继承和弘扬我们的民族精神和古人的智慧成果。毛泽东所讲的新民主主义文化和社会主义文化，很显然也是新民主主义的经济与政治和社会主义的经济与政治在文化上的反映，因而也就必然打上我们这个民族的印迹。我们所讲的中国化的马克思主义，不仅指其表现形式上使用中国的语言、文字和表达习惯，而且在于它的内容也是适合中国国情的。所以，毛泽东在讲国际主义内容、

---

① 《斯大林全集》第 7 卷，人民出版社 1958 年版，第 117 页。
② 冯契：《中西文化的冲突和汇合》，《时与文》第 1 卷第 2 期。

社会主义内容、新民主主义内容时，主要是侧重于强调无产阶级文化在性质、立场、基本原理等方面的一致性，而在讲"民族的形式"时，实际上包括了"和民族的特点相结合"（例如，毛泽东说"十月革命就是俄国革命的民族形式"）和"经过一定的民族形式"两层含义，可以将之等同于"民族化"，换句话说，毛泽东将内容的特殊性纳入广义的民族形式概念当中了。以上才是对于"国际主义的内容和民族形式""民族的形式，新民主主义的内容""社会主义的内容，民族的形式"三个公式化的命题的准确理解。因此，认为毛泽东所讲的"中国作风和中国气派"只是指文化的形式方面或者认为毛泽东只讲文化形式的民族性不讲内容的民族性的观点是不准确的。

　　总之，完整准确地理解和把握毛泽东文化民族性思想，并充分运用这一思想来指导中国特色社会主义文化建设，同时在中国特色社会主义文化建设实践中不断丰富和发展这一思想，是一个恒久的课题。

参考文献

一 著作类

《马克思恩格斯全集》第二卷，人民出版社 2005 年版。

《马克思恩格斯全集》第十卷，人民出版社 1995 年版。

《马克思恩格斯全集》第十八卷，人民出版社 1964 年版。

《马克思恩格斯全集》第四十卷，人民出版社 1982 年版。

《马克思恩格斯全集》第四十五卷，人民出版社 1985 年版。

《马克思恩格斯选集》第一、二、三、四卷，人民出版社 2012 年版。

《马克思恩格斯文集》第一、二、三、七、八、九、十卷，人民出版社 2009 年版。

《列宁全集》第三十六卷，人民出版社 1985 年版。

《列宁选集》第一、二、四卷，人民出版社 2012 年版。

《斯大林全集》第七卷，人民出版社 1958 年版。

《斯大林选集》（上卷），人民出版社 1979 年版。

《毛泽东选集》第一、二、三、四卷，人民出版社 1991 年版。

《毛泽东文集》第一、二卷，人民出版社 1993 年版。

《毛泽东文集》第三卷，人民出版社 1996 年版。

《毛泽东文集》第六、七、八卷，人民出版社 1999 年版。

《毛泽东早期文稿》，湖南人民出版社 2008 年版。

《毛泽东读文史籍批语集》，中央文献出版社 1993 年版。

《毛泽东外交文选》，中央文献出版社 1994 年版。

《毛泽东书信选集》，人民出版社 1983 年版。

《毛泽东哲学批注集》，中央文献出版社 1988 年版。

《毛泽东新闻工作文选》，新华出版社 1983 年版。

《建国以来毛泽东文稿》第一册，中央文献出版社 1987 年版。

《建国以来毛泽东文稿》第三册，中央文献出版社 1989 年版。

《建国以来毛泽东文稿》第四册，中央文献出版社 1990 年版。

《建国以来毛泽东文稿》第五册，中央文献出版社 1991 年版。

《建国以来毛泽东文稿》第六、七册，中央文献出版社 1992 年版。

《建国以来毛泽东文稿》第九、十册，中央文献出版社 1996 年版。

《建国以来毛泽东文稿》第十二、十三册，中央文献出版社 1998
　年版。

《周恩来选集》（上卷），人民出版社 1980 年版。

《周恩来选集》（下卷），人民出版社 1984 年版。

《周恩来文化文选》，中央文献出版社 1998 年版。

《邓小平文选》第二卷，人民出版社 1994 年版。

《江泽民文选》第一、二、三卷，人民出版社 2006 年版。

《江泽民论社会主义精神文明建设》，中央文献出版社 1999 年版。

《胡锦涛文选》第一、二、三卷，人民出版社 2016 年版。

《习近平谈治国理政》，外文出版社 2014 年版。

中共中央宣传部：《习近平总书记系列重要讲话读本》，学习出版社、
　人民出版社 2016 年版。

《毛泽东周恩来刘少奇朱德邓小平陈云论民族文化》，人民出版社
　1992 年版。

《毛泽东邓小平江泽民论弘扬和培育民族精神》，学习出版社 2003
　年版。

逄先知主编：《毛泽东年谱（一八九三——一九四九）》（上、中、下
　卷），中央文献出版社 2002 年版。

《中共中央文件选集》第十、十一册，中共中央党校出版社 1991
　年版。

《中共中央文件选集》第十二册，中共中央党校出版社 1992 年版。

《十四大以来重要文献选编》（中），人民出版社 1997 年版。

《十五大以来重要文献选编》（下），人民出版社 2003 年版。

《孙中山选集》，人民出版社1981年版。

梁启超：《饮冰室合集》专集之二十三，中华书局1989年版。

梁启超：《饮冰室合集》专集之四十二，中华书局1989年版。

梁启超：《梁任公近著》（下卷），商务印书馆1922年版。

《李大钊文集》第4卷，人民出版社1999年版。

《李大钊文集》（上），人民出版社1984年版。

《杨昌济文集》，湖南教育出版社1983年版。

任建树、张统模、吴信忠编：《陈独秀著作选》第2卷，上海人民出版社1993年版。

《张闻天文集》第3卷，中共党史出版社1994年版。

《瞿秋白选集》，人民出版社1985年版。

《艾思奇文集》第1卷，人民出版社1981年版。

《胡适全集》第4卷，安徽教育出版社2003年版。

《何干之文集》第2卷，北京出版社1994年版。

黄克剑、王欣编：《梁漱溟集》，群言出版社1993年版。

毕剑横：《毛泽东与中国哲学传统》，四川人民出版社1990年版。

陈晋：《毛泽东的文化性格》，中国青年出版社1991年版。

陈晋、王均伟：《毛泽东邓小平江泽民与中国先进文化》，广东教育出版社2003年版。

陈先达：《马克思主义和中国传统文化》，人民出版社2015年版。

陈金龙：《民族精神与毛泽东》，湖南出版社1993年版。

陈亚杰：《当代中国意识形态的起源——新启蒙运动与马克思主义中国化的生成语境》，新星出版社2009年版。

陈葆华等：《国外毛泽东思想研究评述》，陕西人民出版社1993年版。

戴知贤：《毛泽东文化思想研究》，中国人民大学出版社1992年版。

丁振海主编：《毛泽东文化思想》，山东人民出版社1993年版。

寇清杰：《中国新文化的方向——中国早期马克思主义者中西文化观研究》，天津人民出版社2002年版。

丁晓强：《近世学风与毛泽东思想的起源》，贵州人民出版社1992

年版。

杜艳华：《20 世纪中国思想转变的缩影——毛泽东文化思想的演变及
　　其影响》，吉林大学出版社 2004 年版。

费孝通主编：《中华民族多元一体格局》（修订本），中央民族大学出
　　版社 1999 年版。

费宗惠、张荣华编：《费孝通论文化自觉》，内蒙古人民出版社 2009
　　年版。

郜世奇：《抗战时期中华民族精神研究》，吉林人民出版社 2006
　　年版。

郭建宁：《当代中国的文化选择》，北京大学出版社 2004 年版。

黄延敏：《黄土与红旗：延安时期中国共产党与传统文化研究》，学
　　习出版社 2014 年版。

黄延敏主编：《中国共产党继承弘扬中华优秀传统文化的理论与实
　　践》，学习出版社 2016 年版。

洪峻峰编：《西方学者论毛泽东》，厦门大学出版社 1993 年版。

侯树栋等：《毛泽东哲学思想的民族性探源》，求实出版社 1989
　　年版。

黄力之：《历史实践与当代问题——马克思主义文化理论研究》，上海
　　人民出版社 2004 年版。

何显明：《毛泽东哲学与中国文化精神》，广西人民出版社 1993
　　年版。

李鹏程：《毛泽东与中国文化》，人民出版社 1993 年版。

吕明军：《冲突与融合——毛泽东的文化观》，陕西师范大学出版社
　　1993 年版。

黎永泰：《中西文化与毛泽东早期思想》，四川大学出版社 1989
　　年版。

刘辉：《中国共产党人的文化自觉——新民主主义文化思想再研究》，
　　中共党史出版社 2008 年版。

罗洛主编：《毛泽东思想研究大系·文化卷》，上海人民出版社 1993
　　年版。

李金齐:《全球化时代的文化安全研究》,中国社会科学出版社2008年版。

李方祥:《中国共产党的传统文化观研究》,中共党史出版社2008年版。

李建英:《继承与超越——毛泽东与中国传统文化》,山西人民出版社2003年版。

明立志:《神州太阳——"毛泽东神话"与中国文化情结》,中国青年出版社1994年版。

《毛泽东自述》,人民出版社1996年版。

聂耀东:《毛泽东与中国传统文化》,福建人民出版社1992年版。

庞朴:《文化的民族性与时代性》,中国和平出版社1988年版。

孙建娥:《新民主主义文化革命的历史经验研究》,湖南人民出版社2008年版。

石凤珍:《文艺"民族形式"论争研究》,中华书局2008年版。

沈壮海:《软文化·真实力——为什么要提高国家文化软实力》,人民出版社2008年版。

童萍:《文化民族性问题研究》,人民出版社2011年版。

汪澍白:《毛泽东思想与中国文化传统》,厦门大学出版社1987年版。

汪澍白:《传统下的毛泽东》,中国青年出版社1996年版。

汪澍白:《毛泽东思想的双重渊源》,厦门大学出版社1993年版。

王凤贤主编:《毛泽东与中国传统文化》,安徽人民出版社1996年版。

许全兴:《毛泽东与孔夫子——马克思主义中国化个案研究》,人民出版社2003年版。

辛文斌:《〈新民主主义论〉与中国文化现代化》,中央编译出版社2007年版。

谢荫明主编:《延安时期毛泽东文化思想》,陕西人民教育出版社1993年版。

薛广洲:《毛泽东的超越——毛泽东哲学与中西哲学融合》,中共中央党校出版社 1994 年版。

扬振之、田利军：《龙之脉——毛泽东与中国古代智慧》，四川文艺出版社 1995 年版。

于炳贵、郝良华：《中国国家文化安全研究》，山东人民出版社 2007 年版。

杨先农：《马克思主义中国化与民族精神的升华研究》，四川人民出版社 2008 年版。

郑师渠：《中国共产党文化思想史研究》，中共中央党校出版社 2007 年版。

朱旭东：《全球化历史进程与中国社会主义文化》，湖南人民出版社 2002 年版。

郑师渠：《思潮与学派——中国近代思想文化研究》，北京师范大学出版社 2005 年版。

张岱年、程宜山：《中国文化论争》，中国人民大学出版社 2006 年版。

赵东立主编：《毛泽东的文化观》，河北人民出版社 1993 年版。

中共中央文献研究室《国外研究毛泽东思想资料选辑》编辑组编译：《国外研究毛泽东思想的四次大论战》，中央文献出版社 1993 年版。

［美］菲利普·巴格比：《文化：历史的投影》，夏克等译，上海人民出版社 1987 年版。

［英］汤因比：《历史研究》，曹未风等译，上海人民出版社 1966 年版。

［德］卡尔·雅斯贝斯：《历史的起源与目标》，魏楚雄、俞新天译，华夏出版社 1989 年版。

［法］贝尔纳·古奈：《反思文化例外论》，李颖译，社会科学文献出版社 2010 年版。

［德］奥斯瓦尔德·斯宾格勒：《西方的没落》，齐世荣译，商务印书馆 1963 年版。

［美］斯图尔特·施拉姆：《毛泽东的思想》，中共中央文献研究室《国外研究毛泽东思想资料选辑》编辑组编译，中央文献出版社

1990 年版。

［英］迪克·威尔逊：《毛泽东》，中共中央文献研究室《国外研究毛泽东思想资料选辑》编译组编译 ，中央文献出版社 2000 年版。

［美］露丝·本尼迪克特：《文化模式》，王炜等译，生活·读书·新知三联书店 1988 年版。

［英］汤林森：《文化帝国主义》，冯建三译，上海人民出版社 1999 年版。

［英］厄内斯特·盖尔纳：《民族与民族主义》，韩红译，中央编译出版社 2002 年版。

［美］塞缪尔·亨廷顿：《文明的冲突与世界秩序的重建》，周琪译，新华出版社 2002 年版。

［美］弗朗西斯·福山：《历史的终结及最后之人》，黄胜强、许铭原译，中国社会科学出版社 2003 年版。

Jan Nederveen Pieterse, *Globalization and culture*：*global mélange*, Lanham, Md：Rowman & Littlefield Publishers, 2004.

Joseph S. Nye, *Soft Power*：*The Means To Success In World Politics*, New York：Public Affairs, 2004.

二　论文类

方立天：《佛教和中国传统文化的冲突与融合》，《哲学研究》1987 年第 7 期。

丰子义：《列宁视野中的民族文化》，《哲学动态》2008 年第 4 期。

干春松：《文化的时代性和民族性》，《教学与研究》1997 年第 12 期。

何星亮：《文化的民族性与世界性》，《云南社会科学》2002 年第 5 期。

韩源、张艳：《论国际文化新秩序》，《当代世界与社会主义》2010 年第 5 期。

黄楠森：《文化研究应以唯物史观为指导》，《光明日报》2002 年 6 月 11 日。

李宗桂：《优秀文化传统与民族凝聚力》，《哲学研究》1992 年第

3 期。

李宗桂：《经济全球化与文化的民族性》，《人民论坛》2000 年第 3 期。

骆郁廷：《我国文化软实力的发展战略》，《马克思主义研究》2009 年第 5 期。

龙秀雄：《建设中国特色社会主义必须旗帜鲜明地反对新教条主义》，人民网 2009 年 11 月 24 日（http：//theory. people. com. cn/GB/41038/10441408. html）。

卢燕娟：《以"人民性"重建"民族性"——延安文艺中的"民族形式"问题》，《文艺理论与批评》2014 年第 3 期。

李翔海：《弘扬中华文化　建设精神家园》，《求是》2010 年第 6 期。

李慎明：《让玫瑰花和紫罗兰散发不同的芳香——尊重和维护世界文化与文明的多样性》，《求是》2006 年第 2 期。

鲁振祥：《"马克思主义中国化"解读史中若干问题考察》，《中国特色社会主义研究》2006 年第 1 期。

卢国琪：《毛泽东与建设中华民族新文化》，《毛泽东思想研究》2004 年第 3 期。

梁景时：《从辩证视野看文化民族性的成因及研究价值》，《中央民族大学学报》（社会科学版）1998 年第 5 期。

黎永泰：《青年毛泽东的中西文化观》，《毛泽东思想研究》1987 年第 1 期。

黎永泰：《五四新文化运动中毛泽东的文化观》，《毛泽东思想研究》1990 年第 2 期。

牟德刚：《试论毛泽东民族文化思想的历史地位》，《毛泽东思想研究》2003 年第 5 期。

牟德刚：《毛泽东与陈独秀民族文化思想比较》，《东岳论丛》2003 年第 5 期。

施华东：《全球化与文化的民族性》，《思想理论教育》2010 年第 3 期。

史革新：《略议近代中国民族意识的四次觉醒》，《高校理论战线》

2009 年第 3 期。

陶东风：《大众化与文化民族性的重建》，《文艺研究》2002 年第
　　3 期。

王永恒、景东升：《抗日战争时期毛泽东对中华民族精神的振兴》，
　　《天中学刊》1996 年第 2 期。

汪澍白：《毛泽东的中西文化观的演变》，《厦门大学学报》（哲学社
　　会科学版）1988 年第 4 期。

解庆宾、赵铁锁：《"文化民族性"观念的自觉与"马克思主义中国
　　化"的提出》，《北京行政学院学报》2014 年第 1 期。

辛景亮：《如何理解文化的民族性与文化民族主义》，《教学与研究》
　　1998 年第 5 期。

萧景阳：《论毛泽东的民族文化观》，载《广东民族学院学报》（社会
　　科学版）1994 年第 1 期。

杨学功：《全球化与民族性——对全球化研究中一个焦点性问题的分
　　析》，《教学与研究》2004 年第 3 期。

袁银传、郭强：《破除教条主义思维方式与彰显中国特色社会主义》，
　　《思想理论教育》2009 年第 3 期。

于沛：《浅析经济全球化和文化多样化——兼评"文化全球化"的文
　　化帝国主义本质》，《思想理论教育导刊》2007 年第 10 期。

杨凤城：《中国共产党对待传统文化的历史考察》，《教学与研究》
　　2014 年第 9 期。

赵毅：《浅析毛泽东关于发展民族文化的主要观点及其当代意义》，
　　《毛泽东思想研究》2003 年第 1 期。

周建伟：《毛泽东文化民族性命题之意蕴——以〈新民主主义论〉为
　　中心的思想史考察》，《党的文献》2012 年第 2 期。

左亚文：《社会主义文化的民族特色释义》，《学术研究》2005 年第
　　3 期。

郑黔玉：《毛泽东关于文化民族性的思想及现实意义》，《贵州民族研
　　究》2004 年第 1 期。

周翠娇、陈光明：《论陈独秀的早期民族文化思想》，《船山学刊》

2007 年第 3 期。

David Rothkopf, *In Praise Culture Imperialism*, Foreign Policy, No. 107, Summer 1997.

Mel van Elteren, *U. S. Cultural Imperialism Today*: *Only a Chimera*? SAIS Review, Vol. 23, No. 2, Summer 2003.

Herbert I. Schiller, *Who Knows*: *Information in the age of the Fortune 500*. Norwood, New Jersey: Ablex Publishing Corporation, 1981.

后　记

　　本书是在博士论文基础上进一步思考，不断修改而成。毛泽东文化思想研究应该说是学术界关注度较高，研究比较成熟，挖掘十分深入的一个领域，经久不衰的"毛泽东热"和持续升温的"文化热"，曾经几度将毛泽东文化思想研究推向学术前沿。然而，我并没有因为毛泽东文化思想研究火热，吸引眼球或是因为毛泽东文化思想研究趋于成熟，已难有作为而趋避之。我之所以选择毛泽东文化思想研究作为博士论文研究方向，主要是基于以下几点考虑。第一，希望通过毛泽东文化思想研究进一步学习和把握马克思主义文化理论发展史的整体逻辑与发展线索。在这里，我将毛泽东文化思想置于马克思主义文化理论发展史的逻辑与线索中进行定位和考察。第二，希望通过对毛泽东文化思想的研究，深入理解和掌握近代以来中国文化转型与发展的内在逻辑与基本规律。在这里，我将毛泽东文化思想置于近代以来中国文化转型的大时代背景下的中西文化论争当中去比较和分析。第三，希望通过毛泽东文化思想的研究直面当今时代全球化背景下民族文化建设所面临的新挑战和新困惑。在这里，我期待从毛泽东文化思想中寻找智慧与启迪。

　　研究视角的选择往往决定了研究的深度，在毛泽东文化思想研究如此成熟的情况下，对毛泽东文化思想面面俱到、泛泛而谈，显然已不合时宜。为此，我选择了从文化民族性这样一个独特视角来研究毛泽东文化思想。在我看来，"既要现代化，又要民族化，努力创建中华民族的新文化"，这是近代以来中国文化转型的双重目标，也是毛泽东文化思想的主线。毛泽东文化思想的独到之处与其说是解决了中国文化的现代化问题，倒不如说是解决了中国文化现代化过程中的民族化问题，通过研究毛泽东文化民族性思想，可以充分彰显出毛泽东文化思想中尚未引起人们足够重视的民族性内涵和民族化主题。以史思今，经济全球化时代中国特色社会主义文化建设同样不能忽视文化的民族性问题，实现中华民族的伟大复兴需要民族文化的支撑，需要我们不断提高民族文化的自觉，增强民族文化的自信，实现民族文化的自强。

作为人生当中的第一本学术专著，对我而言，它不只是代表我个人多年求学和努力后的一份小小的收获，更凝结了在我人生成长过程中给予我关心和支持的亲朋好友们的那份沉甸甸的爱心。在本书稿即将付梓之际，我要特别表达我这份感激之情。

求学路上，不忘师恩，诸位老师的点滴教诲为我搭建了通向知识殿堂的桥梁。2008 年 9 月，我有幸考入武汉大学这所美丽而又有着深厚人文底蕴的国内著名学府攻读马克思主义基本原理专业博士学位，师从袁银传教授。袁老师为人慈善、治学严谨、倡导交流、崇尚讨论。多年来，袁老师始终坚持"沙龙式"研究生培育方式，即坚持每月召开一次学术沙龙，跟踪所带博士生和硕士生的学习进展情况，讨论和解答所带研究生学习过程中遇到的各种疑难和困惑问题。我们的博士论文就是经过这样一次次讨论，不断修改而成，凝聚了导师和同门的心血与智慧。特别感谢武汉大学马克思主义理论学科博士点的各位老师，武汉大学马克思主义理论学科博士点可谓名师荟萃，倾听各位老师精彩的授课，内心总有"一叶扁舟驶离海岸，走入大海深处"的感觉。恩师们渊博的知识如同茫茫大海无边无际，而学生就是这艘小舟，在茫茫大海之中，显得无比渺小，感到分外无知。我还要特别感谢我硕士研究生时期的老师胡贤鑫教授和王雨辰教授，他们的关爱是学生成长的重要精神动力，特别是王雨辰教授作为我硕士学位论文的评阅人和答辩委员会成员以及博士论文答辩委员会成员，对我的论文提出了许多宝贵的意见和建议，使我受益匪浅。

感谢评阅我博士论文的三位老师，他们分别是：中国人民大学的刘建军教授、华中师范大学的俞思念教授、西南大学的罗洪铁教授。感谢参加我博士论文答辩的各位专家,他们分别是:中国人民大学的张雷声教授、华中师范大学的俞思念教授、中南财经政法大学王雨辰教授、武汉大学的石云霞教授和夏建国教授。诸位专家以一种关心和鼓励青年学人成长的包容之心为我的博士论文"点赞",给予肯定、给予鼓励的同时,更提出了一些中肯的、有价值的批评意见和建议,为我后续的研究提供了思路,指明了方向,本书正是在吸收诸位专家的建议的基础上修改而成。

事业途中,领导的关怀、同事的关心、朋友的关爱是我成长与发展不可或缺的养料。感谢西南科技大学马克思主义学院黎万和院长、廖成中书记、陈峥嵘副书记、马克思主义学院首任院长徐云峰教授以及四川旅游学院副院长白洁博士、西南科技大学团委书记赵洋博士,他们在我的学习和工作中给予了许多鼓励和支持,特别是学院高度重视科研工作,积极出台了专著出版资助计划等政策,这为本书的出版提供了重要的经费保障。感谢许建文教授、唐旭昌博士、崔一楠博士、翟坤周博士等同事,与他们的交往,某种程度上消散了我"独在异乡为异客"的几分"乡愁",增添了些许异乡的归属感。

家是心灵的港湾。多年的求学生活中,始终得到父母亲无私的支持,让我真正体会到了什么叫真正无私的爱。远在他乡,未能很好地尽到孝敬父母的责任,每每想起,倍感自责与愧疚。特别是父亲的突然离开,令我心中万分痛苦,留给我无尽的思念,谨以此书献给我最敬、最爱的父亲。感谢我的爱人孙霞女士与我同甘共苦、互相勉励、共同成长和进步,在她身上闪烁着许多为我所欣赏的做人原则——为人真诚、重情重义、做事认真负责。感谢我可爱的儿子,在我疲倦的学习和疲劳的工作之余,总给我带来了许多的放松和快乐,愿他们母子快乐幸福,愿我年迈的母亲身体健康,这是我最大的心愿。感谢我的哥哥、姐姐、岳父、岳母及所有的亲人、同学和朋友,你们如同我人生中的一个个重要音符,正因为有了你们才使我的生活变得丰富多彩,使我的人生如同一曲曲动听而美妙的音乐。

　　尽管近年来一直钟情于文化问题的求知和探寻，该书也凝聚了我多年心血，但由于其涉及领域多、知识面广，特别是个人资质较低、水平有限，书中还存在诸多不足和缺陷，敬请学界前辈、学术同仁批评指正。

李群山

2018 年 6 月 20 日